lonely planet

IN

重庆

城市指南

本书作者
张世秋　陈虹宇

中国地图出版社

大足石刻。

©视觉中国

目 录

计划你的行程

和当地人吃喝，见44页

©视觉中国

山城第三步道，见58页

©视觉中国

大足石刻，见136页

生存指南

特别策划

你好，重庆

行千里，致广大。“重庆”二字里隐藏的玄机道出了这座城市特立独行的气质，以及这里人们的果敢性格：滚滚长江从群山中奔涌而来，冲出三峡的束缚前往更广阔的天地；山城子弟爬坡上坎，登临崖顶山巅寻找立足之地，并遵循古训出夔门闯世界。在你行万里路的旅途中，重庆这一站不容错过，也充满惊喜。

两江环抱的奇幻山城

长江和嘉陵江共同为渝中半岛刻出轮廓，这块江中的巨型山崖成就了人类建城史上的奇迹。先民临水筑城，以崖为墙，古时易守难攻的弹丸之地在近代转变为高低崎岖的上下半城，到现代更变身为错综复杂的“8D立体城市”。不论是峭壁上生长出的璀璨洪崖洞，还是列车从楼房里穿过的魔幻李子坝，都是这座山城的标志景观。在一江相隔的南岸，老街、山岭、森林和旧屋共同讲述重庆从开埠到抗战的传奇故事，对面的江北嘴则以崭新的城市风貌把重庆带入未来。

火爆温情的江湖滋味

即便是再怕辣的人，也很难拒绝重庆美食的麻辣诱惑。火锅可能是吸引你到访重庆的强力磁石，

©游小贤/图虫创意

重庆的两江交汇处。

这种码头文化催生的本土美味颇能诠释火爆又爽快的城市魅力，而每日相见的小面则柔情十足，细水长流，调味丰富，多吃也不腻。至于夏天夜市里的冰爽啤酒、冬日热气腾腾的醪糟汤圆，都与鲜明四季共同轮转，融入重庆人毫不平淡的日常生活里。还有歌乐山辣子鸡、磁器口毛血旺、南山泉水鸡……花样轮流翻新的江湖菜不仅能吸引本地的“好吃狗儿”，也是你以吃之名耍重庆的绝妙动力。

山川江峡，更多精彩

这座中国最年轻的直辖市拥有面积广大的辖区，众多水系流经这里的山脉褶皱，孕育出丰饶的文明。大足四方的山岳中保留着唐宋时的辉煌石刻，三川相合的合川有引得史家感叹的钓鱼城，也有涞滩古镇惹人欣喜的田园风光。长江三峡是重庆东部最浓墨重彩的篇章，轻舟从白鹤梁、鬼城丰都到白帝城，这一串名字里有从古至今的灿烂遗存，也有三峡移民为时代而做出的迁徙。乌江流域则是另一片山水秘境，不论桃花源还是仙女山，梦幻的名字和美景会让你发现百变重庆的灵秀一面。

> 山有几层，山城的魅力就有几层。
> 灯影点亮浩渺江水，火锅煮沸市井生活，
> 梯坎上下处处精彩，一声“巴适”摆不完。

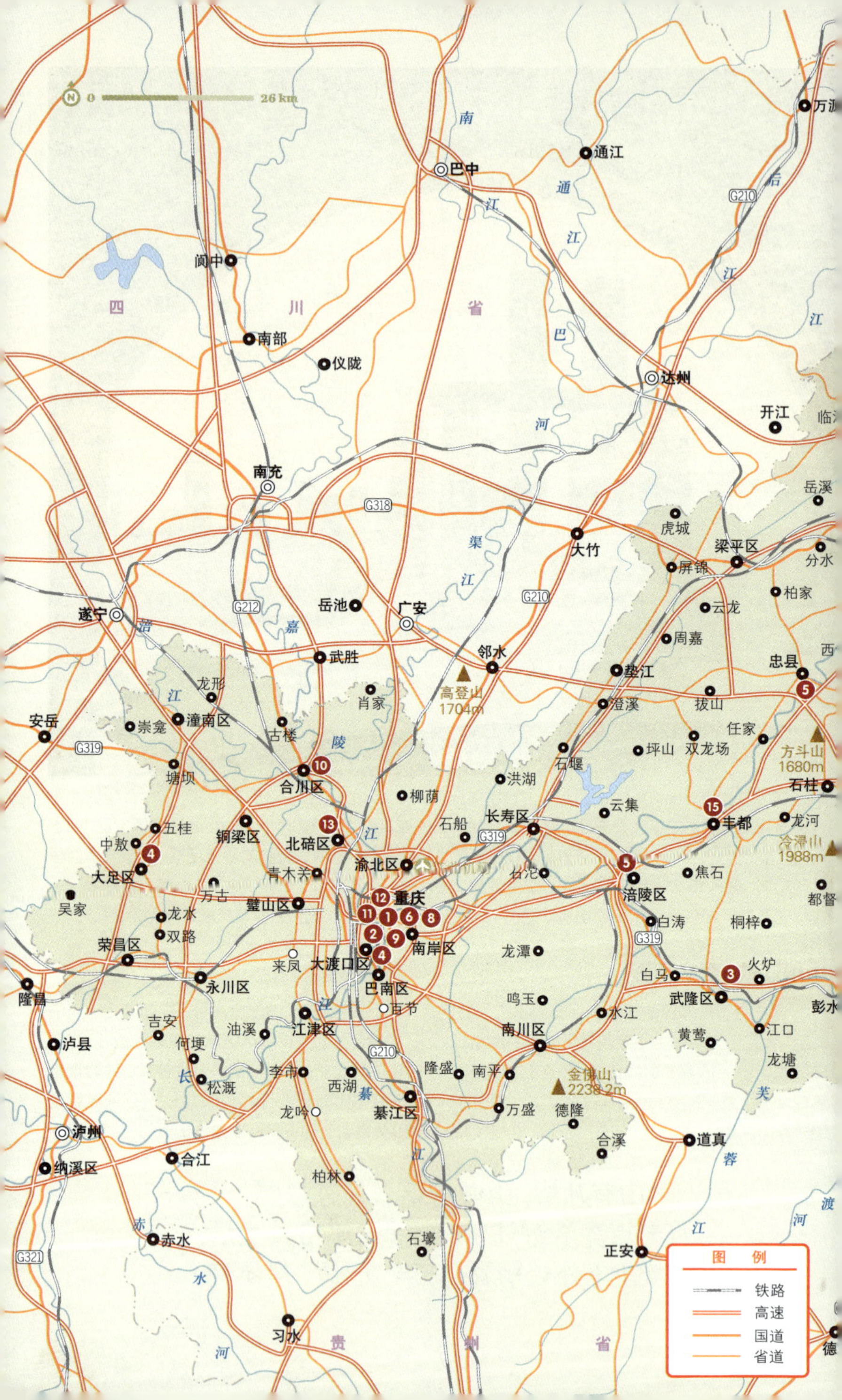
0
26 km
四
川
省
贵
州
省
南
通
江
巴
河
渠
江
嘉
陵
江
江
綦
江
赤
水
河
芙
蓉
江
乌
江
渡
河
巴中
通江
阆中
南部
仪陇
达州
开江
南充
G318
大竹
虎城
岳溪
梁平区
屏锦
分水
柏家
云龙
周嘉
G212
G210
遂宁
岳池
广安
武胜
邻水
高登山
1704m
垫江
忠县
澄溪
拔山
任家
方斗山
1680m
坪山
双龙场
石堰
石柱
洪湖
云集
丰都
龙河
冷浔山
1988m
安岳
崇龛
龙形
潼南区
G319
古楼
肖家
塘坝
合川区
柳荫
五桂
中敖
铜梁区
北碚区
长寿区
石船
大足区
青木关
渝北区
江北机场
蔺市
焦石
涪陵区
重庆
万古
吴家
璧山区
龙水
双路
南岸区
白涛
桐梓
都督
荣昌区
来凤
大渡口区
龙潭
火炉
白马
隆昌
永川区
巴南区
鸣玉
武隆区
百节
水江
彭水
吉安
江津区
南川区
江口
油溪
黄莺
泸县
何埂
松溉
李市
西湖
隆盛
南平
龙塘
金佛山
2238.2m
万盛
德隆
泸州
龙吟
綦江区
纳溪区
合江
合溪
道真
柏林
赤水
石壕
正安
G321
习水
德
万源
临江
西
图例
铁路
高速
国道
省道

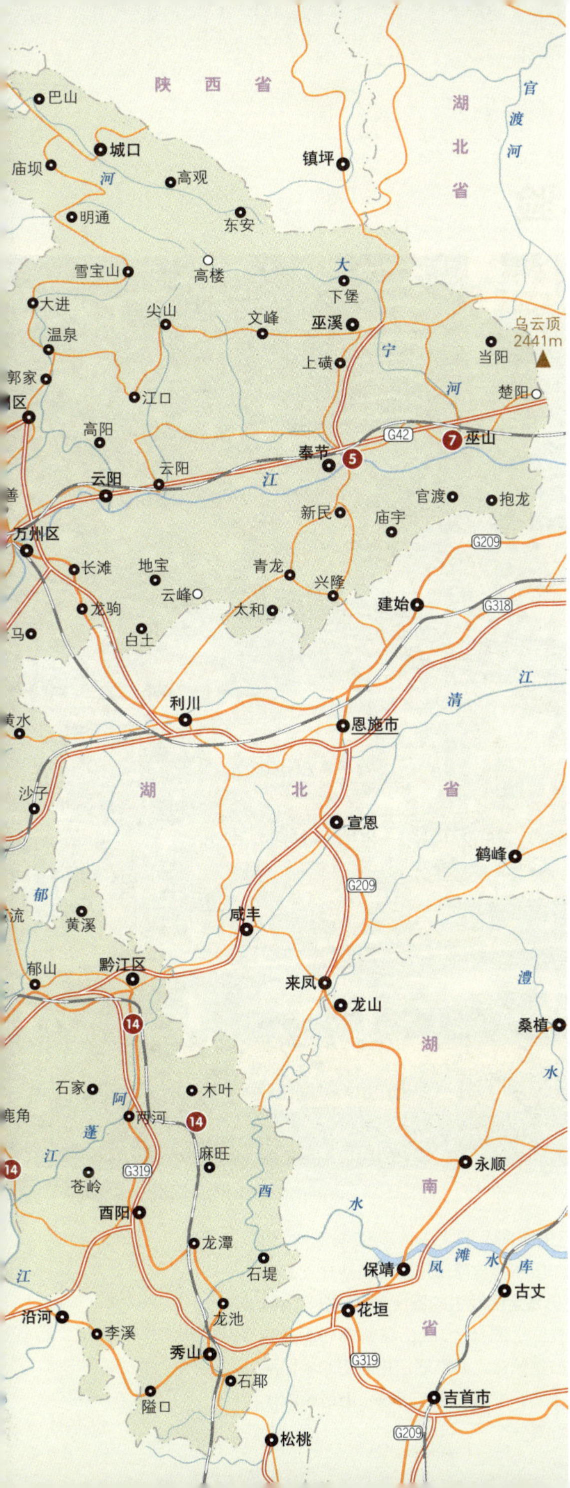

15顶级旅行体验

1. 第一眼重庆
2. 爬坡上坎看山城
3. 探秘喀斯特
4. 大足石刻
5. 探寻长江“三白”
6. 发现南山
7. 漫山红叶似彩霞
8. 漫步南滨路
9. 在川美寻找艺术气息
10. 合川寻古
11. 吃香喝辣
12. 不一般的城市交通
13. 北碚一日
14. 酉阳三名镇
15. 丰都鬼城拜阎罗

计划你的行程
15顶级旅行体验

©大渣渣君/图虫创意

第一眼重庆

从解放碑到洪崖洞，这条熙熙攘攘的上半城之路不足1公里长，却构成了无数人印象中的第一眼重庆。虽然解放碑周边已是高楼林立的商圈，但这座始于抗战时的精神堡垒仍是全国闻名的重庆地标，拍照人群中有打卡留念的年轻人，也不乏寻找回忆的老者。经历重新规划设计的洪崖洞完成了华丽转身，精致的仿古建筑让人很难把它和最初的平民吊脚楼联系起来，不过嘉陵江边山崖上灯火辉煌的梦幻景象，仍是颇能代表重庆的璀璨亮点。左图：洪崖洞夜景；右图：三峡游船。

©视觉中国

1

爬坡上坎看山城

2

顺着渝中半岛延伸的山城第三步道在立体空间上连接了上下半城。登上崖壁上的凌空栈道，即可在高处俯瞰长江奔流东去，或者从山城巷往上爬一段，在蜿蜒攀升的小道上窥探周边的日常生活。想要身临其境感受山城的立体面貌，就去李子坝车站旁漫步"三层马路"，在这片曲折的立体街区中层层爬升，沿途经过民国名人故居，还有从头顶轰鸣而过的轨道列车，最后登上山顶，去逛逛热闹时髦的鹅岭二厂文创公园。

山城巷的梯坎。

探秘喀斯特

3

2007年，武隆喀斯特入围《世界自然遗产名录》。作为中国南方喀斯特地貌的"代表作品"，如此立体的地貌在世界上独一无二。天生三桥是举世瞩目的地质奇观，三座自然形成的天生石拱桥营造出壮观的氛围；大型石灰岩洞穴芙蓉洞内藏有琳琅满目的钟乳石，姿态各异的石花体形庞大，全球难寻；龙水峡地缝隐于悬崖千仞中，千万年前的地质运动赐予这里不可多得的峡谷风景。重庆境内还有许多喀斯特地貌奇观，如奉节小寨天坑，都值得好好探访。上图：武隆，喀斯特天坑；下图：武隆，天生三桥。

4

大足石刻

作为规模最大的南方石刻群，大足石刻是你在重庆周边旅行时不可错过的一站。宝顶山石刻是大足石刻的巅峰之作，你可以站在大佛湾中的巨幅石刻面前参悟佛法，或者窥视南宋人的生活。北山石刻的主题更贴近佛教经典，一路穿行在石窟长廊中欣赏从晚唐到五代的众多佛教形象，其中观音造像最为灵动精彩。如果还有更多时间，南山石刻和舒成岩摩崖造像等多处精彩亦可探寻。大足宝顶山石刻22号龛：圆觉洞。

©RABBIT75_FOT/ADOBE STOCK/图虫创意

5

探寻长江“三白”

长江“三白”与美食可不搭边，此处的“三白”与三峡工程导致库区水位暴涨有关。为了保护已沉入江底的白鹤梁题刻，特别设立的白鹤梁水下博物馆是全球第一座水下博物馆，深入江底即可与“水下碑林”再次近距离接触；位于忠州的白公祠虽然并未直接受水位影响，但因原址淹没的丁房阙与无铭阙移至此处，有了更加值得到访的原因；无论是刘备托孤还是李白的千古名篇，白帝城都堪称三峡热度最高的地点之一，原本的山头如今沦为孤岛，登高望远处正是观赏夔门的绝佳位置。白帝城，白帝庙。

©小卷毛808/图虫创意

发现南山

南山是重庆人的后花园，也是给旅行者带来惊喜的目的地。除了四季变换的花木风景，南山植物园中还藏着公使馆旧址老建筑，抗战遗址博物馆的山间别墅官邸记录了抗战史上的重要时刻，在半山腰的老君洞，山岩上保留有明清时的精美石雕。在山脚下重庆长江索道入口附近的民居小巷中，还有不少咖啡馆和小酒馆等着你去发现。南山，老君洞。

6

漫山红叶似彩霞

如果要选出一个时节去逛巫山，非深秋不可。11月中下旬开始，长江三峡沿岸便会被施以“魔法”，似火之红代替原本的滴翠之绿，红彤彤的枫叶将江水映得通红，“恋城”巫山的缤纷秋色再也藏不住了。每逢红叶漫山时，在公路上驾车行驶，即可欣赏绚烂的红叶美景，摄影师会沿着步道登高俯瞰，用镜头留住秋色。如果没时间前往巫山，离重庆市区不远的巴南彩色森林和南川金佛山都是不错的替代选择。三峡秋色。

7

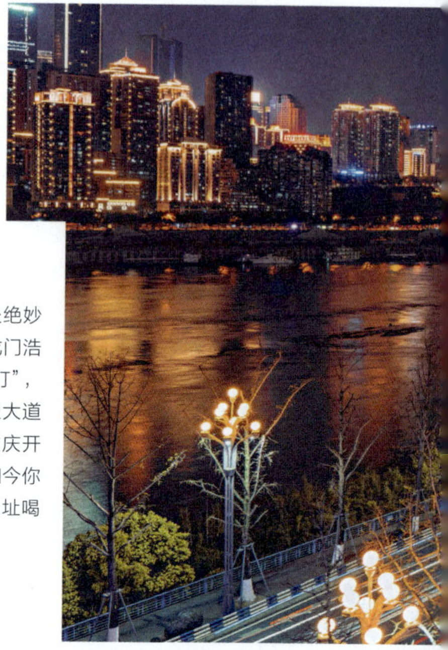

8

漫步南滨路

想漫步欣赏江景，长江南岸的南滨路是一处绝妙的目的地。从海棠溪老码头的“海棠烟雨”，到龙门浩老街的“龙门浩月”，到慈云寺字水崖的“字水霄灯”，再到弹子石老街的“峡江开埠”，这条江边的平坦大道串起了许多曾经的和仍存的巴渝盛景。百年前重庆开埠通商时，南岸的码头也迎来了首批西方来客，如今你仍可在南滨路寻找洋行旧址，去法国水师兵营旧址喝杯咖啡。南滨路夜景。

9

在川美寻找艺术气息

四川美术学院在中国美术教育史上影响深远，无数现当代艺术家从这里走出，两处校园也值得你到访。乘绿皮火车沿江而行到九龙坡，去黄桷坪逛逛四川美术学院老校区和门前的涂鸦一条街，感受周边的诗意校园生活。或者乘1号线到大学城，在巨大而摩登的四川美术学院美术馆内欣赏油画、雕塑和新锐的装置艺术品，再用五彩斑斓的马赛克镶嵌外壁做背景，拍几张漂亮的照片。四川美术学院，罗中立博物馆。

©托泥羊爱旅行/图虫创意

©LIYOSAMA/图虫创意

合川寻古

10

合川是重庆周边的一处悠闲小城，这里的看点兼具了咏怀古迹的人文亮点和巴渝乡野的自然之美。钓鱼城在南宋与蒙古的战争中扮演了"上帝折鞭处"的传奇角色，当你漫步在易守难攻的一字墙边，或许能窥见历史风云的诡谲无常。涞滩古镇内二佛寺石刻和文昌宫木雕戏台都精美别致，还有通往渠江边的山间小道串起田园风光。左图：合川钓鱼城，城门遗址；右图：合川钓鱼城，城墙遗址。

©HELLORF ZCOOL/SHUTTERSTOCK

吃香喝辣

11

红油火锅是重庆美食的招牌，不过这只是你在重庆吃香喝辣的迎宾菜。接下来请允许我们来一段报菜名：歌乐山辣子鸡、南山泉水鸡、磁器口毛血旺、黔江鸡杂、江津花椒鸡……爱吃又好耍的重庆人早就把各地美食分门别类总结了出来，让以吃之名去旅行变得更简单。当然，重庆美食并不止一个辣字，怕辣的旅行者也可以享受到银丝猪肚面、红枣板栗鸡和豌豆蹄花汤等各种温和好味道。重庆江湖菜，毛血旺。

©健忘的行摄世界/图虫创意

不一般的城市交通

12

“爬坡上坎”代表了重庆人不服输的精神，不过为了省时省力，山城人民也想出了不少好办法。以皇冠大扶梯和凯旋路电梯为代表的交通电梯衔接了上下半城的高差，给通勤者带来便利。为了节约宝贵的山地空间，轨道交通2号线李子坝站被“镶嵌”进了高层建筑内，形成列车穿楼而过的另类景观，而埋深达94米的10号线红土地站则是深藏不露的奇迹。李子坝轻轨站。

©视觉中国

©杨玉诚/图虫创意

©陈远鸿/图虫创意

北碚一日

13

温泉、缙云山和嘉陵江给北碚带来了温润的气质，民国文人和实业家又给这里增加了谦谦君子的风度。花一天时间到北碚，收获一段丰富又轻松的郊游时光。带孩子的旅行者别错过重庆自然博物馆里寓教于乐的展览，喜欢自然风光就去缙云山登顶狮子峰；或者先到小城江边的卢作孚纪念馆了解这位传奇人物和北碚的故事，再到重庆柏联温泉享受温汤峡中的热泉水。上图：中国西部科学院旧址陈列馆；下左图：缙云山，缙云寺；下右图：缙云山，金刚碑古村落。

©视觉中国

酉阳三名镇

梯梯坎坎间，重庆散落着数十座保存完好的古镇，其中“酉阳三名镇”不容错过。龚滩古镇曾是乌江盐道的必经之路，最后一任土司也曾在此居住，大量留存的古物都印证了当年转运贸易的兴旺；龙潭古镇是古时重要的商业集镇，也是重庆最大的古镇，50多座土家吊脚楼翘角飞檐，蔚为壮观；濯水古镇兴于北宋，曾是酉阳土司辖地，如今仍保留着土家水乡的几分沧桑，别错过附近的喀斯特地貌浦花暗河。龚滩古镇。

14

©KEITMA/ADOBE STOCK/图虫创意

丰都鬼城拜阎罗

地狱的观念存在于各种宗教信仰中，据《地藏经》记载，人堕入地狱后绝不好过。丰都鬼城的“阴曹地府”之说源于汉代，山顶供奉阴天子，传说这里便是死后的灵魂归宿。任何你能想到的与地狱有关的词，在鬼城都有具化的展现。随山而建的众多鬼怪雕塑，不由得让人心生畏惧。各处景点讲究众多，大可跟随导游听些逸事传说。

15

计划你的行程

最佳行程

第1天

©视觉中国

发现渝中半岛

虽是弹丸之地，但渝中半岛的山地间藏有不少亮点，花一天时间能把大部分热门看点都逛一遍。如果时间更宽裕，半岛中央的通远门、七星岗和民生路上也有不少精彩，解放碑附近还有人民公园让你直观了解上下半城的立体地形。

❶ 早起爬山看山城

乘2号线到李子坝站，去对面的观景台看“列车穿楼”奇景后，开始漫步**“三层马路”**（见71页方框），途经**史迪威将军博物馆**（见69页），再一路往上来到山顶的**鹅岭二厂文创公园**（见68页）。也可乘1号线到鹅岭站，去**鹅岭公园**（见66页）或者**佛图关**（见68页）俯瞰城景。下山后到**中山四路**（见71页）和**嘉陵桥西村**（见75页方框）走走，去**重庆中国三峡博物馆**（见70页）了解城市历史也是极佳选择。

➡ 吃喝落脚点

飞阁美玲咖啡（见81页）、**大王油茶**（二厂；见80页）、**李子坝梁山鸡**（公园店；见78页）

©渔樵238/图虫创意

❷ 下半城怀旧之旅

中午乘轨道交通回到较场口，到**山城巷**（见58页）走走山城第三步道，在凌空栈道俯瞰长江。再到**白象街**（见64页）漫步寻找下半城曾经的繁华，或到**湖广会馆**（见63页）回顾移民故事。之后在**朝天门广场**（见62页）欣赏两江交汇的壮阔景观，再到**来福士购物中心**（见83页）选购伴手礼。

➡ 实用信息

白象街到朝天门广场的步行线路可参考**"徒步穿越上下半城"**（见66页）。

❸ 上半城的摩登夜景

回到**解放碑**（见60页），逛逛这座纪念碑附近热闹的步行街，之后走到**国泰艺术中心**（见62页）拍个打卡照，再去附近的**戴家巷**（见82页方框）喝江景咖啡。等到**洪崖洞**（见61页）华灯初上时，去千厮门大桥上欣赏灯火辉煌的错落景致，或者进入其间，由上往下一层层慢慢逛。最后到石灰市附近找家受欢迎的餐馆享受重庆美食。

➡ 吃喝落脚点

周师兄火锅（解放碑店；见76页）、**较场口夜市**（见80页）

左图：梅花盛开时驶过的轻轨；
右图：嘉陵桥西村的梯坎。

最佳行程

第2天

©健忘的行摄世界/图虫创意

继续探索半岛周边

渝中半岛周边的主城区面积广大，几乎每个区都可以安排一日游。南岸区的南山有适合户外活动的公园，也有背后是传奇故事的建筑，但这条线路的步行强度较大。如果想快速游览半岛周边所有亮点，需要稍作取舍，并做好准备早出晚归。

❶ 悠然见南山

早起乘**重庆长江索道**（见75页）过江，到上新街乘384路公交走蜿蜒山路进入南山。可以去**抗战遗址博物馆**（见102页）的山间别墅官邸回顾历史，或者到**南山植物园**（见102页）的花木景致中寻找公使馆旧址的老建筑。中午找家餐馆品尝南山泉水鸡，再到**老君洞**（见103页）登高寻古。傍晚到南山**一棵树**或**大金鹰观景台**（见103页方框）俯瞰渝中半岛灯火，下山去**龙门浩老街**（见105页）吃火锅。

➡ 实用信息

崇文路是南山农家餐馆的聚集地，也被称为“南山泉水鸡一条街”。

❷ 沙坪坝缅怀之旅

《红岩》是一代人心中的经典，歌乐山是凭吊革命烈士的圣地。乘轨道交通1号线至烈士墓，从**红岩魂陈列馆**（见108页）开始一场缅怀之旅，顺山路往上攀登，沿途在**歌乐山烈士陵园**（见108页）、**白公馆**（见109页）和**渣滓洞**（见109页）凭吊先烈。下山后到**磁器口**（见108页）古镇游逛放松。

➡ 实用信息

重庆都市观光巴士（见243页“交通指南”）T003路连接了白公馆和磁器口。

❸ 川美艺术之旅

早上乘轨道交通1号线到大学城参观漂亮的**四川美术学院美术馆**（见108页）。在大学城吃过饭后乘轨道交通和公交到黄桷坪，这里是

©雪狐XUEHU/图虫创意

四川美术学院老校区(见112页)所在地，逛逛校园门前的**黄桷坪涂鸦一条街**(见112页)，去**交通茶馆**(见120页)喝茶打牌，感受老重庆，或**在黄桷坪寻找书香**(见116页方框)，傍晚到**胡记蹄花汤**(见117页)或**梯坎豆花**(见118页)这些受川美师生欢迎的老字号品尝美食。

➡ 实用信息

在我们调研时，川美两个校区之间没有直通车，因此交通较为周折。待你前往时可留意直通车信息。

❹ 北碚舒缓游

距离渝中半岛有1小时轨道交通车程，再加上山水风景和温泉，北碚是重庆都市圈中颇为宁静放松的目的地。早起乘6号线到状元碑站去参观**重庆自然博物馆**(见113页)，或者至北碚站去嘉陵江边拜访**卢作孚纪念馆**(见112页)。下午去**缙云山**(见113页)爬山，或者到**北碚温泉**(见116页)泡汤，享受宁静的一日郊游。

➡ 吃喝落脚点

北碚城区的老字号**张豆花**(见118页)值得品尝，旁边是卢作孚创建的人民公园。

❺ 走马观花游重庆

早起去**磁器口**(见108页)，赶在人潮前在古镇老街上走一圈，再到**红岩魂陈列馆**(见108页)缅怀先烈。下午去南山踏青，**抗战遗址博物馆**(见102页)和**南山植物园**(见102页)二选一，或去**老君洞**(见103页)登高。下山后过江到**重庆大剧院**(见109页)门前看夜景，晚上去观音桥吃喝，还有力气就去**红鼎国际**(见113页方框)探秘。

➡ 实用信息

在我们调研时，南岸**弹子石轮渡码头**(见116页)有观光轮渡发往江北嘴。

左图：重庆长江索道；
右图：交通茶馆。

最佳行程

第3天

©RABBIT75_FOT/ADOBE STOCK/图虫创意

重庆市周边近郊游

近郊的大足、合川和江津中山古镇都值得前往：大足以灿烂辉煌的石刻闻名，合川则有易守难攻的钓鱼城，以及受“蜀中第二佛”护佑的涞滩古镇。从主城区出发前往这些目的地，想要一日往返最好自驾，尤其是去中山古镇时，借助公共交通意味着要在镇上留宿一晚。此外，自驾旅行者还可走一条大足周边游（见145页方框）路线，从潼南玩到荣昌。

❶ 大足看石刻

早起乘景区直通车直达**宝顶山石刻**（见136页），欣赏大佛湾中的精妙石刻后也别忘了去**大足石刻博物馆**（见141页）了解更多细节。下午回到大足城区，到**北山石刻**（见142页）继续欣赏由唐至宋的造像，之后登上山巅，寻找**多宝塔双佛**（见143页）。

➡ **实用信息**

大足石刻旅游专线（见141页方框）连接了宝顶山和北山两处石刻之间的交通，另有205路由大足城区至宝顶山。

©郑云/图虫创意

❷ 合川访古

如果乘公共交通去合川，一天的时间只够在合川钓鱼城和涞滩古镇中二选一。自驾则可先到距离合川城区8公里的**合川钓鱼城**（见146页），在城南峭壁上的一字城墙和飞檐洞感怀历史风云的诡谲变幻。之后沿合武公路行驶约40公里至**涞滩古镇**（见149页），游览二佛寺和文昌宫之后，坐在老街上慢悠悠喝杯盖碗茶。

➡ 实用信息

借助公共交通的旅行者也可在合川县城留宿一夜，花两天时间分别去合川钓鱼城和涞滩古镇。

❸ 中山古镇慢生活

如果感到有些受困于路窄人多的渝中半岛，**江津中山古镇**（见152页）的临水老街一定能缓解这种紧张感。这里曾是重庆周边重要的商旅驿站，沿笋溪河修建的临河古街由青石板铺就，两侧多为骑廊式过街亭建筑，仍有剃头铺和中药房等传统店铺，在河边茶馆晒太阳听水声时，你会找到老重庆的安逸巴适。

➡ 实用信息

老街上有一些老屋客栈，古色古香的**瑞岚客栈**（见52页）设施不错。

左图：大足宝顶山石刻31号龛：孔雀明王经变相；
右图：中山古镇。

计划你的行程

最佳行程

第4~10天

©PAV-PRO PHOTOGRAPHY/ADOBE STOCK/ 图虫创意

重庆周边游

重庆的外围有更多美景等待你的探索。顺长江东行，到涪陵便有了两个选择，转往乌江画廊可以去发现奇妙的喀斯特地貌，感受少数民族风俗；若继续随长江向下游，便可欣赏三峡美景与那些极富传奇色彩的人文景观。

❶ 乌江百里画廊

第一天由重庆市区乘车前往武隆，观赏各色喀斯特地貌，包括**天生三桥**（见216页）、**龙水峡地缝**（见216页）及**芙蓉洞**（见217页）。晚上如果还有精力，就去欣赏张艺谋导演的**《印象武隆》**（见219页）。第二天一早乘火车去黔江，先去**芭拉胡**（见224页）张望城市峡谷风光，然后转乘直达车前往由地震形成的堰塞湖**小南海**（见224页）。傍晚抵达**濯水古镇**（见223页）最合适，不仅可以在风雨廊桥上看日落，晚上在古镇尝尝鸡杂锅也不错。第三天与古镇为伴，早起前往酉阳**桃花源**（见226页），端详陶渊明笔下完美世界的雏形；之后到武陵山腹地的**龙潭古镇**（见226页）转转，看看气势恢宏的封火墙。曾经万商云集的要埠**龚滩古镇**（见225页）如今由石板街串联起历经沧桑的古建筑，吴冠中著名的画作《乌江老街》原型便是这里。第四天返回重庆市区，但别错过彭水**阿依河**（见220页），在**蚩尤九黎城**（见221页）还可探寻苗寨"蚩尤崇拜"的秘密。

➡ 实用信息

比起乘高铁到武隆县城，在**重庆四公里交通枢纽**及**重庆龙头寺汽车站**乘直达武隆仙女山游客中心的景区班车更方便。

❷ 长江三峡

第一天早上由重庆北站乘高铁前往涪陵站，而后乘101路公交车前往**白鹤梁水下博物馆**（见168页），深入江底一览"水下碑林"。下午前往曾是绝密级别的**816地下核工程**（见169页），而后乘长途车直奔丰都。翌日早起前

©杨玉诚/图虫创意

往**丰都鬼城**（见171页）深入"阴曹地府"，之后游览依旧在不断生长的**雪玉洞**（见171页），再前往忠县**白公祠**（见172页），晚上留在忠县看一场**《烽烟三国》**（见172页）。第三天乘长途车前往**石宝寨**（见172页），看看巨大的"江上盆栽"，之后在万州稍作休整，去云阳**张桓侯庙**（见178页）感受江上清风，再到**三峡梯城**（见179页）欣赏暮色，之后在云阳留宿。

翌日可在云阳**龙缸**（见178页）和奉节**小寨天坑**（见181页）之间选择，两个喀斯特奇观风景各异，如果你没有前往武隆的打算，就去小寨吧。下午在大批游客离开后到达**白帝城**（见181页），独揽夔门落日，晚上去巫山吃顿老腊肉解馋。第5天、第6天分别在巫山游览**小三峡和小小三峡**（见184页）与**神女峰**（见183页），有空可以去**巫山博物馆**（见184页）转转。如果想前往西陵峡，可由巫山乘车去宜昌，车程约4.5小时。最后一天花时间乘坐两坝一峡游轮，在葛洲坝体验过船闸，然后进入有"永远的三峡"之称的西陵峡东段欣赏峡谷风光，之后上岸游览**三峡大坝**（见167页），一览"高峡出平湖"。

➡ 实用信息

乘三峡游船出行更方便且省时，但大多行程走马观花，你可以根据时间自行决定。旺季最好提早订票，淡季不妨在截止日前等待秒杀价碰运气。

左图：武隆；右图：石宝寨。

每月热门

©视觉中国

1月至2月

寒冬来临，但春节长假时远近游人都出来耍，因此酒店房价会上涨。

山城春节

在渝中半岛老城区，很容易感受到热闹的年节氛围。洪崖洞灯火辉煌，山城巷张灯结彩，解放碑步行街也进入了一年最火爆的购物季。湖广会馆则会遵循古制，重现春节期间的禹王庙会传统。另外，此时游览大足石刻，还能赶上当地传统的新春祈福节会。

3月至4月

此时气候回暖，也没有长假带来旅游人潮，是到访重庆的好时节。

赏花季

3月，南山植物园中樱花盛开，歌乐山太寺垭森林公园中还有郁金香花展；到了中旬，酉阳桃花源内已被粉红点缀。而“桃花净尽菜花开”，渝东南随处可见金黄的油菜花海。

“龙门浩月”石梁现身

“龙门浩月”是老巴渝十二景之一，江中石梁在近代因疏浚水道而部分被毁。但在4月、5月长江旱季时，留存下的部分石梁会因水位降低再次出现，龙门浩老街附近的东水门大桥下是最佳观景点。

忠县柑橘文化节

“半城山水漫城橘”，4月中下旬，忠县橘海进入盛花期，旅行者不仅可以欣赏到“花果同树”，也可深入果林体验采摘乐趣。

丰都鬼城庙会

每年农历三月初三，相传为阎罗天子与

天子娘娘结姻之日，丰都鬼城均会举行庙会纪念，香客纷至，街头游乐、戏曲短剧联袂上演，热闹非凡。

5月至6月

气温陡然攀升，重庆变身“山城小火炉”，不过火锅还是该吃就吃。

蚩尤祭祀大典

农历四月初八，彭水蚩尤九黎城会举行盛大的祭祀活动，苗族儿女会换上节日盛装，载歌载舞，共同跳起踩山花舞，场面蔚为壮观。

7月至8月

7月长江进入汛期，沿江景点、商户和两江游船可能因为防洪而歇业。此时也适逢暑假学生出游，重庆城区和周边的大足石刻、武隆仙女山等景区都会迎来小旺季。

最佳节会

- 湖广会馆禹王庙会，1月至2月
- 丰都鬼城庙会，4月至5月
- 重庆演出季，10月起
- 巫山三峡红叶节，11月

懒坝国际大地艺术季

每个单数年举行一次，征集和邀请世界各国的艺术家以当地自然风貌为依托，用别出心裁的作品为武隆增添美学内涵。

仙女山草原露营音乐节

每年夏季年轻人的音乐狂欢，购买仙女山国家森林公园门票即可免费观看。

左图：烟花下的重庆夜景；
右图：渝东南的油菜花海。

苗族赶秋节

立秋这天，酉阳、秀山等地能歌善舞的苗族人会在赶集的圩场以歌寄情，很像苗族的"七夕"。

欣赏"鸳鸯锅"江景

嘉陵江在重庆汇入长江，朝天门广场是欣赏两江景色的好地方。在夏季，尤其是8月，长江上游强降水使江水浑浊，如果此时嘉陵江上游天气晴好，就有可能看到两江交汇形成一青一红"鸳鸯锅"的景观。

9月至10月

国庆长假时，重庆是非常热门的旅游目的地，洪崖洞、磁器口和朝天门的人流量最大。

鹅岭公园登高赏菊

10月气温宜人，重庆市民有到鹅岭公园登高赏菊的习惯。公园通常也从国庆开始举办菊花展，这时能看到各种珍稀品种的菊花以及多样的花艺造型。

舞台剧演出盛会

抗战时中国话剧界的中坚力量在重庆开创了"雾季公演"，如今重庆文艺界继承了这个传统，从2012年开始举办重庆演出季，通常为每年10月下旬至次年1月，这时正是山城浓雾弥漫的雾季。

©按快门的上善若水/图虫创意

11月至12月

气温逐渐转凉但不会过冷，进入淡季意味着你的旅行可能变得更加生活化。12月有雾的日子很多，不是去南山观景台眺望城市的最佳时间，但江上雾气也是别样的风景。

柑橘柚子成熟

巴渝丘陵很适合柑橘作物生长，11月进入收获旺季。在涞滩古镇、大足宝顶山和忠县等地，都能看到漫山遍野的硕果，大可直接向挑担子的村民购买。

巫山三峡红叶节

深秋时节，地处三峡腹地的巫山层林尽染，似一条红色画卷，登山与摄影爱好者别错过。

热辣火锅季

虽然重庆人一年四季都在吃火锅，但食客们也普遍认同，飘着小雨的阴冷冬日吃火锅"黑巴适"。在阳光少见的12月，热辣红汤就是带来温度的小太阳，哪怕不能吃辣，此时也是吃羊肉汤锅"进补"的好时节。

仙女山冰雪节

每年12月至次年2月，大量的冰雪项目落户仙女山，圣诞及元旦前后还会举办篝火派对等娱乐项目。

泡温泉

天气渐凉，是泡温泉的好时机。大足、北碚、涪陵等区县均有不错的温泉酒店，热气腾腾，让人疲惫尽消。

左图：冬季的武隆仙女山公路；
下图：重庆火锅。

©YANG YIDONG/SHUTTERSTOCK

新线报

©江岛/图虫创意

轨道交通更便利

2020年底，轨道交通1号线的最后一段终于通车，乘客可以直接坐到朝天门。随着轨道交通环线的全线贯通，离渝中区较远的重庆西站也正式被纳入轨道交通网络中。此外，曾家岩嘉陵江大桥的贯通意味着10号线即将跨江接入渝中半岛。

“好耍”新地标

2019年，重庆来福士购物中心（见83页）在朝天门落成开业，雄伟的建筑群形似“风帆”，成为渝中半岛上的新地标，是朝天门广场上一道绚丽风景。除了观景台、五星级酒店、服务型公寓和高空餐厅酒吧，位于大楼基座的巨型商场也时髦好耍，商场的地下层还有城市候机楼提供值机和机场直通车服务。

城市电梯新成员

2021年初，东水门大桥渝中侧迎来一座电扶梯和一座垂直升降梯，这两部电梯都可以将乘客快速带到湖广会馆（见63页）门前，省时省力还能看风景。此外，明星级别的两路口皇冠大扶梯进行了首次维修翻新，2021年春节后已经以全新面貌恢复运营。

新景区，新面貌

2019年，较场口附近的山城巷（见58页）景区闪亮登场，这里并非新建的景点，而是将下半城山城小巷的环境进行了整体提升。此外附近的十八梯景区也已重建完毕，计划在2021年下半年向公众开放。

时髦咖啡新聚落

与洪崖洞享有同一片视野的戴家巷居民

©杨玉诚/图虫创意

区已转型成为时髦的咖啡新聚落，越来越多的咖啡馆和小酒吧在这里开业，并吸引着重庆的文艺人士到此消遣。这里的多数店家都设有露天桌椅，客人可以坐在巷子里欣赏江景。

故宫文物南迁纪念馆落成

重庆和故宫有着什么样的关联？这座建在安达森洋行里的纪念馆讲述了故宫文物辗转南迁的故事。除了展览，这里还有由故宫团队操刀的书吧、文创和咖啡馆，足够逛上大半天。纪念馆于2020年末开始试运营，并且在2021年6月正式开放。

阿蓬江上的“璀璨明珠”

黔江区以五年时间悉心打造的濯水景区，于2020年底成功升级为AAAAA景区。源于唐末，繁盛于明清，这颗阿蓬江上的“璀璨明珠”颇有取代龚滩古镇成为重庆“古镇招牌”的意思，配套设施与服务算得上上乘。

三峡移民的“记忆空间”

除重庆中国三峡博物馆之外，想要了解三峡百万大移民又多了一个新选择。三峡移民纪念馆落户万州区，该区曾安置三峡众多移民。陈列以多媒体互动等方式展现工程20年百万移民的风雨历程。

空中桥梁

随着武隆仙女山机场的顺利通航，重庆已成功形成以重庆江北机场为主要枢纽、分别向万州、黔江、武隆和巫山支线延伸的“一大四小”机场布局。这座空中交通网为旅行者到访渝东南与渝东北提供了更便捷的抵达方式。

左图：濯水古镇；右图：故宫文物南迁纪念馆。

计划你的行程

获得灵感

©品空/图虫创意

书籍

《失踪的上清寺》（罗渝著）以真实的重庆城市地理为背景的悬疑小说，将重庆老地名作为线索，用文学方式清楚地梳理这座城市的历史变迁。

《沉静的河流·三峡的人和事》（曾年著）在三峡水利工程施工时，摄影师以自己独特的镜头视角记录这场巨大变革中的环境与人。

《江城》（彼得·海斯勒著）1996年至1998年，作者以美国和平队志愿者的身份于涪陵生活两年，并用辩证的态度完成了这份涪陵田野调查。

《红岩》（罗广斌、杨益言著）讲述新中国成立前夕，在国民党镇压下重庆地下共产党的革命斗争，书中人物多有现实原型。

电影

《疯狂的石头》（宁浩导演）国产黑色幽默喜剧片的开山之作，围绕“偷梁换柱”“以真换假”“完璧归赵”等巧合奇遇，讲述啼笑皆非的重庆故事。

《三峡好人》（贾樟柯导演）贾樟柯的代表作之一。在记录奉节县城和三峡库区历史景观的同时，也在满满的生活细节上增添了魔幻色彩，多样的隐喻透出不着痕迹的诗意。

《火锅英雄》（杨庆导演）重庆版《偷拐抢骗》，因扩大店面挖到银行保险柜而发生的令人意想不到的事情，看过电影就迫不及待想去尝尝洞子火锅。

《从你的全世界路过》（张一白导演）张嘉佳同名小说改编，讲述三个年轻人的都市情感故事。也许有人认为电影本身乏善可陈，但电影带火的鹅岭二厂却值得逛逛。

《少年的你》（曾国祥导演）讲述高考前夕面对家庭破碎与校园暴力，两个少年相互守护成长的故事，渝中水族贸易中心等拍摄地已成为影迷到访重庆的新打卡点。

《双食记》（赵天宇 导演）

©雾都之光/图虫创意

没时间？

《重庆语文》（蜂窝煤著）以绘本形式展示的重庆方言词典，提前领悟这座山城的诙谐幽默。

《鸟瞰新重庆》由重庆电视台拍摄的航拍纪录片，让你在进入这座8D城市前以上帝视角一览重庆风光。

《重庆魂》燃中华，in渝西！这首江湖气息极浓的说唱歌曲几乎成为重庆的非官方代表曲目。

应对一张嘴吃两家饭的男人，需要预谋一场浪漫的美食谋杀。影片取景自重庆的热门景点，也是一堂不错的食物健康课。

音乐

《雾都夜话》曾是重庆卫视的王牌节目，这首以相同开场白展开的歌讲述着重庆人自己的故事。

《山城棒棒军》20世纪90年代同名热播电视剧的主题曲，歌词朗朗上口，几乎每个重庆人都会哼上两句。

《一捧黄土》重庆本土乐队以摇滚为载体，表达对于山城风貌与人文生活的偏爱与记忆。

《黄杨扁担》家喻户晓的重庆民歌如今版本众多，优美抒情的旋律在川渝广为流传。

网络资源

天地图（http://www.digitalcq.com/）由重庆市规划和自然资源局主办的地理服务平台，每周发布不同主题的重庆地图。

重庆老街（微信公众号：重庆老街）关注重庆境内的历史文物及古建筑，很适合希望深挖重庆历史与了解老城的旅行者。

布拉克里（微信公众号：布拉克里 broccoli）用优美的图文分享重庆食记，对于重庆咖啡文化颇有见解。

十三席（微信公众号：十三席）着眼于重庆本土餐饮，以独特见解推广小众餐厅。

左图：巫山城市建设的场景；
右图：铜元局轻轨站。

省钱妙计

©朱哥哥矣/图虫创意

门票

➡ 重庆大多数景点对于持学生证、军官证、老年证等证件的游客都有不同程度的门票优惠。

➡ 200元一张的大重庆旅游年卡涵盖了金佛山、大足石刻、丰都鬼城等50余个景点，享受专用入园通道，去上两三个就能值回票价。

➡ 重庆与四川、山东等地均有“免费互游”活动，持当地身份证可享有免票或门票折扣，具体政策可查询各景点微信公众号。

➡ 许多景区淡季门票价格要比旺季便宜不少，反季出行还能在如龚滩古镇等景点享受“免票”待遇。

住宿

➡ 通过携程、缤客等订房网站预订客房相较于散客步入会有一定优惠；若选择连锁酒店，从官方渠道预订常会保证最优价格。

➡ 市区内的青旅大多选址在热门景点附近，价格实惠且设施完备；淡季不妨选择民宿，200元左右的价格就能与江景共眠。

➡ 长江沿岸住宿的价格高低普遍与离江的距离远近成反比，而临江酒店的城景房往往要比江景房便宜近百元。

➡ 仙女山国家森林公园、龙缸等景区常推出包含门票、住宿及交通等的打包优惠套餐，建议提前制订计划，同时关注景点微信公众号的近期推广。

➡ 旅游旺季时，景区周边酒店的房价会有大幅上涨，越早预订会越便宜。

餐饮

➡ 重庆餐馆遍地，一般十几元就能来上一碗肥肠小面或者红油抄手；许多餐馆自诩上过“美食排行榜”，多数无从考证，味道好坏通过上座率能略知一二。

➡ 磁器口等游客聚集地与其他城市的美食街相差无几。想要品尝更地道的重庆风味，不妨到大学周边的餐馆找找，价格也更便宜。

➡ 人气餐馆并不绝对代表

©唐唐风/图虫创意

价格昂贵，一些热门火锅店往往因为味美价廉备受推崇，不想错失美食一定记得提前等位。

➡ 点餐前与店员确认优惠活动。餐厅往往会在大众点评、美团等App上出售套餐及代金券，一些餐厅还会与银行信用卡合作，有消费满减的优惠。

交通

➡ 办理重庆宜居畅通卡需25元，乘坐公交、地铁及轻轨均可享9折优惠，且1小时内享受1次免费或优惠换乘。周一至周五7:30~9:00和17:00~19:00，使用重庆宜居畅通卡乘坐长江索道，单次仅1.8元。重庆公交及地铁虽已开通移动扫码支付功能，但不可享受优惠。

➡ 山城多坡路，不胜脚力不如办一张18元的轨道交通一日票搭配你的游览路线。

➡ 重庆市内各车站均有去往武隆天生三桥等周边区县旅游景区的一日游直达车，包括往返车票及景区门票费用，比自行前往要方便且便宜许多。

➡ 青旅大多会有展示拼车信息的布告栏，不妨在此留下你的行程或让前台帮忙留意。

购物

➡ 特产店见到的大多数重庆小吃都有网店销售，价格可能更实惠还包邮。

➡ 一日游或游船上推荐的特色美味，往往在行程终点周边的商店就有更便宜的同款产品。

➡ 初秋沿长江旅行，随处可见售卖三峡柑橘的摊位，价格适中，预订年底发货，可以用更低廉的价格享多汁果实。

旅游淡季

➡ 每年11月至次年3月是重庆旅游的淡季，景区门票有优惠，但景色差异不大，相反游客要少许多。

➡ 冬天住宿价格常常仅为旺季时的六成，可以将北碚区的温泉酒店纳入计划。

左图：金佛山；
右图：肥肠小面。

计划你的行程
行前参考

何时去

重庆

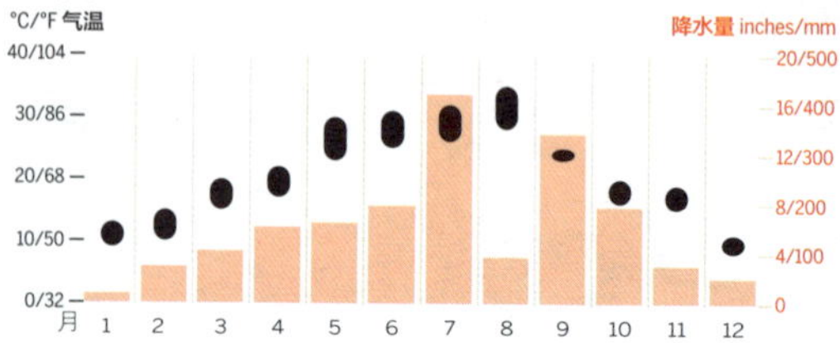

数据来源2020年

重庆四季皆适宜前往，暑期及黄金周人气最旺。夏季虽热但一杯夜啤透心凉爽，冬季虽冷但一顿火锅巴适暖和。

旺季（3月至5月，9月至11月）

春末和秋初，正是百花争妍时。这两段时间气候也最舒适，但黄金周期间住宿价格普遍上涨且一床难求。

平季（6月至8月）

夏季雨水充足且酷热无比，武隆等地住宿价格因可避暑而上涨。但夏夜雾气最少，美景可能少了一份风韵。夜市烧烤最是兴旺，辣到汗流浃背才痛快。

淡季（11月至次年2月）

冬季阴冷潮湿，但景区门票多执行淡季价格，住宿也更划算。长江三峡枫叶如火，到北碚泡泡温泉也不错。

行前提醒

提前两周 看一些在重庆拍摄的影视作品，取景地与景点往往离得不远，制定攻略。

提前一周 预订机票与酒店，如果打算在黄金周乘坐长江三峡游轮，不要错过捡漏的好时机。

提前3天 查询天气，准备行李，如果购买了重庆大旅游年卡，可以预订抵达当日的项目。

电话区号

023

人口

3124万

简称

渝

语言

即便都听得懂普通话，本地人也多选择用风趣幽默的重庆话交流，你可以通过调整音调，轻松模仿这门方言。

现金和信用卡

ATM与银行网点随处可见，酒店及餐馆均能刷卡。移动支付几乎涵盖所有门店，去周边乡镇仍需准备零钱乘坐公交车。

移动电话

中国移动、中国联通和中国电信的信号基本覆盖整个重庆，但部分山区信号较不稳定。

网络

多数酒店及餐馆均有Wi-Fi，部分景区及交通枢纽也可连接免费Wi-Fi。

每日预算

经济 250元以下

➡ 预订青年旅舍铺位(60~80元)

➡ 多光顾路边的小吃店

➡ 以公共交通出行为主

➡ 到访免费的博物馆及公园,有选择性地参观收费景点

中档 250~500元

➡ 以选择快捷酒店及民宿为主(150~250元)

➡ 适当下馆子来一顿火锅或江湖菜(60~100元/人)

➡ 考虑乘长途车去武隆及南川等周边区县转转

➡ 购买一些心仪的伴手礼

高档 500元以上

➡ 无须为选择住宿和就餐而烦恼,星级酒店(400元起)和网红西餐厅(150元/人)均可体验

➡ 出行可以打车

➡ 可考虑景区私人讲解服务

➡ 乘两江游轮兜完风后,再去观音桥感受夜生活

抵达重庆后

重庆江北国际机场(见243页)

➡ **空港快线** 目前共6条机场快线由江北机场T3航站楼始发,票价15元,乘坐K01路可直达解放碑,K03路可到达磁器口。

➡ **轨道交通** 3号线和10号线均经江北机场T2航站楼站,到解放碑步行街需6元,车程1.5小时。

➡ **出租车** 在到达厅门口排队乘车,不堵车的情况下到市区60~70元。

重庆站(见243页)

➡ **轨道交通、公交车** 2元即到解放碑。

重庆北站(见244页)

➡ **轨道交通** 3元即到解放碑。

➡ **出租车** 到市区约需30元。

重庆西站(见244页)

➡ **轨道交通** 4元即到解放碑。

➡ **出租车** 到市区约需50元。

朝天门码头(见244页)

➡ **轨道交通、公交车** 2元即到解放碑。

万州五桥机场(见176页)

➡ **机场大巴** 票价10元,发往五桥汽车南站及市区内的万州汽车站(8:00~19:25),车程20分钟。**出租车**至市中心的万达广场约15元。**公交**7路连接机场与白岩路,票价2元。

巫山神女峰机场(见187页)

➡ **公交** 603专线由巫山翠屏汽车站发往机场(6元;7:30,10:00,13:30,16:00;70分钟)。出租车约需100元,车程45分钟。

武隆仙女山机场(见243页)

➡ 目前机场暂未开通机场大巴及公交线路,可由武隆仙女山游客中心乘网约车(约70分钟;1小时)。

黔江武陵山机场(见243页)

➡ **公交** 305路往返于武陵山机场站与城区(2元;8:00~18:00,约15分钟1班;30分钟)。**出租车**约需15元。

注意事项

➡ 重庆环山多雾,阴雨连绵,出门必备雨具。

➡ 夏季气候潮湿,人易出汗衣难干,可多带些换洗衣物;“山城”道路起伏,需要一双舒适的鞋子。

➡ 即便是GPS定位,可能也难以帮你在这座立体都市找到目的地,问问当地人准没错。

网络资源

➡ **愉客行**(www.96096kp.com)重庆市公路客运售票网站,可在线查询并预购车票。

➡ **渝畅行App** 轻松查询站点信息,规划重庆轨道交通行程。

更多信息,请参见230页“生存指南”。

重庆大剧院的灯光秀。

负责任的旅行

自从Lonely Planet诞生以来，“负责任和可持续的旅行”（Responsible and Sustainable Travel）一直是我们秉持的旅行理念。如果在旅行途中能对当地文化、环境及居民有所裨益，你所走的每一步都会更有意义。下面的一些小贴士可以帮助你保护和支持重庆及其周边的环境与社区。

尊重文化传统

➡ 在出发前阅读关于重庆的读物（见36页）有助于了解当地历史文化及民俗习惯。

➡ 重庆汇集众多少数民族，尊重当地禁忌尤为重要，如不要在未经许可的情况下随意触碰苗族女性的苗银，拜访土家族人家时不要踩踏堂屋的门槛。

➡ 许多老人不一定会讲普通话，也未必能听懂普通话，学习一些简单的重庆话会有不少帮助。

➡ 在参观宗教活动时，拍照前要先询问，除非获得允许，否则不要随意拍摄私人活动。如答应寄送照片要言出必行。

遵守公共秩序

➡ 不少本地人仍生活在老街区中，不要随意进入民宅，以免扰乱他人正常生活。

➡ 在参观博物馆及展览过程中请轻声细语，

避免影响他人的观展感受。

➡ 遵守博物馆“禁止拍摄”的规定，即便允许也应避免使用闪光灯。

➡ 部分演出会明确告知“禁止摄录”，欣赏是最大的尊重。

➡ 搭乘轨道交通及公交时不要饮食，在密闭空间内也应少食气味浓重的食物。

➡ 在景区游览时遵守规定，不要随意吸烟及丢弃垃圾，不要翻越安全护栏。

保护环境和动植物

➡ 小件垃圾随身携带勿随意丢弃，不要把城市垃圾带到乡村和自然环境中。

➡ 重庆的美食诱惑无法抵挡，带上水杯和环保筷是抵制浪费的最好方式。

➡ 随身携带购物袋，减少不可降解塑料袋的使用。

➡ 不要购买由濒危物种制成的纪念品或食品，拒绝如穿山甲、蛇等野味。

➡ 在乡间道路行驶时，不时会有猫、狗等小动物突然窜出，应注意观察路况，及时减速慢行。

造福当地人

➡ 从农户手中直接购买水果等农副产品可以让他们获得更多的利润，尽量从当地手艺人处购买工艺品，不要使劲杀价，这可能会间接导致机器加工的增多及传统工艺失传。

➡ 在本地餐厅享用特色小吃，入住当地人开的民宿，可能都是确保当地人直接获益的选择，同时节约使用水电，不在房间时要关闭空调等耗电设备。

避免“过度旅游”

重庆是2019年中国游客数量最多的城市，甚至超过许多旅游大省。到访者大多希望获得融入当地的真实体验，但热门目的地却常因蜂拥而至的游客而过分拥挤，让体验大打折扣。并且，对于当地的基础设施及居民的安静生活来说，过多的游客也会带来压力甚至伤害。我们在此提醒有意前往重庆的旅行者，以下热门景点可能正遭受过度旅游（Overtourism）带来的威胁，但有时只要稍作变通，即可获得更独特、舒适的本地体验，同时也能疏解巨量游客带来的压力。

➡ **洪崖洞** 相信到访洪崖洞的旅行者几乎都“觊觎”这里辉煌的夜景，比起一楼马路对面扎堆留影的人群，移步至千厮门大桥上或前往对岸的重庆大剧院旁的江滨小道，可以收获与众不同的拍摄角度。

➡ **长江索道** 本地的客运索道如今变成了重庆旅行的名片，如果由南岸区上新街站排队至少需要1小时，但选择由对岸的渝中区新华路站乘坐，人会少很多。如果你只是想观看索道运行，不妨前往白象居，这里也是热播剧《隐秘的角落》的拍摄取景地。

➡ **李子坝** 因“穿楼而过”的设计而吸引大量游人到访，政府甚至不得不修建观景台来缓冲人流压力，但无论如何，仍然不可避免要和成百上千的人一齐围观。而由李子坝站B口右行百米。便是一处鲜有人知的小院落，能近距离拍摄轻轨的出发与到达。

➡ **牛栏坝** 有“渝尔代夫”之称的牛栏坝是重庆市民们的避暑新宠，夏天时这片不大的沙滩几乎挤满人群，但这里并没有配备完善的服务设施，连停车都是难题。其实重庆市区周边夏日避暑选择很多，南川金佛山、綦江丁山湖等人少景美，从市区出发，两小时内均可抵达。

重庆火锅。

©视觉中国

和当地人吃喝

重庆话里把喜欢吃香喝辣的人戏称为“好吃狗儿”，这毫无贬义，甚至有点夸奖的骄傲感。因为重庆人性子直爽，爱吃又好耍，走街串巷找美食是老少咸宜的大众乐趣，人们喜欢到山间乡坝尝试花样江湖菜，也乐于坚守传统，对老城老油老店痴心不改。和重庆人一起吃喝，你会发现山城的更多乐趣。

热气腾腾的火锅

不论严寒酷暑，重庆人一年到头都在“烫”火锅。在雾蒙蒙的阴冷冬日里，汤里的海椒和花椒让人从嘴暖到胃，而在潮热的夏季，火锅就像从内而外的桑拿，带给食客满头大汗的“巴适”。

锅底是灵魂，每家火锅店都有自己秘而不宣的锅底秘方。在有点名气的火锅连锁店，一进门最显眼的地方总会出售自家的招牌锅底。即使买锅底回家自己烫火锅，本地人也喜欢再加几样偏好的香料。

对于老派重庆食客，锅底有且只有红油锅一种，有一句三分玩笑七分真的流行语：吃鸳鸯锅是重庆人对外地朋友最大的敬意。在发明火锅的码头江湖时代，红油锅都是重复循环利用的，这个传统演变出了“老油”这种颇受争议的锅底。即使近年来经历了食品安全的几轮“严打”，仍有不少做本地老熟客生意的老牌

酒馆里的自酿小酒。

©视觉中国

四季美食

春季

冬季腌制的腊味几乎是家家户户春节家宴的主角。重庆的年节习俗兼容并包，既吃汤圆也吃水饺。3月，香椿树发出嫩芽，带来椿菜炒鹅蛋这道滋味强烈的时令菜。

夏季

闷热夏日，梁平和大足等周边坝子出产的西瓜给蒸笼般的山城带来清凉甜意。这也是吃路边火锅配"夜啤酒"的好季节。

秋季

秋日天气转凉，金佛山的竹笋却欣然萌芽，秋笋烧鸡公和笋子芋儿鸡都是丰盛的应季菜，鲜笋切片涮火锅带来更多爽脆口感。

冬季

川江丘陵柑橘蜜柚大丰收，给雾蒙蒙的山城送上酸甜的欣喜。重庆人喜欢在冬季吃羊汤锅进补，醪糟汤圆是经典的热汤甜品。水煮儿菜和折耳根炒肉都是本地人喜爱的时令味道。

小店坚持使用老油锅底。"老油党"认为，正派老油锅底有严谨的加工工序，过滤、沸腾和凝固后的老油有浓厚的"荔香味"，是火锅的精华，成本也并不比一次性锅底便宜。如果你想怀旧，或者要一举让本地人刮目相看，不妨挑战一下。

除了锅底的浓郁调味，还有蘸碟来提味。最常见的蘸碟是麻油碟，不但可以中和辣味并给涮品降温，还会给食材裹上一层芝麻和蒜的香味。新派吃法还会在麻油碟里加上小米椒、蚝油甚至沙茶酱等各地调料，配出丰富的味道，但也有人认为这种花式调味有些喧宾夺主。老派重庆人还有几样蘸碟选择：菜油碟、干碟和原汤碟。菜油碟有菜籽油的特殊香味，干碟里是辣上加辣的海椒粉和青花椒粉，原汤碟则是舀一勺红汤来蘸，味道火爆直接。

毛肚、鸭肠、黄喉、鲜牛肉、耗儿鱼、脑花、鳝鱼和鸭血都是重庆火锅里的经典食材，如果你的菜单上有"牙梗肉"，这家店一定功力不凡，牙梗肉即猪上颚膛，一般只有老重庆人才知道它爽脆可口的美妙。

家常美味小面

在重庆，"吃碗小面"可能是最常见的生活片段之一。就餐选择困难时，走进街头随意一家小面馆都能吃得简单又美味。然而家常小面馆也大有乾坤，火锅界有百强争霸赛，小面界新老店家也有比拼，每年都会赛出百强至十强排名。

小面其实是一种广泛的分类，不管是豌杂面、肥肠面、牛肉面还是炸酱面，只要是用"水叶子"细碱面制作的都可以是小面，而菜单上最便宜的"小面"则指葱花素面。店家煮小面通常是大锅宽水煮面，用久煮的浓面汤煮出的面条更够味。煮面手法粗犷，添加调味则是个细活。每家面馆的调料各有不同，少的十三四种，多的可达十八九种，通常包括猪油、香油、芝麻酱、蒜汁、姜水、花生、芝麻、油辣子和花椒面等，更讲究的还要保证几味关键调料的产地；如黄花园的酱油、天原厂的味精、涪陵的榨菜和阆中的保宁醋。如何调配其中的比例成了面馆的不传之秘，用量掌握都在经验中。

老重庆点面也很讲究门道，也如同袍哥人家的江湖切口，面要硬叫“提黄”，多要青菜叫“重青”，反之为“少青”，不要汤叫“干溜”。

不辣的当地美食

重庆菜最明显的特点就是又麻又辣，这种重口味并非所有人都接受，不过也有很多不辣的重庆美食，爱吃辣的人也能换换口味。

在重庆，不辣的火锅只能叫汤锅，不过汤锅也像火锅那样，可以随意加小菜同煮。板栗鸡是重庆人喜欢的汤锅吃法，用板栗和姜片、红枣来熬鸡汤，汤汁浓郁但丝毫不辣，喜辣可以调一份蘸料。

与常见小面的红油灌顶不同，鸡汤小面是其中的温和之选，鲜美的鸡汤配上小面的韧性口感，再加点葱花提味。讲究的店家在熬鸡汤时会加入猪肚同煮，增加爽脆的口感和脂肪香味。

豌豆蹄花汤和番茄丸子汤是家常小馆里的功夫菜，配菜简单，火候才是关键。豌豆与蹄花一起炖软烂，豆香味解腻又提香；番茄丸子同煮口感酸爽，非常下饭，店家一般还会赠送酸辣泡菜提味。

糯米团包油条是老重庆的经典早餐，糯米饭团外裹上香喷喷的黄豆面，里面包一截酥脆的油条，美味又顶饱。如今老式早餐店已不太好找，但在一些主打怀旧的新派小食店里还能吃到这种糯米团，可与豆浆、稀饭搭配。

可夜赏江景的餐厅。

© 陈小羊/图虫创意

餐饮场所

新旧共生的火锅店

几乎所有重庆人都是火锅爱好者，但爱好者可能也会分为两种阵营。传统派偏爱的老式火锅，使用老油锅底，餐馆环境老旧，外加老板不理人，但所有不足都由秘方调配的香辣锅底来补全。新派火锅有着江湖菜追求创新的胆识，他们敢于接纳鸳鸯锅甚至三拼锅底，同时也要求每种汤锅都有辨识度极强的不同调味，并不断开发菜品来搭配汤味。

对于不太能吃辣，或对环境要求较高的食客，头顿火锅选择新派大品牌连锁店通常不会出错。如果想来一场火锅冒险，去离商圈稍远的老居民区里找一家不太整洁光鲜，但同样宾客盈门的老式火锅店，可能会收获更多惊喜。

酒馆里的江湖菜

重庆人喜欢的江湖菜，通常从只做一道菜的小店流传出来，最终汇集到居民区周边的酒馆里。这种亦食亦饮的酒馆常有种令人愉快的江湖豪气，热烈自然的气氛与店内装潢无关，而是从手脚麻利、态度亲切的店家以及喝酒划拳、杯盏不停的食客身上流露出的。点上辣子鸡、蒜泥白肉和豌豆蹄花，再来壶店家自酿小酒，你会迅速融入山城特有的生活氛围里。

茶馆里的沱茶和盖碗茶

沱江商帮不只做食盐生意，也把云南人喜爱的压制茶带到了川东，这种茶叶形似秤砣又与沱江相关，因此得名“沱茶”。20世纪50年代开始，重庆建茶厂生产沱茶，由于压制茶本来就是劳动人民的日常饮品，再加上使用价格低廉的川南茶叶做原料，重庆沱茶迅速受到川渝大众的喜爱。如今坐在重庆各处的小茶馆里晒太阳时，茶杯里的茶叶多半是本地沱茶，而沏茶用的盖碗则在明清时由北方移民带来，颇有点“京味儿”。

花样繁多的配菜。

©视觉中国

土家族菜和客家风味

重庆地域广大，西部的饮食口味受川西坝子及沱江盐帮菜的影响较大，东南部土家族聚集地则保有一些独特风格，年节时前往黔江和酉阳的村寨，很可能遇上猪鸡鱼齐全的土家族大宴。黔江鸡杂如今已是重庆家常餐馆常见的招牌菜，其实这是一道代表性的土家族传统美味，鸡肝、鸡心、鸡肠、鸡胗……几乎所有的鸡内脏一锅同炒，除了青椒、海椒和葱姜蒜，还有酸辣的泡椒来调味，腥味全无，只留下爽脆口感。

历史上的重庆移民中有相当一部分是来自湖广的客家人，如今在移民重镇荣昌，很容易找到艾粄和糯米油果子等客家点心。此外，重庆油茶的吃法也很可能是客家移民带来的，但与客家油茶的茶汤泡油炸米不同，重庆油茶是用米糊泡油炸馓子，再加上芝麻、香菜、榨菜和辣椒油调味。

在路上

本书作者 张世秋

在渝中半岛，我见识了“山城”真正的厉害：整座城市就像建在两级大台阶上，而大台阶里还藏着许多起起伏伏的小台阶，高楼从所有能立足的地方拔地而起，整座城市就像一个千面魔方。

进一步了解我们的作者，见255页。

渝中半岛

洪崖洞。

渝中半岛

渝中半岛就像一棵黄桷树，扎根在陡峭的江中台地，倔强向上生长，并源源不断地为城市的扩展输送能量。半岛东部的重庆老城可谓人类建城史上的奇迹，城墙或面朝嘉陵江悬崖砌起，或依傍长江缓坡江滩而建。到了近现代，依山建城的决心和想象力演化出吊脚楼、三层马路乃至十二条匝道的立交桥。这些在有限环境中做出的无限尝试，为半岛居民创造出更多的生活空间，而立体城市结构也逐渐成为重庆的独特亮点，吸引着旅行者探索的目光和脚步。

当你在半岛漫步时，不必抗拒诸如李子坝车站一类的“网红景点”，因为这些看点并非为吸引眼球而刻意建造，而是另一种形态的生活日常。当然你也可以跟随自己的旅行灵感，在看似普通的场景里发现独特的山城味道。

☑精彩呈现

如果你有2天

➡ **第1天** 早起去**山城第三步道**（见58页）看江景，之后到**解放碑**（见60页）拜会重庆精神地标。下午经过**国泰艺术中心**（见62页）到**戴家巷**（见82页方框）喝江景咖啡，晚上欣赏**洪崖洞**（见61页）夜景。

➡ **第2天** 到**重庆中国三峡博物馆**（见70页）了解重庆和三峡的故事，乘2号线转至李子坝，走**“三层马路”**（见71页方框）上山去逛**鹅岭二厂文创公园**（见68页），或转乘1号线到鹅岭逛逛**鹅岭公园**（见66页），傍晚去**朝天门广场**（见62页）欣赏两江夜景。

★渝中半岛亮点（见54页）

1 山城第三步道　2 从解放碑到洪崖洞　3 湖广会馆
4 鹅岭二厂文创公园　5 重庆中国三峡博物馆　6 重庆独家交通体验

预备，走

请往行李箱中放一双适合走路的鞋。可以的话，最好把行李箱也换成背包，因为你很可能遇到必须爬楼梯的路。在渝中半岛，只要做好走路和问路的准备，你会发现不少近路小道。当然你也可以打车，但有时步行200米的距离驾车可能要绕行2公里。经验丰富的本地司机并没有坑你，因为你很难在短时间内掌握他们脑中的立体驾驶路线，这可能也是在半岛不太容易看到外地牌照车辆的原因。

影视剧里的渝中半岛

➡ **《失踪的上清寺》**在虚构的寻宝路线里，你会发现湖广会馆、菩提金刚塔和佛图关等多处真实场景。

➡ **《少年的你》**中山四路、皇冠大扶梯、魁星楼甚至小什字玩具批发商城，都是电影中男主角出现过的地方。

➡ **《从你的全世界路过》**不只有鹅岭二厂文创公园的文艺梯坎，这部电影还记录下了十八梯老城改造前最后的模样。

楼群间驶过的轻轨。

@视觉中国

当地人推荐

极具生猛力量的建筑奇观

徐腾，“野生建筑”观察者。

对你来说，重庆是座什么样的城市？

形容一座中国城市的性格，不是“大家闺秀”就是“小家碧玉”，但是重庆与这些气质无关，重庆是盘踞在大山大河之间的一只猛兽，极具生猛的力量感。

对哪些建筑的认识和发现给你带来了深刻印象？

2013年去清华读书之后，我体会到了重庆和北京在景观上的巨大差异，于是便开始对重庆进行细致的田野调查。印象最深刻的是嘉华大桥下面的船屋：两兄弟发愿造船去远航，于是每周末采购废旧材料，用了十年终于造好了船，但是第二年遭遇大水便被搁浅在高地了。这是一个有点尴尬但是充满了想象力和热情的故事，很好地表现了重庆人的气质。

怎样观看和理解重庆的“网红建筑”？

重庆的网红建筑有自身的逻辑，了解背后的逻辑能更好理解重庆的城市特点。比如轻轨穿楼其实出于偶然的原因，本来轻轨二号线是要埋在山体里面的，后日本的技术专家建议挂在外面，这样施工简单、节省造价，还能充分利用江岸景观，但是李子坝的住宅楼当时已经批

准了建设，后来经过多方协调，就把轻轨站放在了楼里面。

复合利用是山地条件下提高空间效率的常见手法，重庆还有很多因为地形限制而逼迫出来的创造力，所以我们看到的网红建筑不仅仅是一种奇观，他们也是人类在探索城市空间可能性上做出的极其有价值的尝试。

在重庆还有哪些值得留意的？

20世纪30年代至20世纪90年代的重庆整座城市充满奇观和想象力。目前重庆最值得观看的是各种大桥等基础设施和城区环境的粗暴碰撞，其中呈现的力量感相当过瘾。

☑ 不要错过

最佳隐藏看点

➡ **白象街** 值得在这条仿古街道漫步，从现存的历史建筑中寻找下半城曾经的繁华。（见64页）

➡ **菩提金刚塔** 这座披着神秘光环的佛塔，是宗教建筑也是近代市政工程。（见72页）

➡ **人民公园** 这里是重庆最早的市民公园，如今仍然保留着老派山城生活节奏。（见60页）

最佳小面

➡ **恒明鲜肚子鸡汤银丝面** 招牌的肚子鸡汤银丝面，汤鲜美，面爽滑，适合吃腻了麻辣的人换换口味。（见76页）

➡ **花市豌杂面** 豌豆软烂，杂酱调味丰富，小面看起来清淡，拌匀后很够味。（见78页）

➡ **胖妹面庄总店** 最突出的特点是红油重，排队等位的氛围也和小面一样热辣。（见78页）

最佳观景点

➡ **水晶连廊观景台** 位于来福士购物中心47楼，登临即可俯瞰半岛和两江风景。（见75页）

➡ **嘉陵桥西村** 目光穿过几处高楼间的"豁口"，你会看到轻轨列车驶过跨江大桥。（见75页方框）

➡ **千厮门大桥西侧人行道** 在桥上回望即可看到洪崖洞吊脚楼灯火辉煌的全景。（见81页方框）

渝中半岛亮点

❶山城第三步道

虽然想象中的山城生活已渐行渐远，但山城第三步道沿线保留了许多老式居民小区，在爬楼梯经过民居厨房的窗台时，你仍可以近距离接触到山城人的生活场景。而在山城巷新建的复古小店的间隙中，你也可能会遇到一起煮汤圆、打麻将的街坊邻居。

❷从解放碑到洪崖洞

从清末到民国，江边崖顶的台地上生长出了一座“上半城”。民族路、民权路以及邹容路交会处耸立着解放碑，抗战的决心以及胜利的自豪赋予了这座纪念碑重要的地标意义。往北到垂直俯瞰嘉陵江的崖边，洪崖洞建筑群点亮灯火照耀江水，是吸引游人的梦幻看点。

❸湖广会馆

明末战乱后，巴蜀地区民生凋敝，于是清初有了“湖广填四川”，大量湖北、湖南、两广及江西等地的移民来到重庆，这些移民逐渐充实了川渝的农业和工商力量，湖广会馆应运而生。如今漫步在长江边古色古香的会馆建筑里，仿佛还能听到先民的脚步声和船工号子在回响。

❹鹅岭二厂文创公园

值得到鹅项岭山头上的二厂逛逛，这里的老式厂房建筑最早是陪都时期的中央银行制币厂，改造为印刷厂后又转型成为文创园。除了吃喝购物和打卡拍照，你也可以了解到铸币的秘密，并俯瞰渝中半岛的城市风景。

©拉法叶/图虫创意

©大树先生走着瞧/图虫创意

左图：山城巷中的小铺子；
右图：山城巷中的游人。

行前参考

➡ 多留点晚间活动的时间，渝中半岛的夜景非常梦幻。

➡ 节假日乘坐重庆长江索道可能要排队半小时以上，工作日也最好避开上下班高峰时段乘坐。

❺重庆中国三峡博物馆

重庆与三峡密不可分，这座城市从三峡中诞生，又走出三峡，走向世界。这座博物馆是快速阅览重庆城市发展史的最佳窗口，如果你计划前往三峡，博物馆内的众多文物还能向你展示那些已被淹没在水下的辉煌。

❻重庆独家交通体验

重庆的独特交通简直能让人连声感叹魔幻。在中国，把电梯纳入交通系统的城市似乎只有重庆，乘电梯需付费，而且能刷公交IC卡。过江索道并非重庆独有，不过仍在公交系统中为居民提供便利的可能只有重庆长江索道。

2

解放碑。

湖广会馆。

3

4 鹅岭二厂文创公园。

重庆中国三峡博物馆。

5

重庆长江索道。

6

©戈文/图虫创意

山城第三步道。

©视觉中国

★ 最佳景点

山城第三步道

过去，渝中半岛南面临近长江的山地很难修路通车，只能开出山间小路来靠步行解决交通，这些小路后来被编号改为健身步道。如今其他编号的步道已不太容易寻找，不过由于山城巷景区开发，山城第三步道成为渝中半岛新晋的热门看点。

这条步道由西向东顺半岛延伸，并且在立体空间上连接了上下半城，入口往下不远处是曾经的十八梯，这处已经消失的棚户区几乎成了下半城生活的代名词。从已开发为山城巷景区的小巷口往上，你仍然能感受到在山城爬坡上坎的心跳节奏，踩着梯坎慢慢爬升，一路经过山城人的日常生活。

见88页地图；入口近中兴路234号渝中区人民法院；免费；24小时；Ⓜ较场口5出口

天灯巷和天官府

在改称山城巷之前，这串山间小道叫作天灯巷。有说法称重庆开埠后，法国天主教会取得了这片山头的土地使用权，在这里修教堂、办医院，并沿街点上路灯。远看小巷，好像空中星辰点点，于是有了天灯巷的美名。

从步道入口一直往上爬，这段挑战脚力的斜长梯坎被称为天官府，不过这位天官并非掌管天灯的仙人，而是明朝吏部尚书蹇义，因曾做过天子老师，他的家宅也得名天官府，民国时郭沫若到重庆后曾在这条巷内居住过。

山城巷到领事巷

从步道入口左转就是山城巷，这段小巷最适合拍照散步，入口高大的黄桷树气根盘旋，梯坎边挂满灯笼，傍晚时五彩缤纷，你还能跟着上面的文字学几句重庆话。这段巷子周边有许多老民居改建的店铺，墙上涂着富有当地生活情趣的壁画，都是拍照的好背景。

往上走会经过石质院落**厚庐**，这里曾是军

通远门城墙遗址公园。

阀刘湘下属兰文斌师长官邸，设计借鉴了当时上海流行的石库门风格。本书调研时这里正改造为民国风情的营业场所，一楼免费开放，可入内一观。继续走到立有“山城步道”石碑的岔路口，右转继续往上可至天主教**仁爱堂**，早期由法国教会修建的钟楼在教堂后院，修复完成前暂不对外开放。

教堂门前的小巷仍是居民区，生活氛围更浓郁。继续往上会进入**领事巷**，从1896年开始，法国、美国、英国和德国先后在这条不到百米的巷子和周边设立了领事馆。出领事巷入金汤街，继续往前可至**通远门和城墙公园**（见66页）。

凌空栈道观景

如果从“山城步道”石碑路口左转，就会走上一段视野极佳的凌空栈道。这段栈道长300余米，可眺望长江风光和对面的南岸城区，这里有两座大桥跨江而过，分别是10号线穿过的南纪门长江大桥和具有历史意义的公路桥**重庆长江大桥**，桥下的江心洲叫**珊瑚坝**，在抗战时期曾用作军用机场，栈道一侧的石拱门也可通往仁爱堂后院。

继续往前走，在右侧山崖上可以找到一段石头城墙，这也是留存不多的重庆城墙遗迹之一，城墙旁是**金汤门遗址**，虽然城门踪迹难寻，不过面对脚下的半山崖壁和滔滔江水，也不难想象当年城门的地势有多么险要。到金汤门遗址后可原路返回，或继续往前走进写有“读江”的木廊亭，从这里开始一段山城步道徒步（见69页方框），一路走到七星岗的菩提金刚塔。

亮点速览

- 在入口梯坎处，坐在黄桷树下乘凉
- 爬上一段梯坎，找家小店喝盖碗茶
- 转入凌空栈道，在高处眺望长江奔流
- 到仁爱堂了解“天灯巷”的来历
- 继续走步道，去通远门或七星岗

罗汉寺。

景点

半岛东部

解放碑 地标

（见88页地图；民族路177号；⏲24小时；Ⓜ临江门B1出口）虽然如今周边已是高楼林立的商圈，但这座7层塔楼仍是全国闻名的重庆地标。纪念碑前身是建于1940年的孙中山纪念塔，纪念塔兼有抗战“精神堡垒”的意义。抗战胜利后，国民政府于1946年在毁于战火的木质纪念塔原址建造了“抗战胜利纪功碑”。1950年这座塔又被改名为“人民解放纪念碑”，塔北面加刻了由刘伯承题写的碑文。塔楼内部不开放，外围也禁止靠近，不过可抬头仔细欣赏瞭望台层四面装饰的浮雕，主题分别是在抗战中做出贡献的工人、农人、陆海军和空军，还可留意塔顶的方向指南和风向仪。

解放碑周边几乎全是商场和美食街，想寻找一点古意，可绕到5分钟步程外的**能仁寺**（中华路92号；免费；8:00~18:00），欣赏这座明清古寺重修于民国时的山门牌坊。

人民公园 公园

（见88页地图；新华路近邹容路；免费；⏲24小时；Ⓜ临江门B1出口）这座重庆最早的市民公园距离解放碑仅百步之遥，却鲜有外地游人到访。整座公园依山坡从上半城高地往下修建，是一座由层层平台和楼梯步道连接成的立体公园。园内树木繁茂，重庆“老辈子”喜欢在这里下棋遛鸟打太极，顶层的消防人员殉职纪念碑记录了抗战时重庆遭受大轰炸的历史，站在高处平台可远眺长江和对岸的南山。

从解放碑顺着邹容路往东走到头，过马路进入公园路即到。

罗汉寺 佛教寺院

（见88页地图；民族路罗汉寺街7号；门票10元，附赠香烛；⏲8:00~16:50；Ⓜ小什

洪崖洞。

字6出口)罗汉寺始建于北宋年间，寺院所在地原是清静高地，随着上半城发展为繁华商埠，这座千年古寺已被遮蔽在高楼大厦和滚滚红尘中，又因电影《疯狂的石头》在此拍摄盗宝戏而闻名。进入山门后，留意走廊两侧山石上长约20米的宋代摩崖石刻“古佛崖”，要爬上楼梯才能走到大雄宝殿外。罗汉堂内五百余座尊者塑像是另一个亮点，这组雕塑为现代重塑，色彩鲜艳，造型生动，甚至有骑着西方翼龙的有趣形象。整座寺内都禁止对着造像拍照。

罗汉寺山门距离小什字站很近，买票时最好留心避开寺门口拉人看相的江湖术士。

另辟蹊径

爬坡上坎

“梯坎”可能是渝中半岛日常生活中的头号关键词。虽然如今已建成不少道路甚至电梯(见76页方框“重庆独家交通体验”)来缓解山城人爬坡上坎的辛劳，但如果你想在山城练练腿脚，就别错过这几处梯坎。

云梯街 抗战时修建的凯旋路在山坡上曲折盘旋近乎“弓”字形，这条名为云梯街的梯坎便是道路两端的快捷通道。入口不太明显，在凯旋路上站斜对面的凯旋路94号旁，经过菜市场和麻将桌后再从与凯旋路同期修建的旱拱桥门洞钻出，就能看到直通到底的长梯坎，下完楼梯即可看到凯旋路下站。

建新坡 出轨道交通两路口站4出口，再穿过一个市场就来到名为建新坡的梯坎，这条梯坎配套菜园坝火车站而建，在皇冠大扶梯建成前，在山坡上承担了连接上下半城的职责。梯坎两旁的居民楼内有许多小饭店和小旅馆，还保留着老式火车站前的配套风貌。

华一坡 这条纵贯山坡居民区的梯坎又长又陡又曲折，也因此成为影视剧喜爱的外景地，电影《寻孤》中刘德华就在这里有一场戏。梯坎上入口在业成花园路华一新村幼儿园附近，离通远门不远，可一直下至华一路22号旁的醉八仙热酒馆。

洪崖洞 地标

(见88页地图；微信公众号：hongyacave；上入口沧白路58号，下入口嘉滨路88号；免费；24小时；Ⓜ临江门A出口)南宋筑重庆城墙建洪崖门，之后在门外崖壁上建造了临江栈道，但这一带几乎没有平地适合人居住。清朝时重庆人口增长，沿水讨生活的劳动力开始背靠崖壁搭棚造屋居住，民国时这里已发展出成片吊脚楼。

不过与民间个体自主建造的滨江崖壁居民区不同，如今的洪崖洞已是经过整体设计和重新修建的景观建筑群，层叠错落的仿古建筑配上金碧辉煌的灯光，与《千与千寻》中的油屋十分相似。从沧白路上入口可乘电梯一路往下游览共11层的洪崖洞，但电梯通常十分拥挤，也可走楼梯慢慢下楼，逛逛各种特产店、小吃店和复古布景街区，下至2层还可

国泰艺术中心。

穿过滨江路去江边观景台，这里能仰望崖上的万千灯火。如果你更想欣赏全景，进入其中只会让你不识洪崖洞真面目，更好的观景和拍照角度见81页方框“赛博朋克观景拍照贴士”。

国泰艺术中心 地标建筑

（见88页地图；临江路1号；免费；M临江门A出口）这座地标建筑离洪崖洞上入口很近，充满力量的几何线条让人难以忽略它的存在，建筑的设计灵感据说来自湖广会馆中的多重斗拱构件，不过幽默的重庆市民给它取了个形象的代称——“万箭穿心”。除了在门前广场和天桥上拍照打卡，也可进入建筑5至6层的**重庆美术馆**（凭身份证免费；9:00~17:00，周一休馆）欣赏以本土艺术家作品为主的展览。演出爱好者则可到国泰艺术中心剧院（见83页）欣赏高水准的舞台表演。

朝天门广场 地标广场

（见88页地图；朝千路1号；24小时；M朝天门2出口）渝中半岛的尖角向东伸入嘉陵江与长江的交汇处，这里是重庆最古老的码头朝天门所在地，也是重庆建城的起点，秦时张仪在嘉陵江口南北筑江州城，这块尖角就在南侧的城池中。南宋时，这里是官员接收朝廷圣旨的城门码头，因此名为“朝天门”。1927年，为了整修码头，这座重庆最大的城门终被拆除。如今形似巨轮的朝天门广场在1998年建成，广场上有重庆市“零公里”标志点，靠江一侧有两层观景平台，夏季在这里容易看到两江交汇形成一青一红“鸳鸯锅”的景观。不怕走路累就沿着层层楼梯下到江边码头，码头上有代表三峡库区蓄水水位的标志，到码头前还会穿过象征性的朝天门拱形门洞。

重庆市规划展览馆 展览馆

（见88页地图；朝东路1号；免费；

广会馆。

🕘9:00~17:00，周一休馆；Ⓜ朝天门2出口）藏在朝天门广场地下一层，值得顺道来逛逛，酷暑时更是凉爽的好去处。馆内用富有科技感的影像和模型介绍重庆的城市发展和未来规划，负二层的城市规划沙盘模型巨大又精细。此外，演示重庆城市发展过程的影片值得一看，屏幕下的模型能助你理解“上下半城”的地理格局，虚拟直升机在两江上空飞行的环幕电影也挺有意思。不过调研时我们了解到，这座规划展览馆或将搬迁至弹子石码头。规划馆的另一侧是**重庆历史名人馆**（免费；🕘9:00~17:00，周一休馆），馆内展示的上百座雕像都是与重庆有关的名人。

湖广会馆 历史建筑

（见88页地图；微信公众号：cqhuguanghuiguan；长滨路芭蕉园1号；门票25元；🕘9:00~18:00；Ⓜ小什字7出口）这组规模宏大的会馆群层层叠叠依山而建，精美的细节和错落的结构共同记述了“湖广填四川”

当地知识

肖老师的老地名龙门阵

肖能铸老师是重庆的民俗行家，也是以重庆为背景的悬疑小说《失踪的上清寺》的文史顾问。来听他摆龙门阵，说说重庆老地名：

现在很繁华的解放碑一带，其实在过去街道并不多，现在叫得出名字的“督邮街”其实应写作“都邮街”，名字来自古代官职。明清之前，人们沿江逐水而居并筑墙防御，往北则以崖为城。当时上半城因为地势较高所以人烟稀少，还不能称为“城”，也就成为适合筑庙的清静地方，除了北宋时称治平寺的罗汉寺，还有东华观、鲁祖庙、能仁寺和长安寺等许多寺庙道观，如今有的留存下来，有的只剩地名。有寺庙就有庙会集市，而后上半城才慢慢形成了商铺街道。

重庆人吃火锅爱吃牛肉，然而过去重庆并不产牛。自明清起，商队驱赶陕西黄牛和贵州水牛，分别通过川陕小道和川黔古道进入重庆，第一站先到南岸龙门浩码头，之后再过江到渝中半岛。半岛南边的石板坡附近有个老地名叫“硝房沟”，曾是鞣制牛羊皮的地方。

在老重庆话里，龙门浩的“浩”指江水中的石梁，这片江面上曾有两条石梁分别叫“上浩”和“下浩”，中间的缺口构成“龙门”，渝中望龙门不是城门，而是眺望龙门的地方。现在江中的龙门因历史上保护不善而有些缺失，石梁在枯水季节还能看见。

的移民故事。会馆由广东公所南华宫、黄州会馆齐安公所和湖广会馆禹王宫等建筑共同组成，游览会馆时，除了欣赏雕梁画栋的院落、戏台和精致的园林回廊，还可至**湖广填四川移民博物馆**（周一休馆）了解这场影响深远的移民活动。

乘440路至下望龙门站，顺长滨路走到

不要错过

大后方的“华尔街”

开埠后重庆的银行业蓬勃发展，陪都时期国民政府经济部迁至重庆，给重庆日益活跃的码头商业注入了金融动力。众多金融机构集中在打铜街和新华路周边街区，这里在抗战时期是重要的金融街，如今保留下来的数座相关建筑已作为“抗战金融旧址群”列入第七批全国重点文物保护单位。

打铜街16号的欧式建筑为**川康平民商业银行旧址**，现为打铜街邮政支局。因墙板包铜结构非常坚固，部分故宫南迁文物也曾被存放在银行仓库中。相邻的打铜街14号欧式建筑更为华丽，是**交通银行旧址**，现为中国建设银行，可进入一探内部留下的装饰。

新华路43号是**国民政府经济部旧址**，也曾用作重庆饭店，旁侧新华路41号镶有马赛克瓷砖的建筑为**中国银行旧址**，与43号之间有栈桥相连。对面新华路74号的七层建筑为**美丰银行旧址**，这是一家中美合资银行所在地，其后用作中国银行大楼。调研时这三座建筑都正待修复后再作新用。

解放东路112号的欧式五层建筑非常典雅，旁侧装饰有圆弧形阳台。这里是**聚兴诚银行旧址**，银行最初是商人私家银号，这座楼也曾被国民政府外交部借用。调研时这里正在筹建展馆。

道门口9号为**中央银行旧址**，现为民房和商铺，这座楼因外墙贴砖而看起来不太起眼，不过整体结构仍然完整。

若瑟堂。

东水门老街，穿过保留至今的东水门城门后，按路标指引即可找到湖广会馆入口。东水门大桥至湖广会馆的观光扶梯建成后，从小什字站走到桥头再乘电梯即可下至会馆门前。

白象街　　历史街区

（见88页地图；解放东路近凯旋路口；免费；⏲24小时）这个以白象街为中轴线的街区从明清时就是热闹的江滩码头商埠，民国时上半城商业崛起，再加上抗战时历经轰炸，这片老牌富人区逐渐变成了老旧城。如今的白象街经历了拆迁和开发，仍有几座民国建筑藏在仿古街道和周围的高层公寓中，行走其间还能窥见下半城的繁华往昔。

西入口附近值得一看的历史建筑有**药材公会**和**私立兴华小学校旧址**，往东能找到**重庆海关总署和报关行旧址**。街区临江一线还有两处值得寻找的隐藏看点：重庆十七门（见70页方框）中的人和门以及太平门。先找到**李耀庭公馆**，欣赏门头“卜凤居”题字后，从门口的路往西走到人和门及城墙遗址，再从这里顺长滨路往东，到136号后左转进小路爬上太平门巷的梯坎，从平台一侧往下可看到太平门的门洞遗址。

在小米市乘871路到储奇门下车，往回走一段即是白象街西入口，从解放碑一带至白象街的步行路线见66页“徒步穿越上下半城”。

远门城墙遗址公园中锻炼的当地人。

大韩民国临时政府旧址陈列馆 历史建筑

（见88页地图；莲花池38号，近民生路；凭身份证免费；⏲9:00~17:00，周一休馆；Ⓜ临江门B6出口）朝鲜半岛沦为日本殖民地后，有多个民间复国团体在中国活动，其中部分人士于1919年在上海组建了流亡政府——大韩民国临时政府。1940年，临时政府辗转迁移到陪都重庆并受到民国政府庇护，直至1945年光复归国。民生路旁小巷内的5座小楼曾做过临时政府主席金九等人的工作场所，如今辟为展馆，并用陈列讲述了这个有些复杂的故事。如果对这段历史有更多兴趣，还可至邹容路近新华路口的三层青砖小楼内继续参观韩国光复军司令部旧址陈列。

若瑟堂 教堂

（见88页地图；民生路若瑟堂巷1号；免费；⏲7:00~15:00；Ⓜ临江门B6出口）这是重庆较早的天主教堂之一，1879年已是法国天主教的传教活动场所，于1893年修建的青砖哥特塔楼及附属建筑如今仍然可见，抗战时钟楼历经轰炸仍得以存留，之后安装了空袭报警器服务市民。如今教堂已恢复宗教职能，每天早晨有弥撒。

教堂藏在民生路西侧的居民楼里，进入巷口就能看到高大的青砖钟楼。不远处民生路边的一栋青砖小楼是抗战时的《新华日报》营业部旧址，可顺道一看。

巴蔓子将军墓 古墓

（见88页地图；民生路299号地下层；凭身份证免费；⏲9:00~17:00，周一休馆；Ⓜ临江门B6出口）巴蔓子是战国时的巴国首领，以不让寸土、断头取义而成为如今重庆的精神象征之一。墓冢在清末时重修，现在可见的石冢和墓碑则是1922年修建的。这座古墓也见证了重庆城建的发展：从前墓冢在地面上，20世纪30年代拆除城墙修建民生路，垫高路基后才把墓冢盖在了路桥石拱下面，20世纪90年代修建渝海大厦时，墓冢又连石拱桥一起被罩在了大楼的地下层中。

古墓离大韩民国临时政府旧址和若瑟堂都很近，可一同游览。

通远门和城墙公园　　城墙

（见88页地图；金汤街14号；免费；⏲24小时；Ⓜ七星岗1出口）通远门是老重庆城的西门，也是保存下来为数不多的城门之一。如今城门和一段城墙被改造成了市中心的天台式公园，修复重建的通远楼内还有家安静的书店，附近居民就在城墙上散步晒太阳，练嗓子打太极。继续往北，有天井可俯瞰城门，一侧墙边有士兵射箭投石防御的铜像，他们与下方墙角的攻城军队铜像相持，共同讲述了明末张献忠军队攻打重庆城的故事。到尽头下楼梯再顺城墙往回走一段，可来到凿穿石崖筑起的古老城门外。

通远门离七星岗站不远，如果从山城巷领事巷出来，顺金汤街往前看到“巴郡坊”牌坊后转入，爬上梯坎即到。

半岛西部

李子坝抗战遗址公园　　历史建筑群

（见91页地图；李子坝正街66号；免费；⏲24小时；Ⓜ李子坝A出口）这座嘉陵江边的立体公园“收藏”了6组抗战时的历史建筑，建筑被分别排列在了陡坡的三层，其中国民军事参议院、高公馆和交通银行印刷厂等建筑均从旧址搬迁而来，只有靠近江边的**交通银行地下金库**是原有建筑，金库配套的出气孔则在上层马路旁的公交车站附近。园内靠近江边一侧的花坛上还有2020年汛期嘉陵江的洪峰水位线的标志。

出李子坝站A出口过马路到对面的**列车穿楼观景台**，走楼梯往下即可进入遗址公园。

鹅岭公园　　公园

（见91页地图；鹅岭正街181号；免费；⏲6:00~22:00；Ⓜ鹅岭1出口）这座市民公园建在渝中半岛西部最窄处的鹅项岭山头上，前身是清末富商李耀庭的私家别墅园林，如

步行游览
徒步穿越上下半城

起点：解放碑
终点：朝天门广场
距离：约3公里
需时：约1小时（不含游览时间）

如果难以在平面空间想象“上下半城”，跟着这条乘电梯和爬楼梯的徒步线路爬坡上坎，你或许可以加深对这座“立体城市”的理解。

从上半城的中心❶**解放碑**出发，走民权路转入瓷器街，往东南走到凯旋路口，这里最显眼的地标是❷**凯旋路电梯**，这部收费客运电梯是重庆城市公交的一部分。在

这里你有三种选择：乘电梯迅速下至凯旋路下站；或找到凯旋路94号旁的云梯街入口，走梯坎下到凯旋路另一头；体力充足也可顺着盘旋在山坡上的凯旋路走到底。

到凯旋路和解放西路口，打望一眼右手边❸**蒋介石行营**的建筑外观，再过马路进入❹**白象街**，在这条仿古商业街里探寻遗留的老建筑，往东走到头再回到解放东路上。继续往东，道路右边的小洋楼是❺**西南实业大厦旧址**，现作为中国民主建国会成立旧址陈列馆免费开放。过马路到对面，一处正在施工的地块是南宋巴县老鼓楼衙署遗址所在，遗址在2012年考古时被发现，如今这里正在建造遗址公园。前行至解放东路112号，这座华丽的欧式大楼是❻**聚兴诚银行旧址**，调研时正在维护，可以绕到侧面小巷去看看建筑结构。

继续往前，留意抓拍左手边驶出长江索道站的缆车，右手边则是❼**湖广会馆**的后侧山头，调研时附近正在修建观光扶梯，建成后即可从东水门大桥下至朝东路附近的湖广会馆入口。

再往前走到解放东路和陕西路的连接处，这里还有一座清代宅院谢家大院，调研时不开放参观，可以隔着铁门看看。进入陕西路前，顺人行道右转到东水门大桥的南侧人行道，这里有俯瞰湖广会馆的最佳角度。之后原路返回，过马路到陕西路西侧，到打铜街口再过马路左转往西，会依次看到❽**交通银行旧址**和❾**川康平民商业银行旧址**。之后在路口右转往北进入新华路，路过❿**美丰银行旧址**和⓫**国民政府经济部旧址**，穿过来福士购物中心一直走到⓬**朝天门广场**。

左图：凯旋路电梯。

鹅岭公园。

今成为市民登高赏花看夜景的地方。入园后不妨顺时针游览，沿着可眺望嘉陵江景的爬山廊来到朱红雕栏装饰的**飞阁**，过“鹅岭”碑后沿路牌下至建在崖边的石雕小屋**桐轩**，这里是园林旧主人的避暑屋，墙壁和窗棂上雕刻的图案很有意思。爬上桐轩内的楼梯钻到屋顶，再走到七层现代塔楼**揽胜楼**，体力好可一口气登上这处公园制高点，站在半岛最窄处的山岭上俯瞰两江。

之后下坡经过日式园林**广岛园**（免费；⏲10:00~17:00）可入内一看，再往下经过**苏军烈士墓**和**辛亥革命纪念碑**回到公园正门。如果体力和时间充足，还可去公园中心找找**绳桥**，这是另一处李耀庭别墅花园的旧建筑。

出鹅岭站走5分钟上坡路即到公园正门，从正门外继续往上走10分钟可至二厂文创公园。

鹅岭二厂文创公园 创意园区

（见91页地图；微信公众号：testbedii；鹅岭正街1号；免费；⏲10:00至次日2:00）2016年重庆籍导演张一白的电影《从你的全世界路过》在此取景后，这座文创公园便成为重庆有名的打卡地，纵横交错的山头小巷和厂房通道被设计师店、买手店、咖啡馆和美食街填满，选择困难的话可通过公众号了解更多店家信息。

打卡拍照之余，还可至7号楼旁边的**二厂记忆博物馆**（⏲9:30~17:30，周一休馆）探寻这座神秘印钞工厂的故事，或者到巷子里找找民国时的铸币冷却模具。除了H号楼顶层各家营业场所的天台，在7号楼旁也有个不错的免费观景台，脚下是青山和车流穿行的长江一路，天气晴好时能望见长江。

不想漫步“**三层马路**”（见71页方框）的话，可在公交李子坝站乘二厂直通车（5元；10:00~18:00）上山。

佛图关 公园

（见91页地图；鹅岭正街近长江二路；免

张世秋摄

费；🕗8:00~18:00；Ⓜ鹅岭1出口）严格意义上来说，佛图关公园是鹅岭公园的一部分，都在鹅项岭山巅，不过这座公园内的山形陡峭，所以游人更少，也更有清静古意，古巴渝十二景之一“佛图夜雨”就在这里。佛图关本是从出重庆至成都的古道关口，因地势险要而被称为“四塞之险，甲于天下”，站在公园入口处朝北的平台，你会看到2号线佛图关站就在脚下，中间是近乎垂直的百米崖壁。沿关崖一路向上，沿途可欣赏古佛龛和摩崖石刻，园内还有一座白骨塔，为纪念1941年重庆大轰炸死难者而建。

从鹅岭公园门前下坡走到路口，再爬上右手边的小坡就是佛图关公园南门。公园西端的**关岳庙**是一座同奉关羽和岳飞的道观，曾因航拍图而走红网络，不过从公园内走到关岳庙的道路很曲折，可在李子坝乘公交至华村后步行前往。

走山城步道至菩提金刚塔

从**山城第三步道**（见58页）观景栈道尽头的木廊亭往前走到第一个岔路口，选择往上的那条梯坎，到第二个岔路口则走中间那条路，再一路上坡下坡，顺着至兴隆街的指路牌往前，下一段台阶路过一排白色平房后就能走上一段曲折的平路。在平路左手边写有“南区路、石板坡、兴隆街”三条街名的路牌处抬头，你会看到水厂纪念塔掩映在高大树木中的西式塔顶，这里是渝中半岛的地理制高点，1932年重庆的第一座自来水厂在此落成。

顺这条平路往北，到兴隆街129号后左转到十字路口处，右转往北进入中一支路，路过1号线七星岗站2出口（看到它就完全不用担心迷路了），再左转进入下纯阳洞街，顺这段缓坡往上。看到左手边大楼旁的梯坎就爬上去，梯坎上方有一块写有“抗建堂社区”的大石头，顺着石头前的路再往西，爬上一段坡度较大的坡就到了**菩提金刚塔**（见72页）脚下。

这段徒步不算复杂，慢慢走至多要30分钟，只是需要爬很多楼梯。

史迪威将军博物馆　　博物馆

（见91页地图；嘉陵新路63号；门票15元；🕗9:00~17:00；Ⓜ佛图关A出口）1942年美国加入同盟国阵营对日宣战后，陆军上将史迪威到重庆担任盟军中缅印战区美军司令，宋子文将自己在鹅项岭的行馆提供给这位“钢铁将军”作为居住和办公场所。如今这座旧居被辟为博物馆，当年史迪威将军的起居室和办公地都恢复如初，停车场还有挂着加利福尼亚车牌的美国军车，朝江平台可俯瞰嘉陵江。博物馆对面还有一座不大的民间博物馆**飞虎展览馆**（凭身份证免费；🕗9:00~17:00，周一休馆），“二战”历史爱好者可顺道一看。

不要错过

九开八闭十七门

渝中半岛的城墙最早可追溯至战国时秦国丞相张仪筑江州城，城墙范围大致是从现在的朝天门至白象街的下半城缓坡地带，三国时蜀国将领李严重修加固了这座城墙。南宋时为了抵御南下的蒙古军队，知府彭大雅将城墙北扩至嘉陵江边山崖上。明朝时对重庆城进行的大工程是把土墙改为石墙，并把城池范围往西扩至通远门沿线，"九开八闭十七门"的格局也在这时形成。

经历战乱和民国时的城建拆除，如今只有数座城门仍存。**通远门**（见66页）是重庆的西大门，明末张献忠军队便从这里破城；东水门墙台就在东水门大桥正下方，头上不时有列车轰鸣而过。靠近长江的人和门及太平门因淤积和历代城建而被封存起来，2012年工地施工时意外挖出了人和门，这也是如今唯一发现的闭门，城门用石块封起，在军事等紧急情况下可以打开；2015年的考古发掘又发现了太平门，这座城门的砖石拱券据考证为南宋时建造。2017年考古工作找到的一座古城门被认定为南纪门，未来你也可能会看到更多城门被陆续发现。

如今半岛东部许多地点仍沿用古城门的名字，如朝天门、千厮门、临江门和储奇门。民谣《重庆歌》生动描绘了古时城门内外的日常生活，纪录片《城门几丈高》也从城门角度切入，讲述重庆的历史风云。

重庆中国三峡博物馆 博物馆

（见91页地图；微信公众号：china3gmuseum；人民路236号；公众号预约后凭身份证免费；⏲9:00~17:00，周一闭馆；Ⓜ曾家岩A出口）在你开始三峡之旅（见164页）前，可以先来这座大型综合博物馆预习一下。博物馆的前身是重庆博物馆，修建三峡工程时，库

©视觉中国

中山四路上的黄桷树。

区沿岸诸多文物被抢救和保护，迁移至博物馆内，如摩崖石刻皇宋中兴圣德颂碑，在壮丽的三峡厅内，你还会看到瀑石和滟滪滩礁石它们都来自江峡中。此外，大厅楼梯前的乌杨汉阙也是镇馆之宝，在楼上的远古巴渝和城市之路两个展厅，你可以了解到这座城市是怎样从三峡中步步走出的。博物馆公众号提供语音导览，也可查询并预约志愿讲解。

重庆市人民大礼堂 历史建筑

（见91页地图；人民路173号；门票8元；⏲8:00~17:30；Ⓜ曾家岩A出口）你可能已经在不少摄影作品中欣赏到了这座大礼堂明艳的风采，参观完三峡博物馆后不妨顺道游览。中华人民共和国成立后各地修建的公共建筑大多受到苏联风格影响，而这座大礼堂却将中国传统宫殿样式和西方大跨度结构相结合，这一大胆尝试使其入选"亚洲二十世纪十大经典建筑"。购票入内的话，可以找找建筑内部酷似北京人民大会堂的装饰。

不要错过

漫步"三层马路"

嘉陵新路和健康路组成的曲折马路在鹅岭北坡上绕了三层，民国时这里是公馆别墅聚集地，达官显贵们乘坐当时罕有的小汽车在马路上盘旋。如今"三层马路"已成为重庆的热门打卡点，请穿上舒适的鞋子来漫步这片立体街区。

出李子坝站A口往西进入嘉陵新路，街角呈圆形的明黄色二层小楼是建于1944年的觉庐，第一层马路从这里开始。再往前，桂花园路口的青砖建筑是民国官员的家宅觉园旧址，小楼原为三层，在修轨道交通时被削去了两层。继续往上爬一段缓坡，经过史迪威故居后拐上第二层马路，在这个转弯处，2号线列车会从你头顶两米处开过去。沿二层马路继续往前一直走约800米，找到路牌爬楼梯往上来到孙科故居，这座漂亮的圆形建筑由建筑大师杨廷宝设计，旧主人是孙中山之子。之后再往上切入健康路，这条长缓坡就是第三层马路。

别怕迷失在立体空间里，路旁铁围栏上有大写汉字提醒你在哪层，岔口也有详尽的路标指示牌。沿途有几处直切往上的梯坎岔路，不过梯坎可能陡且长，先考虑腿脚再抄近路。不想走路可在李子坝站对面乘二厂直通车，或者2号线至佛图关站，出A口到前方车站乘3201路公交，两趟车都沿着三层马路开往高处的二厂文创公园。

中国民主党派历史陈列馆 展览馆

（见91页地图；微信公众号：红岩联线；嘉陵桥路与中山四路交叉口；公众号预约后凭身份证免费；⏲9:00~17:00）民国时成立的数个民主党派积极参与政治，为抗战和民生做出贡献，其中民盟、民建和九三学社都在重庆创立，嘉陵东村的鲜英旧居**特园**曾是各界民主人士聚会议事的重要场所，因此被称为"民主之家"。陈列馆的新馆就在特园旁侧，你能了解到各大民主党派的历史和现况，还可跟在导览团后面听更多风云往事。展馆二楼有走廊通往特园，值得一并参观。

中山四路 街区

（见91页地图）作为重庆"最资格街角"，中山四路上有许多适合拍照的景致，譬如从墙上长出气根的黄桷树，还有仿建的民国骑楼拱廊。此外，这条600米的路上还散落了几处看点，值得从头到尾逛一逛。

中山四路65号的**桂园**（免费；⏲9:00~20:30）曾是国民党将军张治中的公馆，也是重庆谈判的会场之一，"双十协定"便在这里签订。如今小楼里复原了谈判时的居所场景，一侧厢房内用图文资料梳理了签订"双十协定"的前因后果。北面75号**王琦美术博物馆**（免费；⏲9:00~17:00，周一休馆）的4层空间内，举办的美术展览主题常换常新。继续往前经过85号戴笠公馆旧址来到上曾家岩50号**周公馆**（免费；⏲9:00~20:30），从1939年起，周恩来在此租用房间作为中共中央南方局和八路军办事处的办公室，在重庆谈判期间这里也是毛泽东的住所。

此外，道路东侧的市委机关大院内还有国民政府行政院旧址等民国建筑，不过无法入内参观。

宋庆龄旧居陈列馆 展览馆

（见91页地图；中山三路127号两路口新村5号；门票2元；⏲9:00~17:00，周一闭馆；Ⓜ两路口1出口）1941~1945年，宋庆龄在重庆开展了一系列抗日救亡社会运动，并把创建于中国香港的“保卫中国同盟”的工作重心转移到大后方，这座小楼便是她当时的居所和办公室。二楼的图文展览讲述了宋庆龄与保卫中国同盟在重庆的活动，一侧防空洞内有关于战时重庆修造防空袭工事的图文资料，三楼则复原了当时的生活场景。

菩提金刚塔 历史建筑

（见91页地图；☎6391 5102；上纯阳洞50号；免费；⏲24小时；Ⓜ七星岗2出口）1929年，重庆市市长潘文华为拓宽城区面积而迁移七星岗上的坟墓，迁坟后“闹鬼”的传闻开始在民间流传。为了安定民心，政府从西藏请来活佛指导建设菩提金刚塔，这场官方“超度镇邪”活动也给佛塔增加了不少神秘氛围。建成的佛塔呈现罗马式立柱、中式四棱塔和藏式佛塔宝顶盖的融合样式，如今佛塔被围在了院子里，西北角有门但不常开，可试试提前致电预约，也可爬上东南角的小楼梯近距离欣赏。

乘1号线至七星岗站出2出口，再按69页方框引导即可步行至菩提金刚塔。

抗建堂旧址 历史建筑

（见91页地图；上纯阳洞小区东侧，近上纯阳洞50号；Ⓜ七星岗2出口）抗建堂剧场建于1940年，是当时国共合作共同抗日背景下的抗战话剧演出场所，郭沫若、曹禺和

上下半城：8D 城市生长史

张世秋

作为重庆的“母城”，渝中半岛从地形结构上就奠定了这里的魔幻基调。用略夸张的视角看，渝中区就好像两条大江中的一座巨大山形礁石，鹅项岭在西侧掐住狭窄的制高点，东侧山脊两面呈现出北高南低的斜坡。水流沿两条大江前进的方向继续刻画出半岛的形状，嘉陵江在右岸撞上峭壁，长江在左岸冲积出江滩。

这块江心的弹丸之地被自然地形划分成高差明显的上下两半，一半是靠近嘉陵江边悬崖的高台地，平均海拔比江面高120米；另一半是台地往南延到长江边的缓坡，平均海拔比江面高50米。两台的高差地形和后来城池的出现，最终成就了上半城和下半城。

重庆的建城史从战国时张仪筑城开始，不过当时的城池局限在半岛东部朝天门附近的缓坡地带，直到南宋彭大雅把城池往北扩

左图：解放碑；上图：重庆长江索道。左图：@视觉中国；上图：©JASONLEE_/图虫创意。

至嘉陵江岸的崖顶上，这片人迹罕至的山梁高地才被包围在了重庆城内，之后高地逐渐开始有人居住，“城”的概念也才相应出现。

在新华路建成前，路基所在地旧名为“大梁子”，顾名思义就是一道山脊。大梁子往西延伸，与琵琶山、鹅项岭和佛图关连成一线，这是上下半城的分界。近现代的城市发展使这条地理分界愈加难以辨识，也可在地图上大致把轨道交通1号线小什字至鹅岭段看作上下半城的界线。

如今解放碑周边是上半城的繁华中心，在民国前，重庆城的兴盛地带却在下半城长江码头边的缓坡上。宋朝至明朝时，上半城山地不宜耕种，少有人居住。清初大量移民进入重庆，上半城出现了更多的村庄聚落和市集，北面山崖下的洪崖洞则成为生计更艰难的流民们的落脚点。

在陪都时代，上下半城的命运发生了大逆转。当时在上半城投入了大量物资和先进技术进行市政建设，马路和汽车改变了城市的交通模式，而抗战时日军大轰炸给下半城十八梯、望龙门和白象街等繁华街区造成了重创。战争结束后，无家可归的人们回到被毁的下半城，用砖瓦砾在废墟中修修补补建造“吊脚楼”栖身。这种生活场景一度成为“山城生活”的代表，但只有生活在其中的人们才知道，这里的居住环境并没有照片拍出来的那么美好。进入21世纪，下半城老城区被逐步拆除改造，直面长江的公寓高楼拔地而起。

特殊的地形带来了特殊的职业，“棒棒”也是渝中半岛的关键词之一。现代物流集散已被规划到交通便利的大重庆外围，但作为重庆永远的精神地标，解放碑到朝天门一带仍然有着强大的商业凝聚力，半岛上的批发零售业没有萎缩，爬坡上坎的搬运工作仍需人力完成。“棒棒”并未消失，在市场门口仍能看见他们肩挑竹竿的身影，只是身影多已不再年轻。

“网红”重庆

“网红”可以有多层含义，用来形容重庆时是一个正向词汇。在重庆，不少被冠以“网红”之名的非传统看点都有着各自的活力和趣味，并激发游人从更多角度来探索这座特别的城市。再加上高铁四通八达，重庆成为周末快闪式旅行的“网红”目的地。

2号线李子坝车站是重庆“网红”景点的代表，拍摄一段轻轨穿楼的视频发到社交媒体，很容易赢得朋友们点赞转发。这种“打卡”无须支付昂贵的门票，不会对当地造成过度的负面影响，也并非单纯猎奇，可能有更多人会因为这座车站而产生兴趣，进一步去了解重庆为了节约空间而做出的各种奇妙尝试。

外景地的“身份”也是成为“网红”打卡点的关键，重庆一直是选景导演的宝库，许多城市角落因影视剧在此取景而名声大振。鹅岭二厂因《从你的全世界路过》而广为人知，这里的小巷小店清新安逸，拍照好看，逛起来也有趣。邹容路上的重庆市二十九中学是电视剧《风犬少年的天空》校园取景地，在学校门口的斜坡上能拍出好看的校园风照片。

夏衍等名家的经典剧目都曾在此上演。这座具有里程碑意义的剧场如今作为**重庆抗战戏剧博物馆**（凭身份证免费；周二、周四和周六9:30~16:30）对外开放，常设抗战戏剧历史陈列，可通过图文资料了解民国时文艺界人士在重庆百家争鸣的盛况，也能欣赏当时在重庆上演的抗战经典剧目的舞美模型。博物馆还设有隶属重庆市话剧院（见82页）的抗建堂剧场，不定时举办演出。

菩提金刚塔东北方向有小路通向抗建堂，实在找不到就问问路边的居民。游览抗建堂后，走到兴隆街往东下坡步行5分钟即到通远门（见66页）。

©未见花/图虫创意
两江游的游船。

活动

除了登山爬楼梯，在渝中半岛还有不少轻松省力的活动带你了解山城。

重庆演出季 舞台剧

得益于民国时的“雾季公演”传统，重庆的舞台剧演出非常活跃，从2012年开始举办重庆演出季。演出季的时间通常为每年10月下旬至次年1月，这时正是山城浓雾弥漫的雾季。通过重庆市话剧院（见82页）和重庆大剧院（见109页）的公众号可以了解到演出季的剧目排期。

两江游 游船

（见88页地图；☎6372 5650；微信公众号：cqkl02；朝天门登船，具体码头编号以实时信息为准；船票138元起；Ⓜ朝天门2出口）乘船游两江是渝中半岛的经典游船项目。线路通常上溯长江，过重庆长江大桥后折返朝天门，再上溯嘉陵江，过黄花园大桥、嘉陵江

大桥后返回朝天门，全程约100分钟，欣赏夜景的晚班游船更受欢迎，一般19:00后发船。此外，两江游也推出了分别至广阳岛和大竹林的航线，具体时间、票价和发船码头都可通过公众号查询。解放碑和朝天门的众多旅游产品商店会用广播不断重复“游船就要开了，请赶快购票上船”，不过你也可以通过各大旅游代理网站比价购票。

重庆长江索道 索道

（见88页地图；新华路151号；单程20元，往返30元；⏲7:00~22:00；Ⓜ小什字5B出口）这条通勤索道也因为怀旧的美感而成为受游人欢迎的明星索道。索道南站在南岸区上新街4号，附近有龙门浩老街（见105页）和不少好玩的咖啡馆。

水晶连廊观景台 观景台

（见88页地图；接圣街8号重庆来福士，入口在L1层7号门内；成人票180元，儿童票150元；⏲10:00~22:00；Ⓜ朝天门2出口）这座位于来福士47楼的观景台可谓享有渝中半岛最高的观景视野，整座水晶连廊的主题为火星探索，此外L1层入口还有关于重庆历史的展厅。即使不进入其中，也可以在朝天门广场抬头仰望这座外观颇具未来设计感的观景台，或者站在小什字远望，你可能会觉得这座圆柱体连廊是连接宇宙空间站的太空船站台。

不要错过

嘉陵桥西村

想在上半城寻找渝中特有的生活氛围，并一路探索民国历史的隐秘角落，就到**嘉陵桥西村**（见91页地图）顺着梯坎逛一逛。众多住宅楼错落排列在坡地上，拼搭出复杂的空间，使这个小区有点九龙寨城的感觉，不过却是温和整洁的江景版本，在这里能拍到重庆独有的立体景观（见81页方框“赛博朋克观景拍照贴士”）。

乘轨道交通至牛角沱站出3号口（留意左手边花木葱郁的美丽楼梯），顺四新路往前下坡即到**怡园**（四新路9号附1号巷内；免费；⏲9:00~17:00，周一闭馆），这座北欧风格的石质别墅在民国时是宋子文的宅邸，在1945年也做过国共谈判的会场，现为重庆谈判展馆。顺门外的指路牌一路爬梯坎可至**鲜英故居**（嘉陵桥西村30号附近），这座中式宅院是民国富商鲜英的一处家宅，可能不开放，但周围的小巷和邻里生活氛围也值得亲近。从鲜宅继续往北可到一个观景平台，不少绘画爱好者会到这里写生。从平台右转走到头，下梯坎就能回到嘉陵桥路上，继续往东过人行天桥可来到鲜英的另一处公馆**特园**（见71页）和**中山四路**（见71页）。

就餐

虽然渝中半岛面积很小，但区域内的美食店家堪称藏龙卧虎。不论在大厦里、梯坎

不要错过

重庆独家交通体验

交通电梯 凯旋路电梯（见88页地图；上站凯旋路98号旁，下站凯旋路22号旁；1元；⏲7:00~22:00；Ⓜ较场口10A出口）利用高差连通了凯旋路的两端：一头靠近上半城解放碑，另一头离江边的白象街不远。**皇冠大扶梯**（见91页地图；上站中山三路107号，下站南区路近菜园坝站前广场；5元；⏲7:00~22:00；Ⓜ两路口3出口）连接了上半城的两路口和江边的菜园坝。这架长达112米的扶梯的交通意义很重要：出两路口站乘电梯下到底，走出地下通道就是重庆火车站。

重庆长江索道（见75页）在早晚各1小时的通勤时段里，上班族刷城市公交IC卡乘索道只需5元，穿校服戴红领巾的小学生也会乘索道上下学。

超深轨道交通站 重庆轨道交通最初采用单轨铁路配套高架桥，随着技术发展，如今地铁工程已能够在这里的复杂山地开山遁土。10号线把地铁深度开挖到了极致，这条线上的红土地站以94米的埋深成为国内最深地铁站，相邻的鲤鱼池站以埋深76米位居第二。从10号线红土地站到地面需乘6级电扶梯，无障碍直升梯深达78米，相当于29层楼的高度。

旁还是小巷尽头坡坡底，都可以找到新派国际美味，也能品尝重庆特色老字号。

山城羊肉馆 中餐 ¥

（见88页地图；民生路9号阳光星座；人均60元；⏲7:30~21:00；Ⓜ较场口3出口）创立于1937年的老字号羊肉馆，如今食客仍以本地人居多。一楼是吃羊肉汤等小吃的长条桌和露天坐席，二楼则是吃炒菜、汤锅等大菜的雅座。胃口小的话，一碗羊肉米线（15元）加小碗粉蒸羊肉（12元）或半份羊肉春卷

重庆小面。

（15元）就能吃得又饱又好。在民生路即可看见招牌，不过入口在一侧上坡的四贤巷上。

恒明鲜肚子鸡汤银丝面（鲁祖庙店） 小吃 ¥

（见88页地图；民生路近鲁祖庙；面15元起；⏲8:00至次日03:00；Ⓜ较场口3出口）曾经开在中华路的老字号小店，招牌的肚子鸡汤银丝面（25元）汤鲜美、面爽滑，细细的龙须面非常入味，味道清爽，适合吃腻了麻辣的人换换口味。营业到深夜，除了民生路上的门面，在旁边的巷子里还有桌位。

周师兄火锅（解放碑店） 火锅 ¥¥

（见88页地图；民生路9号阳光星座；人均100元；⏲24小时；Ⓜ较场口3出口）重庆新晋的热门火锅店，环境紧凑整洁，锅底调味细致，怕辣就来一份三味锅。大刀鲜切腰片是招牌，藤椒黄牛肉也很美味，部分菜品可以点半份，对胃口小的食客很友好，一人食

重庆鳝鱼火锅。

也毫无压力。这家火锅店太受欢迎以至于每天都排长队，等位时服务员礼数周到，建议至少提前1小时取号或在大众点评排号。这家连锁字号还在朝天门6号码头的游轮上新开了一家江景火锅店。

醉八仙热酒馆 川菜¥

（见88页地图；华一路18号；人均40元；⏲11:30~14:30，17:30~20:30）很有老派酒馆氛围，菜量很大，米饭管够，从食客们的酒令里能感受到浓郁的市井江湖气。除了招牌的豌豆蹄花汤（35元）和八仙过水鱼（35元），自制小酒（小壶4元）也很有特色，可以选择温酒或冰酒。如果你腿脚好也没喝醉，回去的路上不妨挑战一下旁边的华一坡梯坎。

临华饭庄 川菜¥

（见91页地图；临华路53号，近中山一路；人均50元；⏲11:00~14:00，17:00~21:00；Ⓜ七星岗1出口）一家非常不起眼的小饭馆，却是周边有名的家常炒菜馆。这里能吃到除麻辣之外的更多川菜口味，秘制的泡椒脆肠口感脆嫩清爽，鱼香茄盒香酥，配上酸甜蘸料很是下饭。店里的娘娘勤快亲切，老板也喜欢和客人聊上两句。从中山一路218号中国银行大厦东面的小路下坡，饭庄就在左手边。

储奇门鳝鱼火锅 火锅¥¥

（见88页地图；顺城街39号，近解放西路；人均60元；⏲9:00至次日5:00）一家典型的下半城平民火锅店，上下两层、路边和露台上都挤满了吃得热火朝天的本地食客。店内几乎没什么就餐环境可言，默认老油锅放在餐桌上，消费满80元锅底免费，介意老油的话可以点一份全清汤锅底（20元），招牌的现杀鳝鱼新鲜脆嫩，冰汤圆是搭配火锅的美妙甜品。火锅店就在白象街西口，从解放碑周边前往的快捷走法可参考66页“徒步穿越上下半城”。

纯阳老酒馆　川菜 ¥

（见91页地图；中一支路近下纯阳洞街；人均30元；11:00~14:00，17:00~22:00；M七星岗2出口）这家梯坎下的小酒馆已经营了三十余年，环境也从露天条凳桌变成了现在的温馨复古风，不过菜肴还是很家常美味，淋汁豆腐（10元）和土匪猪肝（28元）非常下饭。走到纯阳洞街口，找到路西侧的梯坎就找到了酒馆入口。

李子坝梁山鸡（公园店）　汤锅 ¥¥

（见91页地图；李子坝正街60号；人均100元；11:00~22:00；M李子坝A出口）梁山是重庆梁平的古称，特色汤锅鸡很有名，这家老店在重庆有很多连锁店，公园店的前门在李子坝正街，后门在嘉陵新路山坡上。招牌梁山鸡（198元）是加了芋头的红汤药膳鸡，想吃不辣的汤锅，可以尝尝汤香浓郁的板栗鸡（188元）。

花市豌杂面　小吃 ¥

（见88页地图；民生路85号；豌杂面16元起；7:30~20:00；M较场口3出口）豌杂面即豌豆杂酱面，这家小面馆以豌杂面闻名，豌豆软烂，杂酱调味丰富，小面看起来清淡，拌匀后很够味。店内比较拥挤，经常要排队点单，在不远处的周师兄火锅旁边还有一家更大的店。

胖妹面庄总店　小吃 ¥

（见91页地图；中山三路127号巷内；豌杂面13元；7:00~19:30；M两路口1出口）这家有名的小面馆就在两路口宋庆龄旧居门前的巷子里，小面最突出的特点是红油重，排队等位的氛围也和小面一样热辣。午餐时如果想快点坐下来吃面，可能要厚着脸皮站到正在吃的人身后等位。

Botanica重·林餐厅　西餐 ¥¥¥

（见88页地图；8807 2718；长滨路2号重庆来福士洲际酒店内；午餐人均300元；6:30~23:00；M朝天门2出口）来福士洲际

"你中有我，我中有你"的川渝美食

张世秋

对于重庆来说，1997年是意义重大的直辖之年。这一年也可以作为地域文化认同的分界线：成长于1997年之前的人们普遍接受"川渝是一家"，而1997年后的新生代很可能强调"我是重庆人"。在方言、习俗甚至性格方面，川渝之间总是强调与对方不同，互相的调侃和玩笑也层出不穷，唯有美食是最容易达成共识的领域。

川菜通常被分为三个派系：岷江流域的菜式为"上河帮"，川西坝子农业发达且物产丰饶，因此饮食习惯更为精细，做的是官府公馆菜；沱江流域自古是盐商行脚处，"小河帮"菜式即川南盐帮菜，调味丰富，腌腊制品种类多样；川东和重庆的菜式为"下河帮"，在这段川江航道上跑江湖的人更习惯刺激的口味来下饭下酒，这种需求也催生出量大管

左图：毛血旺；上图：重庆九宫格火锅。左图：©张新龙/图虫创意；上图：@视觉中国。

饱的“江湖菜”。

重庆美食对川菜的突出贡献当属火锅。这种吃法在码头贸易的环境中发展而出，最初的食客大多为普通船工，因此店家把锅底和配菜备好，让客人们可以快来、快吃、快走。九宫格也是为提高就餐效率而发明出的工具，红汤大锅被分成九格，除了让人更好捞夹食物外，还有分门别类的功用：中间的沸腾区专门烫爽脆的毛肚、鸭肠和腰片，温度居中的十字四格煮肉类和丸子，边缘四格温度最低适合酣煮，酣出的豆腐、鸭血和脑花更入味。

火锅在成都发展为有清汤选择的鸳鸯锅或者子母锅，但清汤并不等同于寡淡，和制作红油一样需要调味的功底。老派重庆火锅可能会拒绝把清汤锅算作火锅，但新派重庆火锅店也会投入心思去钻研清汤甚至番茄汤的调味，搭配麻辣厚重的牛油锅一同吃，不仅让外来客更容易接受，本地食客也乐于尝试。传统重庆火锅的就餐氛围通常是喧闹的江湖气，本地有一个有趣说法：第一家海底捞在重庆开业后，这种精致秀气的火锅意外地吸引了相当一部分好奇尝试的重庆人。

本地人常用“油大火大海椒多，鸡精味精起砣砣”来调侃重庆江湖菜，不过这种大众菜肴在重庆有着深厚的群众基础，过去江湖菜的受众是来自五湖四海的商帮和工人，现代重庆江湖菜的灵感和支持也总是来自寻常百姓。磁器口古镇被认为是毛血旺的发源地，毛肚、血片（即鳝鱼片）和旺子（通常是鸭血块）一锅同煮，最初是码头船工喜欢的下饭菜。近年来走红的歌乐山辣子鸡用搪瓷大盘盛菜，红彤彤一盘全是干海椒，需要用筷子在海椒里找鸡肉，据称这道菜的名气是出租车司机传出来的。➡

⬅历史上客家移民带来的美味丰富了重庆的食谱，如今糍粑和油茶等常见小吃里都有客家烹饪的影子。川渝两地的美食也一直在互通有无中共同发展，传统川西坝子炒回锅肉要用到有名的郫县豆瓣酱，重庆版本则是用小麦粒发酵制成的麦酱，这种酱料做法来自湖北移民。不过如今麦酱已不常见，豆瓣酱越来越普遍地出现在了重庆的回锅肉中。

酒店的附属餐厅，位于42楼的空中花园里，环境优雅梦幻，用餐之余也适合赏景拍照。餐厅主打国际融合料理，一顿三道菜式的套餐中，你可能会吃到改良佛跳墙、小羊排和冬阴功汤。找到酒店大堂后，工作人员会引导你去乘电梯。

较场口夜市 美食街¥

（见88页地图；石灰市，近日月光中心；Ⓜ较场口6A出口）这条美食街是解放碑周边串场子吃夜宵的好地方，不长的街道两侧全是大小餐馆，**九村烤脑花**（烤脑花22元；🕘16:00至次日2:30）、**肖炮炸酥肉**（酥肉20元起；🕘10:00~23:00）、**鬼抄手**（抄手18元起；🕘7:00至次日1:00）和**兴园餐厅黔江鸡杂**（鸡杂68元；🕘9:00至次日2:00）都是实惠地道的美味。

素满香素食自助（解放碑店） 素食¥

（见88页地图；邹容路109号商业大厦3楼；25元/位；🕘11:30~13:30，17:30~20:00；Ⓜ临江门B1出口）一家菜品繁多的素食馆，可以尝到包括凉拌红油素毛肚在内的多种川味家常菜，另有红油火锅菜、清淡沙拉和甜点。位置很好找，就在解放碑东边的商场里，从千叶眼镜店门前的电梯上三楼即到。

依兰山城马队长清真火锅 清真菜¥¥

（见88页地图；中兴路7号附1号；人均70元；🕘11:00至次日0:30；Ⓜ较场口4出口）这家清爽的清真火锅店主打特制调味锅底（58元）和鲜切大刀羊肉（42元），菜品分量不小，味道也不错。火锅店就在重庆清真寺旁边，这一带也集中了重庆的清真餐饮店，是品尝川味清真菜的好选择。

张世秋摄

飞阁美玲咖啡。

大王油茶（二厂店） 小吃¥

（见91页地图；鹅岭正街1号，近二厂文创公园停车场；油茶套餐29元；🕘9:30~19:30）重庆油茶的做法是用米糊泡油炸馓子，再加上芝麻、香菜、榨菜和辣椒油调味。来逛二厂文创公园时，可以到这家小店尝尝这种特色小吃。店家在磁器口正街上还有一家店，也是古镇内不错的就餐选择。

饮品

在渝中半岛很容易找到好喝又上镜的店。从复古咖啡到精酿啤酒，再到市井气息的茶馆，不少店家或观景位置优越或装饰别出心裁，很适合休闲放空喝一杯。

飞阁美玲咖啡 咖啡

（见91页地图；鹅岭公园内北端；桂花拿铁38元；⌚9:30~19:30）就在建于1939年的飞阁别墅内，更像个私密的会客空间，古典风格的厅堂内装饰有女子肖像油画和雅致的旗袍。可坐在带明亮玻璃窗的半圆形客厅里喝杯咖啡，想象宋美龄在此避暑时的场景。

Caver 精酿啤酒

（见91页地图；李子坝正街21号；精酿啤酒30元起；⌚18:00至次日1:00；Ⓜ李子坝A出口）想体验防空洞内的店家，Caver是时髦之选。纵横交错的防空洞被改造为冷酷简约的后现代空间，坐在通风良好的角落里喝一杯店家精酿的天府乐乐再惬意不过，还有比萨（58元起）等小食可下酒。这里离轨道穿楼的李子坝站很近，到三层马路入口也不远。

赛博朋克观景拍照贴士

嘉陵桥西村 这处依山而建的居民区是一个斜面台地，从南往北进入其中时，道路一直在往上爬升，道路尽头的平台比下面的嘉陵桥路面高出约15米。从怡园至鲜宅，一路上会经过几处高楼间的“豁口”，可拍到轻轨列车驶过跨江大桥汽车头顶的独特场景。

李子坝车站 轨道交通2号线上的明星车站，高架桥上的列车看似被大楼挡住，就要撞上楼身时从8层穿楼而过。这种场景在其他城市难得一见，不过你也可以把整座大楼看作一座巨大的包裹式站台。展出旧时报纸的巴渝旧闻馆就在出入车站的必经之路上，可顺道一看。车站A口对面是观景台，有好角度可拍摄手捏列车的“网红”照。

2号线黄花园至佛图关段 这段单轨高架桥沿嘉陵江架设，可谓2号线“江景长廊”段，绿色车厢的单轨列车顺着江峡飞驰，黄花园大桥、曾家岩大桥和嘉陵江大桥等数座桥梁工业感十足的线条架构从你眼前掠过。白天可看见波光粼粼或水雾蒸腾，夜间则能欣赏江北新城的万家灯火。

千厮门大桥西侧人行道 从洪崖洞上入口往东下旋转楼梯，上桥后往前走20米即可在桥上回望洪崖洞“吊脚楼”全景，同时能看到作为背景的上半城高楼大厦，以及脚下的嘉陵江流。在这里能拍出魔幻感十足的城市层次，前提是你没有恐高症，至少能够拿稳相机。

灵儿姐小吃 茶馆

（见88页地图；山城巷步道起始段；盖碗茶25元/位起；⌚10:00~18:00）山城巷口至观景栈道必经之路上的小馆子，保留了老式家庭茶馆的质朴氛围，而且配上了精致可爱的茶具。可以到二楼坐下喝茶赏景，或者坐在门前梯坎边吃一碗美味的鸡丝豆腐脑（16元）。

不要错过

去戴家巷喝江景咖啡

戴家巷（见88页地图）是居民楼和崖边石墙夹出的一条半边小巷，与不远处的洪崖洞享有同一片嘉陵江景。这条百米小巷的独特位置就像一座城市露台，重庆的新潮店主们把居民楼改造成了咖啡馆和小酒吧，小巷就变成了年轻化的社区商业街。天气晴好时坐在露天座椅上喝一杯，可悠闲打望重庆的时髦面貌。

totomato（美式20元起；⏲9:00~21:00）是小巷里较早的咖啡馆，不大的两间屋内保留了老居民楼的水磨石地板，配上白墙、插画招贴、大窗景和时髦的电子乐，风格简约又趣味十足。

coffee location（美式25元；⏲11:00~20:00）半开放式空间内装饰得简洁温柔，可以坐在门口的蒲团上，对着江景喝香橙肉桂拿铁（32元），再配一块青柠芝士蛋糕（20元）。

三尺冰·野猪咖啡馆（鸡尾酒58元起；⏲13:00至次日1:00）严肃但不压抑的中世纪木质装饰很是迷人，不只有咖啡，这家店还以名字和味道都富有戏剧性的冰品和鸡尾酒闻名，一直营业到凌晨。

走临江门A口出地下通道A3口至国泰艺术中心剧院，过天桥往北走到头往左下天桥，这里的巷口通往戴家巷。也可以钻进临江路18号旁侧的巷子里，穿过居民楼走到江边即可感受戴家巷的轻松休闲氛围。lp

娱乐

从经典话剧到跨媒介派对，渝中半岛的演出类型应有尽有。越来越多的方言乐队用风趣好玩的方式演绎重庆生活，看他们演出是深入本地生活氛围的绝佳途径。提前致电或查阅公众号都可获得剧目排期等信息。

Caver的灯饰。

重庆市话剧院 话剧

（见88页地图；☎6350 7566；微信公众号：cqshjl；临江路4号魁星楼10楼；剧票100元起；Ⓜ临江门A出口）演出剧目风格学院和先锋并包，你可能会看到经典的《雷雨》，也可能会看到屠宰场版本的实验话剧《麦克白》。主要演出场所是藏在临江门魁星楼的拾楼小剧场，出临江门站A口后顺地下通道出D口，从魁星楼顶层广场乘电梯下（没错，往下）至10楼即到。此外，殿堂级的抗建堂剧场（见72页）也不定时举办演出。

重庆市川剧院金汤门剧场 川剧

（见88页地图；☎6301 1288；微信公众号：CQchuanju1951；金汤街76号；剧票40元起；Ⓜ七星岗1出口）擅长变脸和喷火的川剧是川渝地区共有的传统戏曲，在金汤门剧场即可欣赏到经典的大幕戏或折子戏演出。演出时间固定在每周六14:00，节假日会有加场。剧场就在领事巷口，离通远门也很近。

[重]庆来福士购物中心内的陈设。

国泰艺术中心剧院 舞台剧

（见88页地图；☎6386 0588；微信公众号：cqgtart；临江路1号；剧票80元起；Ⓜ临江门A出口）这座现代化大剧院经常举办舞台剧、舞蹈演出和音乐会，如果你是舞台演出爱好者，很值得到这里看一场专业演出。

坚果 演出现场

（见88页地图；微信公众号：nutslivehouse；新华路得意潮馆B1-21；Ⓜ较场口10A出口）重庆老牌Livehouse，国内外乐队巡演至重庆通常会选择这里。音乐风格从摇滚、民谣、电子到金属兼容并包，也常举办跨媒介的新锐派对，巡演票价80元起，偶尔有免费的活动。

棉花酒吧 演出现场

（见88页地图；民生路美力大厦LG层；⏲19:00至次日3:00；Ⓜ较场口6A出口）解放碑商圈的老牌酒吧，有着老派清吧的可爱氛围，新老客人们聚在一起喝酒聊天玩台球，或者欣赏驻唱乐队的精彩表演，在这里演出的方言乐队口碑不错。酒水丰俭由人，没有最低消费，鸡尾酒50元起。酒吧所在的大厦位于石灰市菜市场门前的斜坡下方，从挂满各式招牌的门口进入大厦右转即到。

购物

不只有文创产品和旅游纪念品，重庆还有独家热辣特产：火锅底料。如今几乎所有名气响亮的火锅店都会在店内出售自家配方的火锅底料，价格通常在40元上下，也可以到大超市去挑选本地人喜欢的实惠品牌。

来福士购物中心 购物商场

（见88页地图；接圣街8号，近朝天门广场；⏲10:00～22:00；Ⓜ朝天门2出口）这座巨大的购物商场位于渝中半岛最高楼的底座，奢侈品牌与大众消费兼容并包。即使你

当地知识

本土音乐人的音乐地图

重庆本土独立音乐有着鲜明的风格，音乐人亚菁向我们推荐了这些本土乐队、歌曲和演出场所。

拾柒门乐队（《大风吹过山》《唱五谷》）队名取自“九开八闭十七门”。音乐是电声架构下的现代音乐，却融合了山歌调子、劳动号子、地方戏曲、民间故事和民俗风情等元素。听拾柒门的音乐，就像在阅读有声的西南民族志。主创王维的琴是他自制的，有没有让你想起世外高人？

吾独乐队（《笑话》《我晓得你不在我的频道》） 雾都的“吾独”，风格多样，乐手技术也过硬。布鲁斯、放克、雷鬼和重庆方言的融合让他们独树一帜。主创秋秋自我调侃没读过什么书，但吾独的词曲，一些文化人也许想写都写不出来。

梯坎乐队（《船之歌》《北滨路》）“梯坎”在川渝一带指台阶，在山城重庆随处可见。乐队曲风以流行摇滚为基底，融合了民谣摇滚、英伦流行和硬摇滚等元素。主创写歌意在把在全球化的经济浪潮下所接收到的信息和情感冲击波，结合个人经历和地方特色传达给听众。

NUTS Livehouse 重庆最老牌的live-house，又叫“坚果”。前身是位于沙坪坝的“第一现场”和湖广会馆防空洞里的TTK，又迁至重庆大学，后来搬到了现在较场口得意潮馆的新址。

VOX Livehouse 位于袁家岗，为武汉VOX沿江而上进入巴蜀大地的前哨站。

对逛商场兴趣不大，也值得在游完朝天门后去来福士L1层逛逛，这里的来福士纪念品店出售与川美合作的文创产品，好玩小物包括明信片（6元）和九宫格火锅冰箱贴（28元）。重庆伴手礼区集合了火锅底料、茶叶和牛肉干等众多特产，重庆美食街区则集中了包括吴抄手和花市豌杂面在内的多家川渝知名小吃，Ole超市内还藏着一处江景就餐区。到L1层最方便的入口就在朝天门广场正对面。

李子坝文创主题馆 纪念品

（见91页地图；李子坝正街39号；⏲10:00~17:00；Ⓜ李子坝A出口）出李子坝站A口右转就能找到这家有趣的文创店，这里出售轨道交通特别是和李子坝相关的文创产品，如列车形状的尺子（28元），也展出了多种地铁车辆的模型，一角装饰有让你假装乘车的拍照布景，轨道迷不容错过。商店及车站所在的大楼1~5层是商铺，6~8层是车站，再往上是居民楼，为了解答大家对“轻轨穿楼是否扰民”的疑惑，店内还有一根柱子让你零距离感受轨道避震的高科技。

揖美手作 纪念品

（见91页地图；鹅岭正街1号二厂文创公园1号楼1层；⏲10:30~20:00）一家规模挺大的设计师集合店，在这里能找到不少本土元素的纪念品，其中“我爱重庆”系列小夜灯（小号98元）颇为别致，用麻将制作的耳环（40元）很难不吸引眼球。

侠客行户外用品 户外用品

（见88页地图；中山一路97号附5号；⏲10:00~20:00；Ⓜ七星岗1出口）如果你临时计划要去武隆爬仙女山探天坑，这家户外用品店能给你提供实用的户外装备。老板也是户外活动爱好者，和他聊聊可能会获得有帮助的信息。

实用信息

旅游信息

渝中半岛旅游区游客中心（见88页地图；☎6033 2002；五四路39号都市广场1楼；⏲8:00~18:00；Ⓜ临江门A出口）提供旅游信息咨询，有纸质地图和导览手册供取阅，并提供免费寄存行李的服务。留意游客中心斜对面的小洋楼，这是英国怡和公司兼中英联络处旧址。

图书馆

重庆市图书馆曾家岩分馆（见91页地图；曾家岩19号，中山四路北端；免费；⏲9:30~20:00；Ⓜ曾家岩C出口）设在清时学堂曾家岩书院旧址里，这座老院落在陪都时期还被用作国民政府警察局。木质二层小楼内收藏有不少与重庆文史有关的书籍和画册，在旁边吧台点杯饮料（拿铁36元）即可坐下免费阅读，吧台前还有一条直面曾家岩大桥的望江露台走廊，走廊尽头另有一个影像空间。

重庆找路指南

相信你的手机地图导航，但也不要完全相信。因为在渝中半岛，数据库也无法把各种近道小路完全计算明白，两点之间导航的驾车路线和步行路线距离可能会相差2公里，并且两者都是正确的。

多问本地人。不管是在小巷梯坎还是地下通道，本地人都热衷也擅长用“走到底左拐上个坡，过切再过切”一类的语言来给抬着手机的外乡人指路，或许还会顺便嘲讽你的地图导航有点“麻人”（意即让人头晕）。

别被眼睛骗了。当你在山坡上的高楼群中找不到路时，往路边走一走，很有可能会看到一道能带你抄近路的梯坎。

试试把大楼电梯作为快捷通道。例如在依山崖建高楼的嘉陵江南岸，如果想从临江路迅速下到嘉滨路，就可以借助临江门魁星楼内的直升电梯。

重庆人找路的经验：有江的地方顺江走，有轨道高架桥的地方跟着桥走，都能找到不拐弯的大路。

戴家巷崖壁步道。

渝中半岛索引地图

1 半岛东部
（见88页）

2 半岛西部
（见91页）

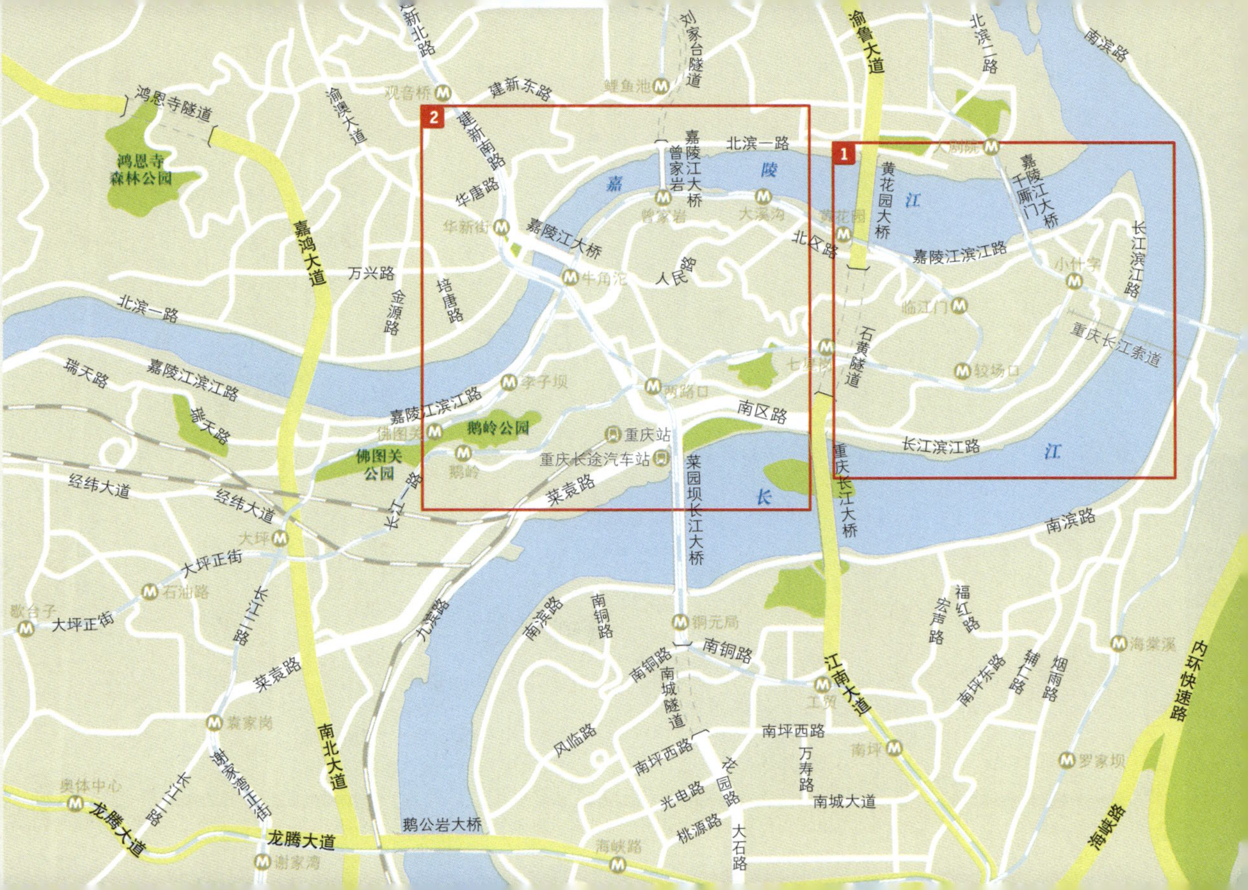

半岛东部

A
B
C
D
1
2
3
4
5
6
7
江北城西大街
渝鲁大道
金沙门路
北滨一路
北滨二路
桂花街
金沙门路
大剧院
北滨一路
黄花园大桥
嘉 陵 江
千厮门嘉陵江大桥
黄花园
北区路
嘉陵江滨江路
沧白路
民族路
华一路
北区路
临江路
临江门
民族路
八一路
五一路
新华路
石黄隧道
民生路
大同路
民生路
民权路
邹容路
中山一路
新民街
中华路
和平路
较场口
新华路
凯旋路
解放东路
中兴路
解放碑步行街东道
长江滨江路
山城第三步道
南区路
解放西路
十八梯
长江滨江路
1
2
3
5
6
7
9
10
11
12
13
16
18
19
23
24
25
26
27
28
29
30
31
32
33
34
35
36
37
38
39
41
42
43

0
400 m
E
F
1
2
3
4
5
6
7
4
15
40
朝千路
朝天门
嘉陵江滨江路
陕西路
长江滨江路
小什字
14
22
8
20
21
东水门长江大桥
白象街
17
长
江
南滨路

半岛东部

最佳景点
1 山城第三步道......B6

景点
2 巴蔓子将军墓......B5
3 白象街......D6
4 朝天门广场......F2
重庆市规划展览馆......（见4）
5 大韩民国临时政府旧址陈列馆......B5
6 国泰艺术中心......C4
7 洪崖洞......D3
8 湖广会馆......E4
9 解放碑......C4
10 罗汉寺......D4
11 人民公园......D5
12 若瑟堂......B4
13 通远门和城墙公园......A5

活动
14 重庆长江索道......E4
15 两江游（朝天门码头）......F2
水晶连廊观景台......（见40）

住宿
16 背包十年青年旅舍......B6
百合教堂酒店......（见12）
17 大唐诺亚服务公寓......E5
18 解放碑凯悦酒店......D5
19 空集江景青年旅舍......D4
20 明清客栈......E4
21 秋果S酒店·渝元......E4
22 图南青年酒店......E4
23 新华酒店（解放碑店）......C4
雅诗阁来福士服务型公寓......（见40）
24 渝舍·青木酒店......A5

就餐
25 储奇门鳝鱼火锅......D6
26 恒明鲜肚子鸡汤银丝面（鲁祖庙店）......C5
27 花市豌杂面......C5
28 较场口夜市......C5
29 山城羊肉馆......C5
30 素满香素食自助（解放碑店）......C5
31 依兰山城马队长清真火锅......B6
32 周师兄火锅（解放碑店）......C5
33 醉八仙热酒馆......A4
Botanica重·林餐厅......（见40）

饮品
34 戴家巷......C3
35 灵儿姐小吃......B6

娱乐
36 重庆市川剧院金汤门剧场......A5
37 重庆市话剧院......C4
国泰艺术中心剧院......（见6）
38 坚果......C6
39 棉花酒吧......C5

购物
40 来福士购物中心......F2
41 侠客行户外用品......A5

实用信息
42 渝中半岛旅游区游客中心......C4

交通
43 凯旋路电梯......C6

半岛西部

半岛西部

景点

1 重庆市人民大礼堂 C2
2 重庆中国三峡博物馆 C2
3 鹅岭二厂文创公园 B4
4 鹅岭公园 A4
5 佛图关 A4
6 嘉陵桥西村 B2
7 抗建堂旧址 D3
8 李子坝抗战遗址公园 A4
9 菩提金刚塔 D3
10 史迪威将军博物馆 A4
11 宋庆龄旧居陈列馆 C3
12 中国民主党派历史陈列馆 C2
13 中山四路 C2

住宿

14 88号鹅岭公园酒店 A4
15 山鬼Mont Mirage酒店 D4
16 雾都宾馆 C2

就餐

17 纯阳老酒馆 D3
大王油茶（二厂店） ...... （见1）
18 李子坝梁山鸡（公园店） B4
19 临华饭庄 D3
20 胖妹面庄总店 C3

饮品

飞阁美玲咖啡 ...... （见2）
21 Caver A4

购物

22 李子坝文创主题馆 B3
揖美手作 ...... （见1）

实用信息

23 重庆市图书馆曾家岩分馆 C2

交通

24 重庆客运站 C4
25 重庆站 C4
26 重庆长途汽车站 C4
27 皇冠大扶梯 C4

在路上

本书作者 张世秋

半岛周边每个分区都有各自的风格，其中我最喜欢南岸。南山花木葱茏，老君洞仙风道骨，下浩老居民楼里的咖啡馆、茶室和小酒吧都很有社区氛围，店主用轻松好客的方式做生意和交朋友。

进一步了解我们的作者，见255页。

老君洞。

©EBU渤渤/图虫创意

半岛周边

虽然渝中是重庆的"母城"，但重庆并非只有渝中半岛。江水和山势形成的天然分界线，把环绕半岛的数个行政区彼此划分开来，让各个区都生长出各自的城市风貌。在过去，每个区都有各自的贸易集散中心，最初的城市雏形便从这些"场镇"发展开来，在渝中半岛向心力以及两江航运往来的影响下，这些区域最终相连成片，共同组成重庆的主城区。

乘轨道交通、过江索道或者干脆步行过桥离开渝中半岛，你就会来到山水相依的南岸，踏上平坦宽阔的沙坪坝，漫步高楼林立的江北城。再远一些去到九龙坡或北碚，远离城市的悠闲节奏会更加明显。

☑精彩呈现

如果你有1天

➡ **南岸线** 早起游玩龙门浩老街（见105页）后乘车上南山，沿路参观抗战遗址博物馆（见102页）和南山植物园（见102页），傍晚欣赏夜景后下山。

➡ **沙坪坝线** 乘1号线先到四川美术学院美术馆（见108页），返程去红岩魂陈列馆（见108页），再顺道去磁器口（见108页）逛逛。

➡ **江北和渝北线** 早上去江北嘴逛展馆，下午到红鼎国际（见113页方框）探秘，晚饭后在观音桥逛街。

半岛周边亮点（见98页）

1 抗战遗址博物馆 2 南山观景台 3 四川美术学院美术馆
4 重庆自然博物馆 5 北碚温泉

走"江景大桥"快速往返渝中

步行通过两条大桥前往渝中半岛不仅可以俯瞰江景，速度也不比乘轨道交通慢。在南岸龙门浩老街和上新街一带，步行通过**东水门大桥**即到渝中半岛陕西路和打铜街，沿途除了在高处观看长江，还能俯瞰湖广会馆并平视长江索道缆车；在洪崖洞沧白路入口附近，也可以步行通过**千厮门大桥**快速到达江北嘴，这条行人通道拥有观看洪崖洞全景的绝佳视角，并带你朝着大剧院的灯光步步跨越嘉陵江。

避开人潮一日游

➡ **九龙坡线** 乘火车或乘2号线转公交，去黄桷坪涂鸦一条街（见112页）感受川美老校区的艺术氛围。中午吃碗蹄花，下午到交通茶馆嗑瓜子摆龙门阵。

➡ **北碚线** 乘6号线往北，先参观重庆自然博物馆（见113页），再拜访卢作孚纪念馆（见112页），下午去重庆柏联温泉（见116页）泡汤。也可花一天时间攀登缙云山（见113页）。

©分享旅行樊华/图虫创意

当地人推荐

领略主城区周边多样的面孔

莫比，书店活动策划人。

重庆这座城市有什么特别之处，你最喜欢的是哪方面？

很生猛。不管是城市地貌，还是当地人的性格，甚至连天气，都是波浪形的，陡然上升又陡然下降，很有戏剧性，但它又不是浮夸的。仔细观察这一切的成因后会发现特别合理，是从日常生活中演化出来的。

渝中半岛周边几个分区的风格各不相同，你的体会是怎样的？

因为南山的存在，让南岸区变得非常舒适宜人，这里有开埠以及抗战相关的人文历史看点。沙坪坝从抗战时就是文人聚集的地方，现在则是几所高校的所在地，文化气息更浓。江北是年轻人喜欢的地方，氛围更年轻时髦，不过在观音桥附近还保留有老社区的生活氛围。

九龙坡尤其是黄桷坪，因为四川美术学院而成为适合溜达的地方。北碚可以说是主城九区里比较独特的存在，仿佛是来到了另一座城市，那里有嘉陵江和缙云山，也很有人文底蕴，还有许多温泉，城区商业程度不高，很有生活气息。

北仓图书馆。

南山有什么本地人喜欢的户外活动？

南山有很多泉水，其中"梦泉"和"醒泉"很有诗意。天气好时，本地人喜欢步行上山打山泉水。我喜欢从涂山路觉林寺报恩塔开始走清水溪步道上山，大概半小时到山上的泉眼，一边排队等打水，一边在大树下吃零食嗑瓜子，再慢慢提水下山。

只推荐一本帮助了解重庆的图书，你会选哪本？

我推荐何智亚的《重庆老城》。书中大量图片可以帮我们回顾重庆曾经的样貌，以此跟现在的重庆作比对。最好的方式是以这本书为指引，去寻找那些老城的痕迹，在这个过程中逐渐了解这座城市。

不要错过

最佳隐藏观景点

➡ **老君洞** 这处道观建在山巅，可登上玉皇殿顶层平台俯瞰渝中半岛。（见103页）

➡ **重庆大剧院** 即使不看演出，只是观光也值得到剧院门前眺望两江口的繁华。（见109页）

➡ **卢作孚纪念馆** 纪念馆门前有很棒的观景台，可远眺嘉陵江中的白色碚石。（见112页）

最佳饮品

➡ **悟饮门** 上新街社区老屋转型咖啡馆的趋势方兴未艾，从这家街头小馆开始一场巡店之旅吧。（见118页）

➡ **交通茶馆** 可能是重庆最有江湖名望的老茶馆，进屋后让人顿感跨回了20世纪80年代。（见120页）

➡ **Le Rayon Vert** 这家时髦的买手店兼咖啡馆不仅能喝咖啡，拍照也很上镜。（见119页）

最佳社区餐馆

➡ **林传宝面馆** 上新街的家常小面馆，附近居民赶早乘索道时喜欢顺路来吃碗面。（见116页）

➡ **四季羊肉馆** 海棠溪正街居民楼下的老字号羊肉馆，羊杂汤和爆炒羊肝都很美味，米饭不限量。（见117页）

➡ **胡记蹄花汤** 川美老校区附近的老牌家常小馆，是学生聚餐打牙祭的好地方。（见117页）

半岛周边亮点

❶抗战遗址博物馆

1937年颁布《国民政府迁驻重庆宣言》后，军政机构陆续迁移至重庆，蒋介石在1938年底率军事委员会进驻黄山并修建办公官邸，由于这座山头原是清廷买办黄云阶的私产，这些官邸又被称为“黄山别墅”。作为博物馆，这里的每座建筑几乎都复原了当时的起居场景，并展示与旧主人相关的简单陈列。

❷南山观景台

不论旅行者还是本地人，都难以抗拒渝中半岛璀璨夜景的魅力。南山上的一棵树观景台和大金鹰观景台是老牌的观景胜地，可将整条南滨路上的流光溢彩尽收眼底。也可至山脚南滨路龙门浩江边步道隔江眺望渝中，这里曾是旧时“龙门浩月”景观所在地，如今的风光则是渝中区高楼大厦向上生长的城市岛屿。

❸四川美术学院美术馆

四川美术学院对中国美术教育有着很大的影响，无数现当代艺术家从不大的黄桷坪校区走出。而在沙坪坝川美虎溪校区，一座巨大而丰盈的美术馆值得你从市区花1小时车程专门前往。这里又被称为罗中立美术馆，画家罗中立曾担任川美院长，他也是油画《父亲》的作者，你可能会在展览中找到他的画作。

❹重庆自然博物馆

中国西部科学院在北碚成立后，于1943年联合其他学术机构共同组建了中国西部博物馆，这便是重庆自然博物馆的前身，如今在

©巴塞罗那/图虫创意

©山上春树君/图虫创意

左图：抗战遗址博物馆园区内的建筑；
右图：一棵树观景台，取景器中的重庆夜景。

ℹ 行前参考

➡ 南山的看点大多山路崎岖，做好步行准备。

➡ 不胜脚力可重点游览弹子石或江北嘴，这里交通便利，道路也平坦。

这座博物馆内能看到生动有趣的自然科学展览。中国西部科学院旧址坐落在北碚城外的嘉陵江边，现为重庆自然博物馆的分馆，可与卢作孚纪念馆一同参观，了解北碚从村镇转型为现代城镇的轨迹。

❺北碚温泉

北碚嘉陵江小三峡中有“温汤峡”，顾名思义在江峡两岸都有温泉出水口。南岸在唐宋时已建有温泉寺，传说中这座古寺正是蒙哥汗辞世的地方，卢作孚主政北碚时又在温泉口建成向平民开放的北温泉公园。如今北温泉已被建为高档温泉酒店，隔江相对还有一处本地玩家喜爱的露天野温泉二岩温泉，需徒步一段古道才能到达。

重庆夜景。

3

四川美术学院美术馆。

重庆自然博物馆。

4

北碚悦榕庄。

5

©葫芦娃1005/图虫创意

南山植物园。

景点

南岸

隔着两江口与渝中和江北对望的南岸区藏着很多惊喜等待你探索。南山中不只藏有民国官邸和使领馆旧址，也有古寺和古道，而在南坪老街居民楼的下方，甚至还能找到一座石雕巨像。

轨道交通6号线/环线的上新街站离龙门浩老街很近，也便于换乘公交。373路串起南滨路沿江大部分看点，384路则直达南山中的大部分看点。

★抗战遗址博物馆（民国官邸建筑群） 近代建筑群

（见124页地图；南山公园路1号；门票18元；⏲旺季9:00~18:00，淡季至17:30）民国军政机构陆续迁至重庆后，这些深藏在南山中的官邸就此成为正面战场的抗日指挥部，周边山林和防空洞则提供了躲避空袭的遮蔽。官邸建筑群在战时应急修建，因此风格折中，更偏重简洁实用。如今数座官邸被辟为博物馆，**展览馆**内展出了第二次国共合作时期的重庆历史，**云峰楼**内有宋庆龄生活场景和相关展览。宋美龄居住过的**松厅**内的展览值得细看，可从纪录片中一睹她在美国国会演讲呼吁抗日的风采。属于孔氏家族的**孔园**内有关于重庆大轰炸以及孔祥熙生平的展览，二楼还原了孔二小姐孔令俊的卧房。最高处是曾作为蒋介石官邸的**云岫楼**，内有正面战场抗日的简单展览。下山路上的**草亭**曾作为黄山招待所接待过蒋经国和美军将领马歇尔，旁侧小路上可远眺“大金鹰”，**莲青楼**曾是美国驻华军事代表团驻地，门前的莲池原是空袭留下的弹坑。

乘384路上山在黄山站下车即到。游览黄山别墅约需2小时，可与南山植物园安排一线游览。

南山植物园 公园

（见124页地图；南山公园路101号；大

老君洞。

门票15元，温室门票50元，优惠套票50元；⏲9:00~17:30，展馆周一休馆）这座嵌在南山中的植物园色彩缤纷，冬春季梅花、山茶花和樱花相继绽放，夏秋季蔷薇、桂花和枫叶轮流登场。除了看植物，在园中寻找民国时的别墅公馆老建筑也别有一番趣味。

从正门入园后，可左转到角落去寻找杜月笙公馆旧址。广场前方的温室内栽有繁茂的多肉植物，往南走是面积广大的蔷薇园和梅园。回到正门右转过石桥到盆景园，爬梯坎过天桥，顺上山路会依次来到大轰炸纪念碑和兰园，山头的山茶园中还藏有几座抗战时的外国公使馆建筑。树化石组成的植物墓园后是被爬山虎覆盖的**西班牙公使馆旧址**，现为植物科普博物馆。博物馆后方的**印度公使馆别墅旧址**现被辟为植物类图书馆。继续往前，可看到山茶花丛中的**苏联大使馆旧址**，另一侧的**法国大使馆旧址**现为植物标本馆，标本馆前有道路通往大金鹰观景台。展馆和图书馆都向购票入园的公众免费开放。

南山观景台

不只有旅行者前来南山打卡，许多重庆本地人也喜欢来此登高远眺渝中半岛。

南山一棵树（龙黄公路山腰段；门票15元；⏲9:00~22:30）可能是南山上最有名的打卡点，这座观景台位于南山山腰，拥有俯瞰两江汇合以及半岛璀璨灯光的视角。

大金鹰观景台（南山公园路25号；门票20元；⏲9:00~23:00）因贴金大鹰像而得名，观景台位于南山的一座山头上，因此能看得更远。

公交384路上山时会依次路过一棵树和大金鹰入口，上车时最好和司机打一声招呼，说在一棵树或金鹰酒店下车。留意384路从植物园返回市区的末班车时间在19:00之前，错过就只能打车或乘坐网约车下山了。

南山脚下的**南滨路龙门浩江边步道**（南滨路近龙门路）也有很好的观景视角，夜色中的码头霓虹倒映在江水里，建筑射灯把空中的云雾染成奇异的彩色。如果你想寻找哥谭市的影子，这一幕应该很接近。

384路终点站下车即是植物园正门。如果更偏重寻觅植物园内的老建筑，可请公交司机让你在兰园大门下车后购票（仅收现金）入园。

老君洞 道观

（见124页地图；老君坡29号；免费；7:30~17:00；🚌346路黄桷垭站）这座在山头依崖而建的道观最初为唐朝佛寺广化寺，明朝时改为道观，经数次扩建，至清朝时号称"川东第一"。扇形石梯山门和主殿三清殿都是明清建筑遗存，一侧普陀岩上的精美石刻雕凿于明朝，主题除了观音慈航普渡外，还有伯牙抚琴和渔樵耕读等民间场景。脚力好不妨沿陡峭的阶梯直上南天门，登到玉皇殿的顶层观景平台，俯瞰渝中半岛宛如两江捧起的玲珑盆景。

不要错过

在南滨路寻找洋行旧址

南岸滨江一带是重庆最早的开埠区，拆迁前的米市街曾是外国商行聚集地，如今在南滨路沿线还能找到几家洋行遗址。

立德乐洋行（南滨路93号）由英国商人立德乐（Archibald John Little）建立。在我们调研时，洋行连同后面马鞍山上的亚细亚石油公司旧址等建筑已被围挡，建成开埠遗址公园之前无法参观，可去售楼部小展馆内看图文资料。

卜内门洋行（慈云路近南滨路口）的建立者John Brunner和Ludwig Mond也是英国人，这家"洋碱"公司当时在上海和汉口也设有商行。如今这座高大石基上的三层建筑已空置，外壁被爬山虎包裹起来，可登上石阶近距离一看。

安达森洋行（南滨路近慈云寺）的创建者是一位瑞典商人。南京沦陷前后，大批故宫文物从南京经由汉口转至重庆，其中一部分便藏在这家洋行的仓库里。老建筑经修复重建后与故宫博物院合作成立**故宫文物南迁纪念馆**（凭身份证免费；⏲10:00~21:30，周一10:00~14:00休馆），入口就在慈云寺门前的广场旁。

在我们调研时，老君洞只开南门，这里离最近的公交站还有1公里山路，更建议游览完黄山官邸后打车前往，并请司机送到离山门尽量近的地方。下山后有时间也可顺道逛逛**黄桷垭老街**，作家三毛在4岁前曾在街上的一座老宅居住。此外，老君洞东区正在修建观景台，建成后到公交崇文路站即可从东北门进入，但这个入口可能会收较昂贵的门票。

黄桷古道 步道

（见124页地图；免费；从上新街前驱路口或黄桷垭老街北端进入）这条石板马道依方言发音又被称作"黄葛古道"，得名于沿途

黄桷古道。

茂密的黄桷树。古道始于唐宋时期，是沟通历代川黔商贾贩运盐、丝、药和茶等货物的必经之路，如今这条小道已成为市民在南山徒步健身的绿色步道。

步道全长约3公里，容易到达的起点在上新街前驱路，路口有刻着"黄葛古道"的大石，顺路往前穿过内环高速涵洞，沿梯步往上才进入真正的古道。道路峰回路转，沿途有古寺石碑，也有新兴民宿，终点可到达黄桷垭老街（见本页）。你也可以赶早游览完老君洞后，从黄桷垭老街反走一段。留意古道最陡处近70度，最好结伴并留意脚下。

慈云寺 佛教寺院

（见124页地图；南滨路近海狮路；免费；⏲8:00~18:00）慈云寺依江口南岸崖壁而建，这里古称狮子山字水崖，清时巴渝十二景中的"字水宵灯"景观也得名于此。寺院始建于唐时，如今的建筑在民国寺院的基础上整修扩建而成。进入寺门顺古旧石阶而上，

龙门浩老街。

各座殿堂依山势排列，其中大雄宝殿内供奉有1.5吨重的释迦牟尼玉佛，到顶层平台可远眺朝天门码头和东水门大桥，也可近看旁边的安达森洋行（见104页）。寺院一楼的斋堂在午餐和晚餐时对外开放，自助斋饭收取10元随喜钱。

乘373路公交在字水霄灯站下车后，往前步行穿过小广场即到慈云寺。

龙门浩老街　　历史街区

（见124页地图；东水门大桥东南角；免费；Ⓜ上新街2出口）这片顺山坡修建的老街也在清末时因开埠和码头货运兴起，曾经的美国大使馆酒吧、意大利大使馆和重庆海关别墅等老建筑如今已被修缮活化为经营场所，在里外巷子逛街拍照吃小吃也不错。“龙门浩”得名于曾经在江中如龙门开口的石梁，如今仍存的浩石在东水门大桥的基座旁，水位低时可能会现身。

老街在南滨路上也有入口，不过从上新街站入口进入可少爬梯坎更省力。如果想寻找更地道的南岸居民生活，可到不远处的上新街马鞍山社区里钻小巷走一走。

法国水师兵营旧址　　历史建筑

（见124页地图；弹子石谦泰路142号；免费；🕘9:00～20:00）1902年，法国海军以率队测量川江的名义将军舰“奥利号”开入了长江南岸的开埠区，并借用清朝北洋水师营务处建造了法国水师兵营。庭院由顶上饰有高卢雄鸡的中式楼阁正门和欧式回廊建筑组成，主楼的三层题刻有“故舰长武荡纪念”，对面拱形楼梯旁的石碑则为在王家沱意外身亡的另一位舰长而立，庭院中间还有一处当时先进供水设施的遗迹。如今这处百年庭院已被改造成为时髦的营业场所，举办过包括重庆时装周展览在内的活动，平日还有两家咖啡馆（见119页）供游人小憩。此外，在南岸长大的作家虹影也在童话小说《奥当女孩》里描绘了这座兵营。

乘公交373路至南滨路长嘉汇后，往北走100米就能看见这处白色院落。也可顺道游览南滨路长嘉汇的**弹子石老街**，这是一条用电扶梯和仿古商铺重新构建的立体商业街，在高处有直面朝天门码头和江北嘴的观景台，江畔钟楼广场旁则是“峡江开埠”景观。

弹子石摩崖大佛像　石刻

（见124页地图；南滨路大佛寺长江大桥下；免费）川江流域有在江岸崖壁雕刻大佛的传统，南岸的弹子石江边也有一处。这窟佛像通高13.75米，主像为弥勒佛和二弟子，重庆在元末曾出现过一个短暂的地方政权“大夏国”（见112页），佛像便在当时为镇水患而建。到了近代，江边居民还会以水淹到佛足、佛心和佛头来作为不同程度的水位预警。在我们调研时，佛像和后身的寺庙都在维护施工，待你前往时或可近距离观看大佛。

可从法国水师兵营旧址北面的谦泰路口公交站乘119路至大佛寺站，过马路进入大桥下有商贩卖香烛的小路，走到江边就能看到供奉佛像的烟火。

原美术馆　美术馆

（见124页地图；微信公众号：yuanmeishuguan；南滨路82号附3号；⏲10:00～21:00；🚌373路海棠烟雨公园）这座设计前卫的私立美术馆经常举办偏重于当代艺术话题的临时展览，多数展览需要门票，可通过公众号查询详情。

美术馆就在东原1891购物商场中间的“原星”球体建筑内，入口在3楼，电梯旁的临江走廊也有观赏江景的好视角。

沙坪坝

古镇、高校和烈士殉难处是沙坪坝的关键词，值得花半天或一天游览这片广阔的平坝，并从密度更低的建筑中寻找不同于渝中的城市特质。

轨道交通1号线的磁器口、烈士墓和大学城等站点可至大部分看点，但距离看点都有1公里左右的步程。

进入三峡的西方人

张世秋

三峡并非隔绝巴渝与外界交流的关口，川人自古有出夔门闯世界的雄心。自19世纪起，更多西方人进入三峡，虽然这种交流并非完全建立在公平互利的基础上，但客观上说，这也是重庆走上国际舞台的开端。

1876年签订《烟台条约》后，清廷向英国开放了长江沿线芜湖、湖口、沙市和宜昌等城镇的通商或卸货权。宜昌往西被三峡锁住的川江以峡滩险阻而著称，但英国对长江航道和沿线城镇的野心并不止于此。在1890年的《新订烟台条约续增专条》中，重庆被辟为通商口岸，1898年英国商人兼冒险家立德乐（Archibald John Little）乘“利川”号轮船穿过三峡到达南岸，成为打开川江现代航运的第一人。

长江南岸龙门浩码头旁的马鞍山是英国商埠区，如今留存下的遗迹还有立德乐洋

左图：若瑟堂；上图：仁爱堂遗址。左图：©杨玉诚/图虫创意；上图：©杨玉诚/图虫创意。

行和亚细亚火油公司旧址。之后法国和美国等国利益均沾，相继获得通商权。1895年，日本又通过《马关条约》在王家沱攫取了通商和租界权。起初外国商人们不被允许进入渝中城内经商，于是他们把商行开设在南岸海棠溪到弹子石一线，中国商人和买办们则在长江对岸的白象街开设商号与外商做生意。1891年开埠时，最早的重庆海关也设在白象街。

开埠后，英国、法国、日本、美国和德国相继在渝中半岛设置了驻重庆领事馆，通远门附近的一条小巷因周边曾有四国领事机构而被称为“领事巷”，如今德国领事馆仍存，不远处山脚下十八梯凤凰台附近的法国领事馆保存得最完整。1937年国民政府西迁至重庆，当时与中华民国建交的各国陆续向重庆派出大使。为了躲避空袭，这些使馆大部分建在从枇杷山到鹅岭一线，两路口是当时的“使馆区”，已消失的嘉陵宾馆曾是北欧和南美诸国的大使馆和公使馆所在地，健康路口的美国大使馆旧址仍存，两浮支路周边因为使馆和外国新闻机构入驻而成为“国际村”，这个地名被沿用至今。随后日军针对渝中半岛的轰炸日益猛烈，部分使馆搬迁到了更隐蔽的南岸南山中，如今在南山植物园内还留有数座西洋建筑，正是当年的使馆办公处。

在这些进入三峡来到重庆的西方使团人员中，高罗佩（Robert Van Gulik）的经历非常丰富多彩，1943~1946年，他作为荷兰流亡政府驻华使馆一等秘书在重庆工作。自幼精通汉语的高罗佩对古琴和诗书都很有钻研，在重庆时他与文化名流交游广泛，“天风琴社”创立前，他的客房“吟月斋”是与好友切磋古琴的场所。离开中国后，他先后把《狄公案》翻译成英文并自己创作了英文小说《大唐狄公案》，让更多的西方人认识了“中国的福尔摩斯”。2014年，高罗佩家族将他的一部分文物藏品捐赠给重庆中国三峡博物馆，博物馆则在4楼为高罗佩和他的收藏开辟了展厅。➡

⬅ 最早来到重庆的西方人中还有一部分是传教的神职人员，他们依托教堂和教会建立起学校、孤儿院和现代医院，在重庆遭受轰炸时挽救了许多平民的生命，如今山城巷仁爱堂和民生路若瑟堂都是当时留下的教堂建筑遗迹。另一位乘船过三峡入川的传教士启尔德（Omar Kilborn）虽未在重庆久居，但他在成都经营医院时编写了一本《民国四川话英语教科书》，后来这本书一度成为外国人在重庆学习语言与本地人交流的教材。

四川美术学院美术馆 美术馆

（见122页地图；微信公众号：scfaimuseum；艺德路近四川美术学院虎溪校区东门；公众号预约后凭身份证免费参观；9:30~17:00，周一休馆；Ⓜ大学城2出口）这座高水准美术馆中主要展出了川美师生的作品，除了传统的油画和水彩画，也不乏亚克力、建材废料等装置和影像新媒介。从一楼入口左手边走到尽头穿过天井，是鲜有游人的收租院陈列馆，收藏了川美师生于1965年创作的现象级大型群像《收租院》实物及图文资料。三楼可通往天台，在这里你能近距离将马赛克镶嵌装饰的外墙面作为拍照背景。

至地铁大学城站后往西南方向穿过公园步行约1公里即到，也可在车站出口找到共享自行车或电动车。待你前往时川美或已解除封校，不妨入校逛逛这座田野中的艺术胜地。

磁器口 古镇

（见124页地图；磁童路东段；免费；24小时；Ⓜ磁器口1出口）磁器口老街始于宋朝，在明清时因贸易而成为繁荣集镇，这里曾是嘉陵江上的一处码头渡口，因装船运输歌乐山中窑口烧制的瓷器而得名。在陪都时代，徐悲鸿和丰子恺等文化名人曾寓居镇上。

如今的磁器口因旅游业而人流如潮，正街上一年到头都挤满了游人，在2019年国庆，重庆官方甚至发短信给市民，请他们避免前往磁器口等地，把空间让给外来游客。如果你要到磁器口打卡，往正街两旁的支巷走走会清静些，可能会遇上本地人打麻将的生活场景，在一条支巷里还能找到抗战时竖立的阵亡将士纪念碑。

正街中段的原道观**宝善宫**有戏台演出评书和川剧变脸，由于华人科学家丁肇中曾在道观改建的嘉陵小学里读书，这里还有一个关于他的小展馆。走正街往北快到江边时，从巷子往左转可至**宝轮寺**（免费；8:00~18:00），这座明清古寺更为安静，不过要爬比较陡的楼梯。在我们调研时，正街最北端的磁器口码头正在施工修建仿古码头景观。

出磁器口站过马路就是古镇西门，我们调研时这里是一片建设中的商铺区，之后或会有更多食宿选择。或可顺磁童路往东步行约5分钟，从更热闹的南门进入。

红岩魂陈列馆 博物馆

（见124页地图；壮志路近西南政法大学北门；凭身份证免费；9:00~17:00；Ⓜ烈士墓2B出口）江姐、小萝卜头以及杨虎城将军等诸多先烈都在歌乐山牺牲了生命，这座展馆中的实物和图文展览能帮你了解重庆在新中国成立前的那段血色往事。调研时陈列馆、白公馆和渣滓洞等看点都需要通过微信公众号"红岩联线"预约参观。

出烈士墓站后顺壮志路步行10分钟即可看见陈列馆门前的广场，广场东南角还有中美合作所集中营的一处遗址。参观完陈列馆后，可顺山路一路上行，继续参观烈士陵园、白公馆和渣滓洞等纪念场馆，景区交通车（通票20元含全程导游）串起了这条线路。

歌乐山烈士陵园 历史遗址

（见124页地图；壮志路近西南政法大学北门；免费；9:00~17:00；Ⓜ烈士墓2B出口）从红岩魂陈列馆门前朝着歌乐山烈士群像爬上楼梯，即可看见正中央的11·27烈士墓。这处合葬墓安葬了从1945年至1949年被当局暗杀和处死的二百余位革命烈士，其中大多是在1949年11月27日大屠杀中的死难者。每年11月27日，重庆都会举办悼念活动，烈士们的后代也会前来祭奠。

不乘景区交通车的话，穿出纪念雕像下侧的小门，在红岩剧场旁的公交车站可乘210路至白公馆。脚力好也可一路爬山前往，沿途有多处烈士纪念雕像。

白公馆 历史遗址

（见124页地图；壮志路山顶段；凭身份证免费；⏲9:00~17:00）这里原是军阀白驹的别墅，后改建为国民党军统羁押政治犯的看守所，11·27惨案中部分屠杀就发生在这里，而幸存者中的罗广斌正是1961年小说《红岩》的作者之一。公馆内用图文资料展出了几位烈士具有代表性的事迹，并复原了地牢和防空洞改建的刑讯室。

入口的停车场是公交210路终点站，从此上至白公馆还需爬一段楼梯，继续至渣滓洞还有1.5公里上山路。停车场也有拉人包车的服务，但不太有必要选择他们。除了景区交通车，这里还有观光巴士（见243页交通指南）T003路可把你从白公馆带到磁器口。

渣滓洞 历史遗址

（见124页地图；凌云路北段；凭身份证免费；⏲9:00~17:00）与白公馆相似，原为煤窑的渣滓洞也是军统特别看守所，但这里比白公馆更隐蔽，在制高点设有机枪岗亭，11·27惨案中大多数死难者都在渣滓洞和附近的松林坡遇害。从白公馆到渣滓洞的路上可转至松林坡中的戴公祠，杨虎城及家人在这里殉难。

参观完渣滓洞后即可下山返回，有时间的话还可至川外校园西南侧的蒋家院子，这里曾做过叶挺囚室，《囚歌》便是在这里写成的。

沙坪公园 公园

（见124页地图；天陈路52号；免费；⏲6:00~21:00）逛完磁器口如果还有时间要打发，不妨到沙坪公园逛逛。公园内绿植葱郁，沿湖散步也很舒服。西南角盆景园对面是保留下来的"文革"死难者墓群，只在春节和清明时开放祭扫。

从磁器口乘843路到石碾盘农贸站可至公园东门附近。

> **当地知识**
>
> **沙坪坝津南村**
>
> 书店活动策划人莫比曾经在津南村的老院子里居住过，这里是她私藏的城市角落。从热闹的三峡广场走到津南村并不远，但感觉却像进入了另一个世界，如果你想追寻民国西迁文人的足迹，值得到这处重庆南开中学的宁静一隅漫步。
>
> 1935年，张伯苓考察四川后先在这里建立了南渝中学，1938年后又把天津南开中学搬迁过来，改名为重庆南开中学，并修建了津南村作为教职人员的生活区。因为是特殊时期的实用性建筑，津南村四合院并没有精美的装饰，更偏向于简朴的北方四合院。如今这里的3号院张伯苓故居、9号院首任校长喻传鉴故居和11号院柳亚子故居等老宅院已经被保护起来，并修建了校史陈列馆。
>
> 津南村的入口在渝碚路上，靠近南开中学西门，轨道交通沙坪坝站出1号口后顺渝碚路步行约5分钟就能找到。

江北和渝北

除了房地产和工业园，面积广大的江北区和渝北区也有一些有趣的看点。时间有限可过桥快速游览江北嘴的一系列公共场馆，不走寻常路就去观音桥逛逛红鼎国际，自驾则可去往稍远的龙兴古镇感受老街风貌。

轨道交通6号线过江后的大剧院站邻近重庆大剧院和科技馆等看点，3号线观音桥、红旗河沟、重庆北站南广场、江北机场T2航站楼等站点对旅行者都有帮助。

重庆大剧院 地标建筑

（见124页地图；文华街2号；Ⓜ大剧院3-1出口）雄踞江北嘴的重庆大剧院是重庆当

代建筑的代表之一，建造灵感来自“孤帆远影碧空尽”的唐诗意境，不过也有市民戏称它像一辆巨型坦克。在朝天门和洪崖洞即可远眺这座宏伟建筑，线条利落形似嘉陵江中的峡石，傍晚霓虹灯流光溢彩闪耀，演绎出重庆的摩登与魔幻。

即使你对舞台剧不感兴趣，也值得过江到重庆大剧院门前一游。剧院门前的广场几乎就是一个270°观景平台，不只是游人来打卡赏景，附近居民也把这里作为一个散步和慢跑的公共空间。剧院内部通常只对购票观剧（见121页“娱乐”）的观众开放，不过在我们调研时可从1号门进入剧院去逛时光里书店（见121页“购物”）。

如果还有闲暇，可步行到重庆大剧院南侧去找找古城墙和城门**保定门**，这是江北城留存下来不多的清朝城防遗迹。

重庆科技馆 展览馆

（见124页地图；文星门街7号；凭身份证免费；⏲9:30~17:00，周一休馆；Ⓜ大剧院3出口）在重庆，建筑、军工、航天和汽车等科技相关产业都可圈可点，也值得带孩子来这座有趣的科技馆逛逛。展馆分A、B两区，A区的生活科技、防灾科技、宇航科技等展厅有许多互动式展台，可动手完成实验体验一番。B区以汽车为主题，未来概念汽车和模拟驾驶展台最受孩子们欢迎。从大剧院外沿公路向上步行约5分钟可达。

江北嘴中央商务区中央公园 公园

（见124页地图；桂花街近汇川门路；免费；Ⓜ大剧院3出口）与错落复杂的渝中半岛截然不同，对标陆家嘴的江北嘴有着成熟的市政中心规划，剧院、科技馆与中央公园相连成片。从科技馆B区门前爬上楼梯就进入了这座摩登的开放式公园，除了绿植草坪，公园内还有数座历史建筑。哥特式基督教**福音堂**门前总有拍婚纱照的情侣，北面的天主教**德肋撒堂**因为修建重庆大剧院而迁建至此，周日有礼拜和弥撒活动，德肋撒堂后身的中式院落**测候亭**是西南最早的官办气象观测站旧址，目前不对外开放。此外，桂花街西侧的

重庆版“二十四城记”

罗唯嘉

与如今我们所熟悉的“小镇青年涌入一线城市就业”的流向不同，新中国历史上曾有过两次大规模的“反向”人口流动。一次是知青上山下乡，百万城市青年响应号召奔赴祖国边疆，客观缓解了当时城市的就业压力；另一次就是以战备为目的的“三线建设”。

20世纪60年代初，正在经历三年困难时期的中国民生亟待恢复，国际环境也异常艰难。在中国北方，苏联撤走援助专家，在边境陈兵百万；西南方向，中印边界之间发生军事冲突；东南沿海，蒋氏政权积极实行反攻大陆计划。不久后的1964年，美国开始进攻越南民主共和国，“越战”升级。

面对巨大的战争威胁，毛泽东等中国领导人将第三个五年计划由解决吃穿住为中心的恢复性计划，调整为以战备为中心的“三线建设”。从地域划分上看，沿海和边疆地区

左图：特园中的纪念碑；上图：牛角沱嘉陵江大桥。左图：©秃头法师/图虫创意；上图：©KYLE欧阳/图虫创意。

被划为一线，云、贵、川和陕、甘、宁、青等地区被划为三线，其他地区称为二线，"三线建设"主要是指将一线地区的重要工厂和重点高校、科研院所，全部或部分搬迁到三线地区。重庆的三线项目主要从北京、上海、辽宁、广东等地迁入。

"三线建设"根据"分散、靠山、隐蔽"的原则进行工厂选址，并根据本地的资源区位确定各自的职能，重庆被确定为常规兵器工业基地，同时重庆至万县的长江沿岸被作为造船工业基地。1967年底，重庆建成了望江机器厂、空气压缩机厂、江陵机器厂、嘉陵机器厂等一大批军工企业，客观上促成了重庆现代工业体系的形成，但对于重工业以及军工产业的过度重视，也为"文革"期间重庆大规模使用武器埋下伏笔。1967年7月，重庆数个军械库被打开，大量武器装备如坦克、装甲车、登陆艇、榴弹炮、高射机枪等都被投入使用，这在全国都十分罕见，造成了巨大的人员伤亡和财产损失。嘉陵江畔，1945年"国共和谈"中曾接待过大量民主人士的"特园"的主体建筑也在当时被毁。2020年，已经改为中国民主党派历史陈列馆（见71页）的特园入选第三批国家级抗战纪念设施、遗址名录，成为在重庆了解各大民主党派历史和现况的一个窗口。

如今，想要在重庆追索这段斑驳的历史已殊为不易。"三线建设"曾使得重庆的产业布局陷入长期失衡的局面。改革开放后，大批企业面临转型的巨大挑战。但客观上讲，重庆的交通设施在那时得到了改善。长江、嘉陵江及其支流上先后建成了牛角沱嘉陵江大桥、合川涪江大桥、北碚朝阳嘉陵江大桥和石板坡长江大桥，其中，重庆嘉陵江大桥（牛角沱嘉陵江大桥）是重庆主城区首座城市大桥，石板坡长江大桥则是中国桥梁专家茅以升设计的最后一座特大型桥梁，这两座大桥极大地改善了从渝中半岛通往江北、南岸的交通状况，也成为山城美丽

← 夜景的重要组成部分。而斗争中的许多死难者，都被安葬于今天沙坪坝公园后的墓园中。如今，疯狂的岁月早已远去，但一刻不停的长江和嘉陵江水或许也无法洗去生者的记忆。

公园内还有一处**明玉珍皇帝陵陈列馆**（免费；9:00~17:30，周一闭馆），展馆依托元末地方起义军政权“大夏国”（1362~1371年）领袖明玉珍的睿陵遗迹而建，流离至古高丽的韩国明氏的后人也会来祭拜。

龙兴古镇　古镇

（龙兴镇回龙路南龙门；免费；24小时）在距离中心城区较远的渝北区还能找到巴渝古镇的影子，这处明清时形成的集镇过去是重庆周边重要的陆运“旱码头”。如今修缮一新的老街上有刘家大院和龙藏宫等老建筑，作为展馆开放的看点都收取5元门票。新修的仿古街则是影视剧取景的热门地点，也适合拍照。

古镇距离渝中区35公里，从主城区乘公共交通需在双凤桥汽车站乘坐前往龙兴的班车（10元；7:00~18:30滚动发车；1小时），更适合自驾。此外古镇往东5公里是**两江国际影视城**（8:00~17:30；门票40元），这里的民国街上复原了建国银行等已被拆除的渝中老建筑，自驾可一线游玩。

九龙坡

九龙坡在南面与南岸隔长江相望，因地势更为平坦而呈现出另一种城市氛围。黄桷坪的艺术气息是最吸引游人前往的理由，江边的铁路和旧工厂又给这里增加了冷峻的工业特质。

轨道交通2号线的杨家坪站在九龙坡商业中心区，从这里可换乘223路等公交至黄桷坪，另可考虑从菜园坝火车站赶火车到黄桷坪（见152页方框“绿皮火车之旅”）。

四川美术学院老校区　校区

（见124页地图；黄桷坪正街108号；免费；223路黄桷坪）四川美术学院给黄桷坪正街带来了艺术气息和书卷气。校内的**重庆当代美术馆**不定时举办临时展览，历史建筑**红楼**在我们调研时正在被改建为校史馆。校区本身也是一处露天的雕塑展览馆，道路两旁梧桐和银杏枝叶茂盛，草地里展示有许多雕塑作品，其中不乏历届学生的获奖之作。

调研时川美因防疫封校，在解除封校的正常情况下可入内参观。也可至沙坪坝虎溪新校区参观大而美的**四川美术学院美术馆**（见108页）。

黄桷坪涂鸦一条街　街区

（见124页地图）川美东门外的黄桷坪正街又被称为“涂鸦一条街”，街边的建筑外立面都涂满了天马行空的涂鸦装饰画，这些作品在2007年由川美学生和周边居民一起完成。在我们调研时，涂鸦的颜色随着时间推移而略显黯淡，不过达达主义竞技场一般的“粉丝表白墙”新出现在了这条街上。附近的美术用品商店会出售“游客专用涂鸦颜料”，但请留意不要在涂鸦体验区之外留下大作。

黄桷坪正街沿线还有**坦克库**、**501艺术基地**和**川美老教授美术馆**等艺术工作室或画廊，可顺道找找看。

北碚

远离渝中半岛，嘉陵江边的北碚有着缓慢的生活节奏，以及让人放松的山水温泉。其实在20世纪30年代，这座小城因乡村建设实验已经成为一个现代城市的迷你范本。陪都时代复旦大学西迁至江北夏坝，再加上卢作孚创建的中国西部科学院，北碚一度成为文人云集的文化重镇。这些历史遗产至今仍在影响北碚，你也可以在一日旅行中慢慢发现。

从渝中半岛乘轨道交通6号线至北碚的车程约1.5小时，沿线的状元碑、西南大学和北碚等站点对旅行者都有帮助。

卢作孚纪念馆　纪念馆

（见122页地图；文星湾一巷1-33号；凭

身份证免费；⌚9:00~16:30，周一休馆）民国时从川江波涛中走出了许多传奇人物，卢作孚便是其中的一位，把他称为“近代北碚之父”并不过誉。这位民国船王不仅曾提供船队指挥工厂从宜昌撤退至重庆，也在距离其家乡合川不远的北碚进行了一场中国乡村城市化的实验建设。

嘉陵江在北碚有小三峡，民国初年军阀混战，导致这一带水陆路常受袍哥滋扰，1920年开始，北碚组建峡防局以训练民团巡水道防匪患，1927年，卢作孚出任峡防局局长后开始着手建设北碚。这座纪念馆内收藏了民生公司船锚等历史文物，对乡村建设感兴趣的话，可以翻阅电子屏上的资料，一窥那些理想主义的美丽浪花。在展馆门前的观景台可眺望北面嘉陵江中形似鱼背的白色碚石，“北碚”便因此而得名。

从轨道交通北碚站4-5出口顺静宁路往北再转入北京路，步行约1公里到江边即可看到小山顶的纪念馆。

中国西部科学院旧址陈列馆 博物馆

（文星湾42号；凭身份证免费；⌚9:00~17:00，周一休馆）这里现为重庆自然博物馆的分馆，拥有近百年历史的惠宇楼内设有科学强国和乡村建设两个展厅，门前的地磁测点碑为纪念科学院在抗战时测定而立。从卢作孚纪念馆入口往西穿过文星湾隧道继续步行1分钟，爬上梯坎即到。

重庆自然博物馆 博物馆

（见95页地图；微信公众号：zrg_cq；金华路398号；凭身份证免费；⌚9:00~17:00，周一休馆）这座高规格的现代化博物馆使用动植物标本和场景模拟等方式，向大小访客们讲解地球奥秘、生命激流、恐龙世界和生态家园等自然科学话题。馆中多数野生动物标本由美国慈善家肯尼斯·贝林先生捐赠，动物星球厅也因此而命名为贝林厅。此外，自然博物馆在周末和节日还会在中庭举办各种互动科普活动，可通过微信公众号查询并预约。

在轨道交通北碚站或状元碑站换乘560路公交至自然博物馆即到，附近还有北碚博物馆可顺道一看。

另辟蹊径

红鼎国际：重庆的重庆大厦

你可能已经了解到，**红鼎国际**（见124页地图）是一栋包罗万象的神奇大厦。值得去逛逛这处“垂直商业街”：数百家小商户从下往上整齐排列在由公寓改建因而租金更低的商铺内，生意欣欣向荣；到达的路曲折回转，在大厦内探路的乐趣可能高过购物本身。

楼中的商业生态看似杂乱无章其实暗含规律，A座内有两座让恐高患者难以靠近的天井，站在围栏旁能窥见各层的生动场景如电影般展开，天井通风，所以楼内可以经营餐饮，不少私房菜正是从这里走出后开创一番天地。C座四角几乎都是天台吧，下午茶、服装体验馆和按摩美甲等店铺散落楼道间。B座相对冷清一些，聚集了酒店公寓。

找到入口是首个挑战。A座入口在邻近3号线观音桥站5号口的建北一街，B座的标志是江北好吃街，C座入口在东环路西侧，与另两座隔开。从地面绕行的路很复杂，不过三座楼貌合神离，8楼的平台是其中的任意门，可穿过带水池的花园快速来到另一座。

楼内电梯设置也很魔幻，A座高层电梯和低层电梯可在28楼换乘，C座只能从24楼或25楼步行一层后再换乘。周末节假日时电梯口排起长龙，人稍少时可能会遇到忙碌的外卖员请你按住开门键，等他们送餐去去就来。也有外卖员就在楼内接单派送，不过从A座送货到B座可没有地图规划路线那么简单。

缙云山 公园

（见122页地图；缙云路27号；门票12

元；⌚9:00~17:00）一系列平行岭谷由北向南贯穿整个重庆，北碚城区西侧的缙云山是其中的一簇碧绿峰群。九座山峰中最高峰狮子峰景色最为壮观，香炉峰下有相思崖，附近的清幽古寺缙云寺内主奉迦叶古佛。如果专为爬山而来，还可从山脚下的登山大梯一路攀爬经过白云观抵达景区大门，再继续攀登狮子峰，有时间和体力也可在一天内挑战九峰八池。此外，缙云山脚下嘉陵江边的金刚碑老街在我们调研时正在被开发改造为景区，待你前往时若已开放可一并游玩。

在轨道交通北碚站旁的公交车站乘520路公交至终点即到，车程约1小时。也可乘510路或518路至缙云山索道站下车，再换乘索道（上行30元，下行20元，往返40元；8:30~16:00）上山。自驾则可把车停在山门附近的停车场（10元）。

老舍故居　　纪念馆

（天生新村67号；凭身份证免费；⌚9:00~17:00，周一休馆；Ⓜ北碚站4-2出口）作家老舍在1938年至1945年西迁寓居重庆，当年他正是在这座小院里完成了《四世同堂》的前两部，故居现在作为四世同堂纪念馆开放。

从轨道交通北碚站旁的商场门前往西上楼梯即到。距此不远的西南大学东北角还有**吴宓故居**和**梁实秋故居**，待你到访时大学或已解除封校，可以入内一探。

偏岩古镇　　古镇

（偏岩镇迎宾街；免费；⌚24小时）如果你有闲暇去寻访老街，偏居于黑水滩河边的偏岩古镇因远离市区而保有宁静古意。古街依山傍水而建，清朝时期因物资集散而兴，镇中心有木质古建筑禹王庙与戏台，每年春节会上演传统川剧。河岸边生长着古老的黄桷树，树荫如盖，掩映着河边的吊脚楼，三座石板桥架在河上连接两岸，当地人常在河滩上乘凉和洗衣，美院学生也喜欢到这里来写生。

古镇在北碚城区往北40公里，公共交通不太便利，需在北碚公运车站乘962路至台农

陪都往事

张世秋

从1937年至1946年，重庆作为中华民国陪都履行战时首都职责。有别于民间戏说中灯红酒绿偏安一隅的"陪都"形象，作为当时中国的行政中心，重庆为抗日战争的最终胜利做出了极大的贡献和牺牲。

1931年9月东北沦陷，次年1月的上海事变又给南京拉响警报，随后国民政府开始计划将政治与军事部门迁往战时首都，以做长期抗战准备，洛阳、西安、武汉和成都等城市都曾是备选目的地，但以蒋介石为代表的政要最终选择了重庆。

自然地理带来的防御优势是重庆被选中的重要原因之一：山城地形利于修造防空洞应对空袭，川江航道可保证与长江下游重镇的交通，物产丰饶的川西坝子能提供生活物资，同时三峡在东面扼住长江天险，在一定程度上可阻挡日本海军舰队的进犯。

左图：中山四路街景；上图：望江厂。左图：©巴塞罗那/图虫创意；上图：©嗯哈哈哈哈/图虫创意。

从1891年开埠通商到1929年正式建市，重庆已发展出较为完备的商业网络和金融体系，并陆续建设了电厂和水厂等现代城市基础设施。1935年，川军混战的局面终于尘埃落定，新任四川省主席的军阀刘湘有主战并亲蒋的立场，这也为迁都重庆提供了政治基础。

1937年颁布《国民政府迁驻重庆宣言》后，中央军政机构陆续从南京迁至重庆，渝中半岛西侧成为行政机关的聚集地，其中国民政府行政院设在中山四路，立法院和司法院在中山一路，南岸区更隐蔽的南山因军事委员会入驻而成为正面战场的指挥中心。

因肩负着战时首都的重任，地处西南的重庆成为日军远程空袭的首要目标。据统计，1938年至1943年，日军对重庆进行了前后共218次轰炸，这些把非军事区列入袭击目标的无差别轰炸给重庆带来超过10,000人的伤亡，其中1941年6月5日的"较场口六五惨案"最惨痛，防空洞缺氧和踩踏造成了上千避难平民死亡。当时重庆尤其是渝中半岛遭到重创，但一幅照片记录下了重庆人坚韧不屈的精神：在残壁上，有人写下"愈炸愈强"四个大字。

作为大后方，重庆接纳和保存了长江中下游城镇的工业实力。1937年汉阳兵工厂沿川江撤退至九龙坡，并重组为兵工署第一工厂，1938年汉阳铁厂也撤退至大渡口并建立新厂投入生产。中华人民共和国成立后，这些西迁工厂为重庆发展成西部重要工业城市打下了基础。

高校师生也加入了迁移的行列，国立中央大学、国立交通大学、复旦大学和南开大学经济研究所等30余所院校陆续迁至重庆周边，沙坪坝、北碚夏坝和江津白沙坝成为大后方的文化重镇。众多文化人来到重庆并给这里带来了文艺活力，郭沫若、夏衍、曹禺等剧作家积极创作抗战话剧，老舍在北碚小院里完成了《四世同堂》的部分书稿，徐悲鸿笔下的《巴人汲水图》则记录下了山城曾经的饮水之不易。

不要错过

在黄桷坪寻找书香

国立交通大学的南迁给长江边的黄桷坪带来了书香文韵的传统，四川美术学院又给这里增添了艺术的风骨气韵。如今在这片老街区仍能找到可贵的非营利书店，它们欢迎所有爱读书的人。

长江边废弃铁路旁的**军哥书屋**（龙吟路铁路四村；⏰8:30~21:00）更像一座露天茶馆，天气晴好时，新老朋友们坐在路边或院里喝坝坝茶（5元）聊天，也有打卡者追寻偶像而专门来喝瓶天府可乐。小屋内墙面上装饰了重庆各地的门牌，还有不少书籍供免费翻阅，此外，店主军哥还收藏了近5000张重庆地图。虽然这个片区面临拆迁，但我们希望在你前往时这个安逸的小院书屋仍然存在。找到龙吟路铁路三村16号附4号，走进右边的门洞一直往前再走2分钟即到。

川美附近的**喜玛拉雅书店**（邮电路近铁路中学；⏰9:00~22:00）被爱书人称为"重庆城市之光"，店主是四川美术学院的雕塑老师，他把一座20世纪80年代的冷冻库雕琢成了书店，并向所有想学习的人免费开放。如果你对川美历史或卢作孚生平感兴趣，和店主刘老师聊聊肯定会有收获。从黄桷坪正街上顺邮电路往西走，看到244路公交冻库站后，旁边电动门内那座马赛克装饰外墙的两层小楼就是书店所在。

园再换乘963路，全程耗时约3小时，因此更适合自驾。此外偏岩古镇到合川涞滩古镇约70公里，自驾可一线游玩。

活动

渝中半岛周边有山有水，可以爬山泡温泉。平坦的南滨路很适合骑行观景，不过在我们调研时，这条路上很难找到共享单车，在你前往时如果已有共享单车覆盖，沿江从海棠溪骑到弹子石是不错的路线。

北碚温泉　　温泉

（见122页地图）北碚嘉陵江小三峡中有"温汤峡"，江峡南岸在唐宋时已建有温泉寺，卢作孚主政北碚时在寺院旁修建了向平民开放的**北温泉**。不过在我们调研时，北温泉的出水口都在**重庆柏联温泉**（☎6822 6666；浴票348元）园区内，这里环境设施优良，价格较贵。在北碚站附近乘510路公交至北泉站即到。

江峡北岸的**二岩温泉**（免费；大沱口桃子林村）更有野趣，这里其实是江边用石头简单围出的温泉口，枯水期时就像"无边际江景温泉池"，汛期则会被江水淹没。到达方式比较周折，在北碚公交车站乘522路公交至大沱口，再沿张飞古道走1.3公里。

弹子石轮渡码头　　游船

（见124页地图；微信公众号：cqkl02；南滨路长嘉汇广场对面；船票5元；⏰8:00~17:30）在我们调研时，这座码头有观光轮渡分别发往朝天门和江北嘴，班次不算频繁，约2小时1班，不过乘船时可在江面上望朝天门，作为游船乘坐也别有趣味。

就餐

重庆许多知名餐饮字号已是连锁经营，在南岸南坪步行街、沙坪坝三峡广场、江北观音桥步行街和九龙坡杨家坪等各区商圈都有分店，这些分店通常都受到本地食客的欢迎。如果想寻找离热门景点稍远但性价比较高的餐馆，不妨前往这些商圈和连锁店。

南岸

林传宝面馆　　小吃¥

（见124页地图；上新街37号；人均20元；⏰6:00~20:30；Ⓜ上新街2出口）上新街众多家常小面馆中较为出色的一家，位置很好找，就在长江索道南站对面，赶早乘索道时不妨顺路来吃碗面。招牌的上五香牛肉面（25元）里的大块牛腱肉软烂入味，豌杂面（15元）里的糊辣壳也很过瘾。

国西部科学院旧址陈列馆。

四季羊肉馆 川菜¥

（见124页地图；海棠溪正街36号；人均30元；⏲9:00~21:00）海棠溪正街两侧有许多老居民楼，楼下餐馆大多是本地人喜欢的家常馆子，这家老字号羊肉馆便是其中一家，来份羊杂汤加爆炒羊肝，配上不限量的米饭吃到饱。到这里吃饭还可解锁一处隐藏打卡点：不远处海棠溪正街31-32号的筒子楼因为电影《少年的你》在此取景而名声大噪。

沙坪坝

淑芬掌中宝串串公司 川菜¥¥

（景和路青年文艺广场2-1号；人均60元；⏲11:00~23:00）这家重庆新生代串串店从江北九街起家，在全重庆和国内多个城市都开有分店，特色是在适合拍照的复古场景里吃香辣够味的串串。这家分店可作为参观川美美术馆后的就餐选择，餐馆对面的大学城商业街也有很多平价美味的餐饮。

颜氏双江清水鱼 川菜¥¥

（见124页地图；磁童路滨江民居，近磁器口南门；人均70元；⏲9:30~23:30；Ⓜ磁器口1出口）磁器口古镇南门众多餐饮店中的老字号，如果不想在古镇里吃千篇一律的鸡杂，不妨到这里吃鱼。店家以自家基地养殖的乌鱼而闻名，鱼现杀现烹，先端上来的清鱼汤鲜美顺口，精细刀工切出的剔刺鱼片涮后肉嫩且脆。喜欢吃辣可以选择一鱼两吃，不能吃辣就别往自调蘸料里加辣椒。

九龙坡

胡记蹄花汤 川菜¥

（见124页地图；黄桷坪正街5号附1号；人均40元；⏲10:30~20:30）川美附近的老牌家常小馆，已经营30余年，是一批又一批学生聚餐打牙祭的好地方。用葱花和黄豆提香的蹄花汤（60元）软烂入味，菜品分量很大，一只猪蹄一碗汤，配份青椒皮蛋（15元）足够2人分享。

梯坎豆花 小吃¥

（见124页地图；黄桷坪正街213附9号；人均10元；⏲11:00~21:00）这家豆花小店就在川美东门正对面的梯坎旁，老旧的环境透出老字号的底气。河水豆花（3元）是店家招牌，配上红油辣蘸料“调合”（3元）一起吃，不过瘾再加碗米饭（2元）或凉菜（2元），一份简单而丰盛的特色美食只需10块钱。

江北

九锅一堂（新世界店） 川菜¥¥

（见124页地图；观音桥步行街新世界百货5楼；人均60元；⏲11:00~21:30；Ⓜ观音桥1出口）这家连锁店主要经营重庆各县区的代表家常菜，从磁器口毛血旺、綦江回锅肉到江津花椒鸡，各处美味一顿就能尝遍。新世界百货内的创始店空间宽敞，环境也古色古香，就餐附送小菜。附近还有集合了各种美食的观音桥好吃街，就在红鼎国际B座1-3层。

凤鸣园 川菜¥¥

（见124页地图；建新北路65号，近龙湖新壹街；人均60元；⏲11:00~14:00，17:00~21:00；Ⓜ观音桥5出口）这家主营重庆江湖菜的老店已有30余年历史，众多明星也常来光顾。菜码都很大，招牌菜首选霸王鸡（58元），土鸡肉加干花椒、干海椒与姜末用烈油爆炒，微辣回香很下饭。

北碚

张豆花 川菜¥

（碚峡路80号，近北碚公园东门；人均40元；⏲7:00~20:30）北碚的老字号家常餐馆，在本地很有口碑。除了自家点的豆花（4元），也经营川味小炒和蒸菜，冬天还能吃到季节限定的泡椒羊肉（50元）。餐馆旁依山而建的北碚公园是中国较早的具有现代意义的市民公园之一，公园创建人卢作孚和弟弟卢子英的坟墓都在园中。

饮品

南岸生活区已形成了亲切平和的社区咖啡氛围，龙门浩老旧居民楼背后藏着农田，也

蹄花汤。

藏着新派咖啡店和小酒馆。江北高楼中能找到都市气息的咖啡馆和天台吧，九龙坡黄桷坪则有老式茶馆可打麻将摆龙门阵。

南岸

悟饮门 咖啡馆

（见124页地图；涂山路81号；⏲10:00~21:00；Ⓜ上新街2出口）一家看起来像老式茶馆的新派迷你咖啡馆，傍晚周边居民就在门前跳舞乘凉，很有社区气氛。天气晴好时可坐在凉棚下的蒲团上摇竹扇喝一杯盖碗奶咖（25元），或者试试用竹筷做搅棒的咖啡莫吉托（30元），再吃一口搭配的“听雨”柠檬片。

和山茶食店 茶馆

（见124页地图；涂山路71号负二层；人均50元；⏲12:30~20:00；Ⓜ上新街2出口）这家精致可人的小茶馆藏在居民楼的半地下层，淡棕色光线的空间里装饰着敦实的中式

Rayon Vert。

木桌椅，店内出售的明信片和陶器也很有质感。可以品尝灵感来自老君洞的赤龙糕，再透过一侧的小窗欣赏绿植葱郁的梯坎风光。找到涂山路71号的门牌后，进入单元楼下至负二楼即到，也可从上新街索道站对面写有"龙门浩"的楼梯口爬上来，再绕到单元楼门前。

Le Rayon Vert 咖啡馆

（见124页地图；弹子石谦泰路142号；美式咖啡30元；⏰10:00~20:00，周一店休）法国水师兵营主楼内现代白色空间配上露台里有丛林感的绿色植物，共同构成了这家时髦买手店兼咖啡馆的集合体。殖民地风格的木质百叶窗做背景，拍照很上镜，木楼梯扶手上的木雕装饰很有法式心思，二楼还有展台出售新锐设计师作品。

Lichee 咖啡馆

（见124页地图；弹子石谦泰路142号院内；美式咖啡38元；⏰10:00~20:00）享有法国水师兵营的庭院以及一楼中世纪地窖般的房间，天气晴好时坐在露天桌椅晒太阳喝咖啡很是惬意。这里有时会作为品牌发布会等晚宴场地而不对外营业，平时则提供法式早午餐（138元起）。

青雨 酒馆

（见124页地图；涂山路北段一天门；泡酒42元起/壶；⏰14:00~24:00；Ⓜ上新街2出口）一天门小巷中老屋改建的中式小酒馆，装饰的书法挂帘和木窗格很有江湖情调。年轻的店主经营自己泡制的应季水果甜酒，酒单用古诗句子拼成，可以从词句暗示来猜猜这款酒是用哪种水果制作的，店主也乐于向客人讲解推荐。找到涂山路94号附12号后，爬上前面的梯坎一路顺着标志往上走。

无寮咖啡 咖啡馆

（见124页地图；涂山路北段一天门；美

式咖啡28元；⏲14:00~22:00；Ⓜ上新街2出口）这家藏在一天门小巷最高处的咖啡馆拥有可观江景的露台座椅，室内空间很有清爽古意，出品的手冲咖啡和花式咖啡味道都不错。小店被老居民区里的一片农田环绕，晚上摸黑爬上山回望渝中半岛五彩灯火的体验非常不可思议。同样是从涂山路94号附12号旁的梯坎一路往上，走到头就能看到草庐一般的室外吧台。

江北

南之山书店·城市之丘 咖啡馆

（见124页地图；金沙门路56号财信广场4楼；美式咖啡30元；⏲10:00~22:00；Ⓜ大剧院4出口）南之山是重庆有名的书店集合体，最早的小森林店开在南山植物园附近的山中，也经营客房。江北嘴的城市之丘店是金融区高楼中的一片屋顶绿洲，这里的共享空间安静舒适，即使不想看书也可以在逛完江北嘴展馆后过来休息一下喝杯咖啡。

丽晶酒店两江吧 天台吧

（见124页地图；金沙门路66号丽晶酒店7楼；鸡尾酒98元起；⏲20:00至次日1:00；Ⓜ大剧院4出口）江北嘴金融区五星酒店中的奢华天台吧，拥有远眺洪崖洞以及渝中半岛错落城景的绝佳视角。除了鸡尾酒和红酒外，这里也有不少苏格兰或日本威士忌可选。账单需加收10%的服务费，非酒店住客单人最低消费180元。

九龙坡

交通茶馆 茶馆

（见124页地图；九龙坡区黄桷坪正街4号附6号；盖碗茶10元；⏲7:00~19:00）这座藏在黄桷坪正街旧楼中的茶馆可能是重庆最有江湖名望的老茶馆，最初是川美师生的休闲场所，后来因电影取景而名声大噪。进门后老旧粗糙的棚屋环境让人顿感跨回了20世纪80年代，除了拍照打卡的访客、拍摄视频的工作人员，茶馆内也总是坐满嗑瓜子、打牌、

交通茶馆。

抽烟和下象棋的本地人，周末和节假日时座位尤其紧张。

娱乐

"好耍"是重庆的城市性格之一。无论在江北、沙坪坝还是南岸，都能找到好玩好看的舞台剧或相声曲艺表演。

重庆大剧院 舞台剧

（见124页地图；☎6186 3166；微信公众号：cqdjy-xinxi；文华街2号；演出票40~680元；Ⓜ大剧院3-1出口）这座江北地标建筑（见109页）不只外观华丽，剧院内的舞台演出也精彩纷呈，从方言喜剧到悬疑推理剧再到音乐会，演出每周都不落空，票价也丰俭由人，可致电或通过公众号查询购票。

扯馆儿剧场 方言相声

（见124页地图；微信公众号：cheguaner；沙磁巷A区11栋2楼，近沙滨路；演出票100元起；Ⓜ磁器口1出口）这里是重庆本土戏剧团体"扯馆儿"嬉笑开麦的小剧场，演员很会讲老重庆段子，也常有川渝地区的戏剧团体来客串演出，具体场次可通过公众号查询。

龙门剧场 方言相声

（见124页地图；微信公众号：龙门剧场；东水门大桥东南角，龙门浩老街一号馆；演出票88元；Ⓜ上新街2出口）想要寻找老重庆的街坊娱乐项目，龙门浩老街内的龙门剧场是一个好选择。调研时有本土相声团体"逗乐坊"在剧场内表演方言相声，演出场次频繁，可通过公众号查询购票。

购物

在半岛周边能找到各有特色的手信，沙坪坝磁器口现炒火锅底料和麻花适合带走送朋友，九龙坡黄桷坪的小店里能淘到川美学生制作的明信片和小饰品。

精典书店 书店

（见124页地图；微信公众号：jd_book；南滨路80号，东原1891购物商场D区2楼；🕙10:00~22:00）这家重庆本土的文化书店就在南滨路长江边，乡邦文化书架上那些关于重庆的文史资料、影集和文学作品都值得翻看。设有自习室和阅读区，小咖啡馆（美式32元）享有江畔风景。店内宽敞的公共空间经常举办读书分享会等文化活动，可通过公众号了解信息。

时光里独立书店（大剧院店） 书店

（见124页地图；微信公众号：sgl11666；文华街2号，重庆大剧院1号门内；🕙10:30~21:30；Ⓜ大剧院3-1出口）重庆有名的文化书店之一，这家位于大剧院内的老店氛围安静，适合读书小坐。店内的书籍大部分都关于重庆文史和风物，这里也售卖自制文创纪念品如版画红包（10元3个）和拓印版梁平年画（28元）。书店也不定时举办文艺沙龙，可在公众号查询。

陈昌银麻花 特产

（见124页地图；磁器口正街北段；🕙9:00~22:00；Ⓜ磁器口1出口）除了香辣四溢的现炒火锅底料，麻花是磁器口的另一个著名特产。整个古镇里有十多家麻花专卖店姓陈，麻花价格都在20元/斤上下，有蜂蜜、麻辣、椒盐和海苔等多种口味。不过经验老到的出租车司机可能会提醒你，正街上那家排队最长的陈昌银才是最正宗的。当然你也可以试试其他家，不想排队就网购吧。

半岛周边索引地图

1 半岛周边

（见124页）

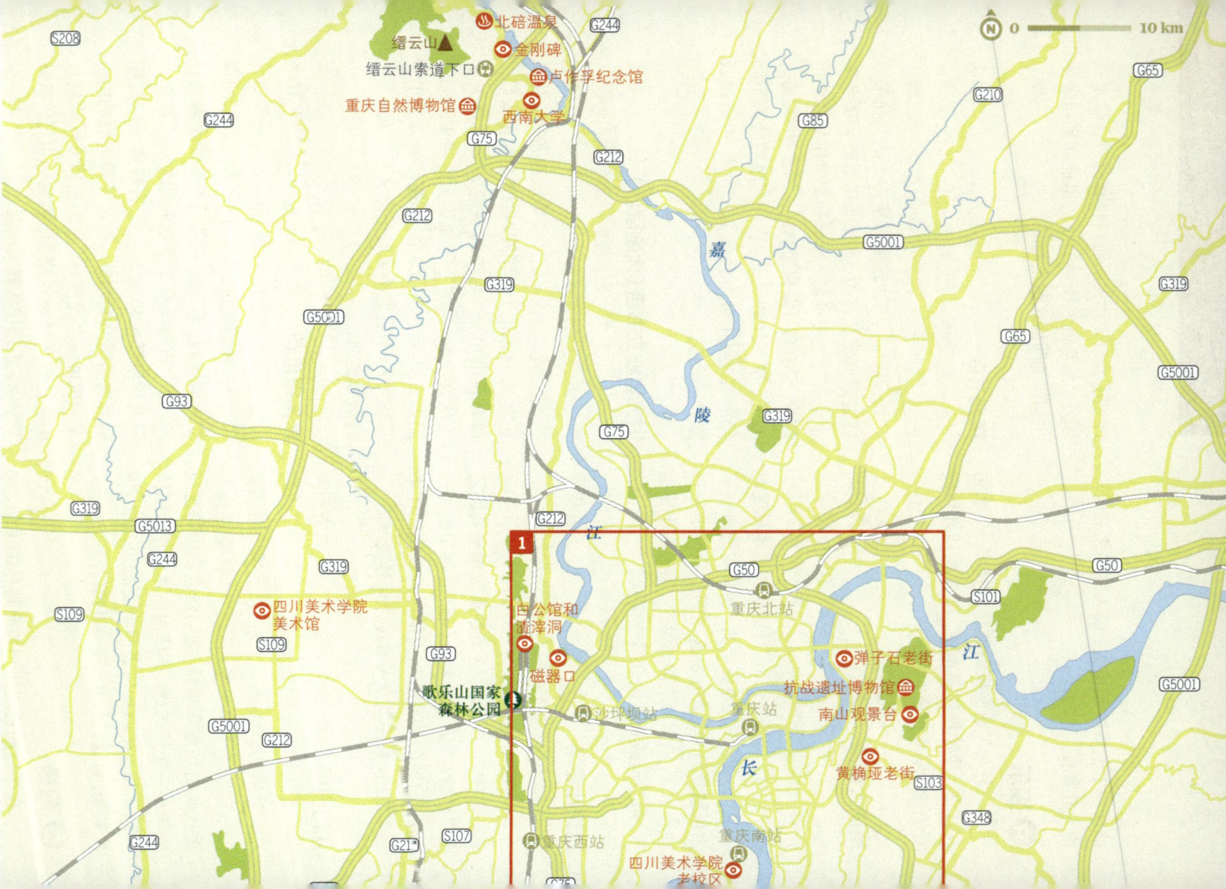

半岛周边

最佳景点

1 抗战遗址博物馆（民国官邸建筑群）......H4

景点

2 白公馆......A3
3 重庆大剧院......F3
重庆科技馆......（见18）
4 磁器口......B3
5 慈云寺......G3
6 弹子石摩崖大佛像......G2
7 法国水师兵营旧址......G3
歌乐山烈士陵园......（见10）
8 红鼎国际......E3
9 红岩魂陈列馆......A3
10 黄桷古道......G5
11 黄桷坪涂鸦一条街......E7
江北嘴中央商务区中央公园......（见18）
12 老君洞......G5
13 龙门浩老街......G4
14 南山植物园......H4
15 沙坪公园......B4
16 四川美术学院老校区......E7
17 原美术馆......G4
18 渣滓洞......A3

活动

19 重庆长江索道下站......G4
20 弹子石轮渡码头......G3

住宿

21 花筑·江畔咖啡客栈......B3
既下山SUNYATA......（见12）
22 丽晶酒店......F3
M酒店（南滨路店）......（见20）
23 沙磁时光酒店......B3
24 喜来登大酒店......F4

就餐

林传宝面馆......（见20）
25 凤鸣园......D3
26 胡记蹄花汤......E7
27 九锅一堂（新世界店）......E3
28 四季羊肉馆......G4
29 梯坎豆花......E7
30 颜氏双江清水鱼......B3

饮品

和山茶食店......（见20）
31 交通茶馆......E7
丽晶酒店两江吧......（见22）
32 南之山书店·城市之丘......F3
33 青雨......G4
无寮咖啡......（见33）
悟饮门......（见20）
Le Rayon Vert......（见6）
Lichee......（见6）

娱乐

扯馆儿剧场......（见23）
重庆大剧院......（见18）
龙门剧场......（见12）

购物

精典书店......（见16）
时光里独立书店（大剧院店）......（见18）
陈昌银麻花......（见4）

交通

34 重庆北站......E2
35 重庆南站......E6
36 重庆西站......A6
37 红旗河沟汽车站......D3
38 沙坪坝站......B4

A
B
C
D
1
2
3
4
5
6
7
至重庆自然博物馆(28km);
卢作孚纪念馆(32km);
缙云山(43km);偏岩古镇(54km)
大竹林
兰海高速
金开大道
星光大道
光电园
宏帆路
金通大道
北环立交
内环快速路
洪湖公园
民安大道
嘉
陵
江
双碑
双碑大桥
至四川美术学院
美术馆(16km)
童家桥正街
动步公园
郑家院子
体育公园
新南路
冉家坝
嘉州路
余松路
松牌路
红锦大道
南桥寺
石井坡
金龙路
大龙山
红旗河沟
18
21
4
23
红石路
37
花卉园
25
磁器口
磁童路
2
30
高家花园大桥
玉带山
松石大道
盘溪路
渝澳大道
红石路
鸿恩寺隧道
9
烈士墓
杨双路
重庆大学
沙坪坝正街
沙滨路
杨公桥
渝碚路
汉渝路
石门大桥
忠恕沱
北滨一路
梨杨路
沙坪坝
小龙坎新街
嘉华大桥
38
天陈路
14
小龙坎
红岩路
红岩村
梨树湾站
马家岩
佛图关
成渝环线高速
石小路
经纬大道
天马路
大坪
高滩岩正街
八里桥
石油路
高庙村
歇台子
大坪正街
凤天大道
重庆
图书馆
经纬大道
石小路
渝州路
石桥铺
袁家岗
陈家坪
凤鸣山
龙腾大道
奥体中心
谢家湾
石杨路
石新路
凤西路
上桥
谢家湾
银昆高速
彩云湖
石坪桥正街
科城路
科城路
直港大道
创业大道
蟠龙大道
蟠龙正街
杨家坪
二郎
杨家坪正街
36
火炬大道
重庆西站
内环快速路
华龙
动物园
大堰村
华玉路
华园路
马王场
锦龙路
华龙大道
迎宾大道
平安
西城大道
大渡口
钢花路
大渡口站

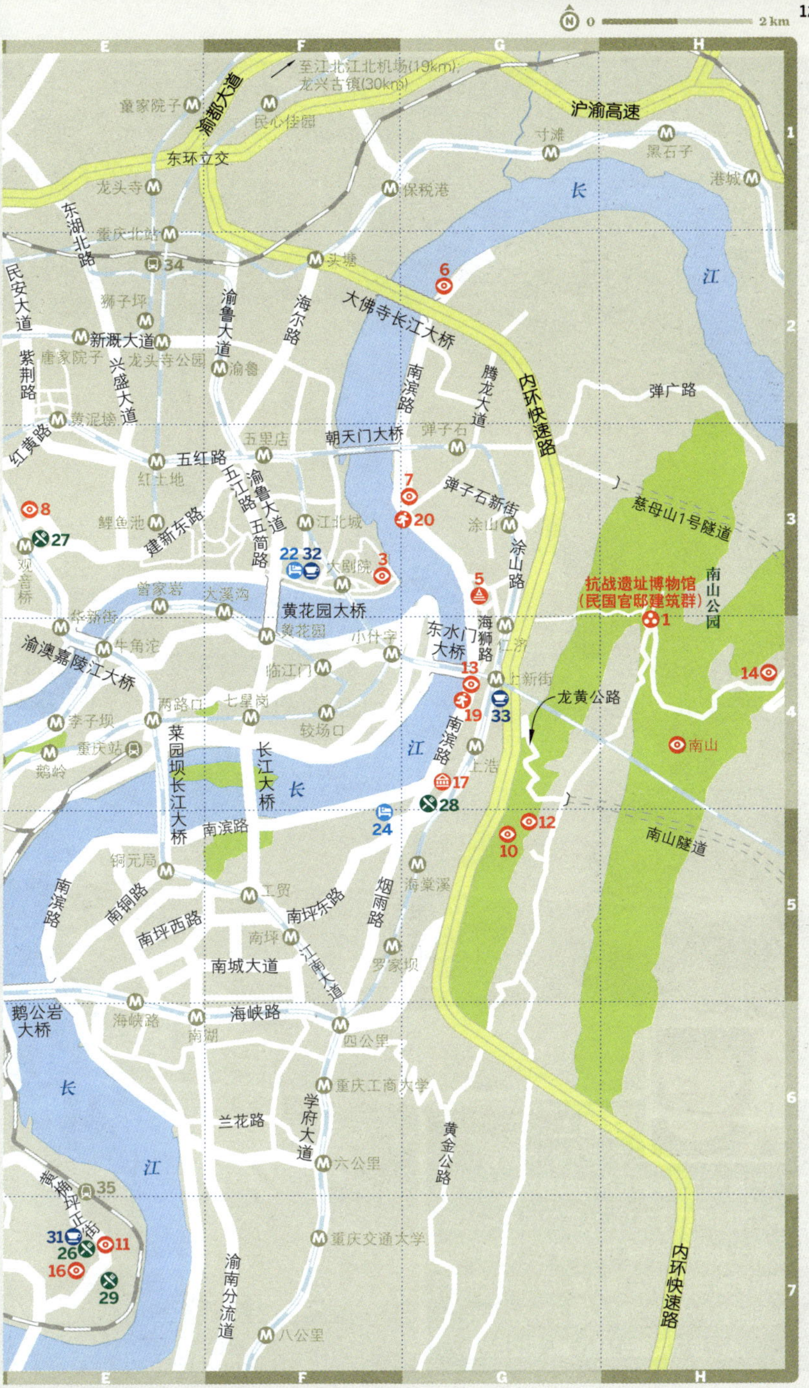

至江北江北机场(19km);
龙兴古镇(30km)
渝都大道
沪渝高速
东环立交
内环快速路
大佛寺长江大桥
朝天门大桥
黄花园大桥
东水门大桥
渝澳嘉陵江大桥
菜园坝长江大桥
长江大桥
鹅公岩大桥
抗战遗址博物馆
(民国官邸建筑群)
慈母山1号隧道
南山隧道
南山公园
龙黄公路
弹广路
南滨路
南坪东路
南坪西路
南城大道
海峡路
兰花路
学府大道
黄金公路
渝南分流道
黄桷坪正街
长
江

在路上

本书作者 张世秋

这片广大的县区很值得放慢脚步去探寻。如时间机缘凑巧，从菜园坝火车站乘绿皮火车到江津石门镇平等站。这段老成渝铁路沿长江铺设，窗外的农田、江上的大船和崖边的古寺石佛，都是安静的美景。

进一步了解我们的作者，见255页。

大足宝顶山石刻11号龛：卧佛像。

重庆市周边

重庆市周边

离开紧凑山城，前往开阔乡野，大足石刻可能是促使你游览重庆市周边的最大动力，但它并非唯一的亮点。从合川到潼南，再到大足、荣昌和江津，这些在西侧如卫星般守护主城的县区都藏着不少惊喜。

嘉陵江出川入渝，汇入长江前在重庆西北一路蜿蜒奔流，给合川钓鱼城加上了固若金汤的守御，并带领合州子弟走向更广大的天地。丰饶的丘陵盆地也把乐天精神赋予这片土地上的人们，你可能会从宝顶山石刻千年前的俗世纷繁画卷中感到热诚的力量，从涞滩古镇旁果园里的金色柑橘中尝到跳跃的甜蜜，也会从总是用方言问你吃不吃辣的"老板儿"的笑容里看见真挚的快乐。

☑精彩呈现

如果你有4天

第1天赶早从重庆出发，到达大足城区安顿好，下午去**北山石刻**（见142页）欣赏从晚唐到五代的造像，再爬一段山路拜见**多宝塔双佛**（见143页），晚上在大足城区品尝家常川菜。第2天早上去**宝顶山石刻**（见136页），大佛湾和周边其他看点够玩大半天。第3天前往合川再转至**钓鱼城**（见146页），咏叹历史的无常，晚上在合川城区过夜。第4天到丘陵农田中的**涞滩古镇**（见149页）游玩后返回重庆。

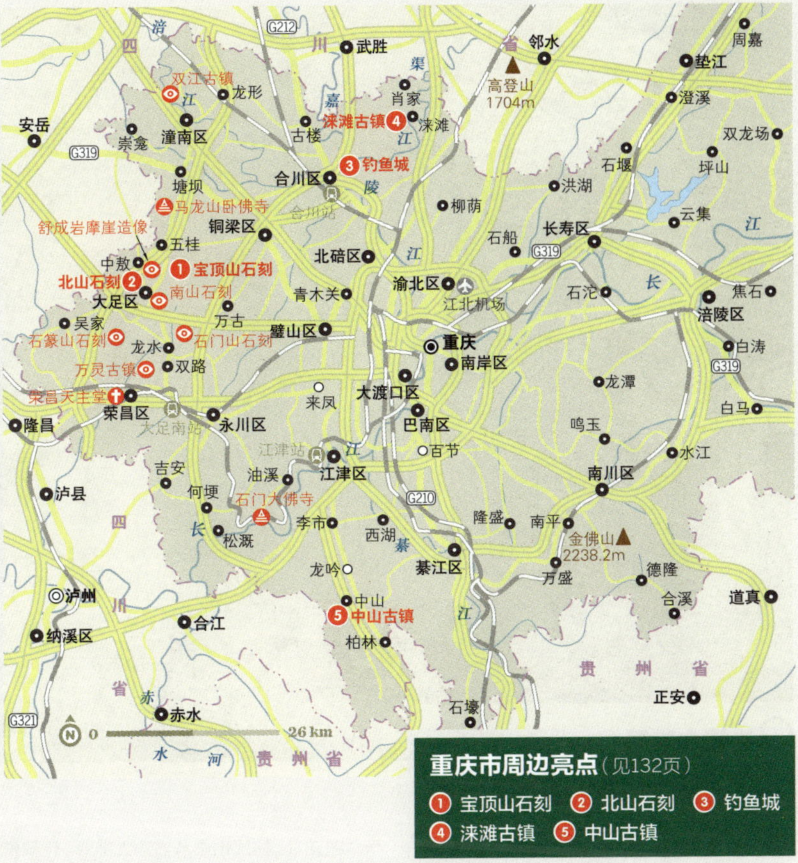

重庆市周边亮点（见132页）

① 宝顶山石刻 ② 北山石刻 ③ 钓鱼城
④ 涞滩古镇 ⑤ 中山古镇

要不要乘高铁？

重庆主城区有高铁发往大足，但如果你从渝中区出发，乘高铁未必会比坐客运班车快。因为高铁从重庆北站和重庆西站发出，从渝中到这两个车站都需约1小时，而高铁大足南站距离宝顶山石刻还有40公里。前往合川也有类似的问题，因此从菜园坝重庆客运站乘班车至大足或合川可能更省时省力。

继续前往安岳

欣赏大足石刻后如果还意犹未尽，完全可以从大足继续前往相邻的四川资阳安岳，去安岳石刻寻找与大足石刻一衣带水的共同点，并在对比中发现二者各自的独特精彩。大足汽车站有班车走246国道至安岳县城，安岳石刻就在半路的石羊镇上，从大足前往车程约1小时，通过微信公众号愉客行即可查询购票。

大足北山石刻5号龛：毗沙门天王龛。

©海峰/图虫创意

当地人推荐

大足石刻：我们身边最好的雕塑艺术馆

刘景活，雕塑家，喜玛拉雅书店主人。

最喜欢的大足石刻是哪一龛？

北山136号转轮经藏窟。这是北山规模最大的石窟，由河南颍川石刻匠人胥安所刻，被称为“大足石刻的王牌”。它的艺术价值在于体现了许多至今仍然值得借鉴的艺术规律。

136窟中央是蟠龙为基的八角形转轮经藏，中间莲瓣露盘上刻有40余个嬉戏儿童，立有八条龙柱，顶部刻画八方净土图像。经藏象征法轮常转，又在力学上构成全窟的支柱。窟内中央刻释迦坐莲台，头顶毫光分左右于窟顶贯穿全窟；左刻迦叶和净瓶观音，右刻阿难和大势至；左壁由内而外，为文殊菩萨、玉印观音、如意珠观音；右壁由内而外，为普贤菩萨、日月观音、数珠观音；入口左右立有金刚力士。

各组造像既可以独立成龛，又使全窟浑然一体。二十余躯造像都按人物性格塑造，不仅重视人物的外部特征，而且善于刻画人物的内心，既有丰富的人性，又不失“仙风道骨”的神韵。例如象奴，体魄健壮、气质粗犷，和普贤形成对比，狮奴则竖目环眼，和文殊形成对比。

大足石刻系统里其他石刻的闪光点？

北山是美术学院教学最常去的地方，有

北山石刻136号窟：转轮经藏窟。

唐、五代至宋的石窟，其中5号窟毗沙门天王和245号的观无量寿佛经变相都是晚唐精品。

南山15号龙洞以龙独立成窟，龙身全长7.12米；5号“三清古洞”中窟壁和柱面皆有造像，近五百躯，刻出了众道教神祇，等级明确，气氛威严而富有生机，再现了古代帝王将相的仪仗和尊卑序列，又有佛教极乐净土的痕迹。此外，南山留有众多碑碣铭文，是“书卷气”最浓的石刻区。

石门山以道教特色为主，2号玉皇大帝、7号独脚五通、10号三皇洞和11号东岳大帝龛都很精彩。石篆山造像则是典型的三教混合造像，宋代“三教合一”趋势明显，大足石刻提供了实物资料。

不要错过

最佳惊喜看点

➡ **大足石刻博物馆** 在这座专门的石刻博物馆内，近距离把石刻的精妙细节看个清楚真切。（见141页）

➡ **多宝塔双佛** 花点力气爬上山，就能直面双佛讲经时空中升起宝塔的震撼场景。（见143页）

➡ **石门大佛寺** 石刻观音像背靠山崖，面临长江，值得乘绿皮火车来寻找这份清静野寂之美。（见152页方框）

最佳古镇

➡ **涞滩古镇** 摩崖石刻和丘陵农田给这座古镇带来别样的精彩。（见149页）

➡ **中山古镇** 沿河修建的老街拥有慢悠悠的生活节奏，适合放松一下。（见152页）

➡ **万灵古镇** 古镇仍保留着明清时的街道格局，仍有本地人生活。（见145页方框）

最佳餐饮

➡ **交通中餐** 简单高效的家常川菜小馆，炒菜很见火候功夫。（见145页）

➡ **陈蹄花** 软糯酥烂的卤蹄花，美味满满一大盘。（见150页）

➡ **荫米锅巴** 涞滩特色小吃，用半发酵糯米做成，口感酥脆香甜。（见149页）

1

重庆市周边亮点

❶宝顶山石刻

开凿于南宋末年的宝顶山石刻是大足石刻当之无愧的珍藏瑰宝，这里的大型石刻因僧人赵智凤发愿而造，又因赵智凤的离世以及战乱而止。很值得站在大佛湾中的石刻面前参悟佛法，或者窥视南宋人的生活。

❷北山石刻

北山石刻开凿于晚唐时，开窟时间要早于宝顶山大佛湾。比起大佛湾造像的通俗易懂，这里的石刻主题更贴近佛教经典，而且游人要少得多。在石窟长廊中穿行而过，即可一路欣赏到从晚唐到五代再至宋时的众多佛教形象，其中观音造像最为灵动精彩。

❸钓鱼城

今天的钓鱼城只是合川城边被江水三面围绕的一座古城遗址，然而从历史的无常走向来审视古代中国甚至整个亚欧大陆，这座山地小城就有了让史家感叹的传奇色彩。当你漫步在易守难攻的一字墙边，或许能窥见历史风云的诡谲无常。

❹涞滩古镇

这座依山傍水的古镇原名涞滩寨，标志性的寨墙在清末由民间修筑以防盗抢。小镇适合慢慢逛，可从主街漫步到文昌宫细看戏台的木雕装饰，去二佛寺欣赏唐宋佛教石刻，还可顺着田间小路一直走到渠江边。

©视觉中国

©登临意视觉工坊/图虫创意

左图：宝顶山石刻30号龛：牧牛图；
右图：宝顶山石刻8号龛：千手观音。

行前参考

➡ 借助公共交通即可游览重庆市周边的大部分亮点，自驾则能灵活安排线路，串起那些较为分散的有趣看点。

❺中山古镇

这里自古是重庆南部的水陆码头，明清时的物资交易沟通了四川、贵州乃至江西等地。如今古街上仍有当地人居住，上了年纪的手工匠人用不徐不疾的节奏编织竹器。你可以坐在河边茶馆里一边喝盖碗茶，一边听水声、晒太阳。

北山石刻 9 号龛：千手观音龛。

合川钓鱼城。

涞滩古镇。

中山古镇。

中山古镇。

★ 最佳景点

大足宝顶山石刻

作为规模最大的南方石刻群，大足石刻是中国石窟艺术史上的一颗明珠，也是你在重庆周边旅行时不可错过的一站。

普遍认为大足石刻与四川安岳石刻有着相近的源流，开凿于初唐高宗永徽年间（650~655年）的建角村尖山子摩崖造像是现今发现的大足地区最早的石刻，为大足石刻拉开了序幕。宝顶山石刻是大足石刻的巅峰之作，并且带着宿命般的戏剧性，这项宏大的工程在鼎盛时期戛然而止，为大足石刻画下了绝响一般的瑰丽尾痕。

目前这里向公众开放的石刻都集中在大佛湾，32龛体量巨大的石刻在这处U形山谷中共同围出一座石窟道场。常规的参观顺序是从21号龛柳本尊行化事迹顺时针开始，也可逆时针从"宝顶"二字题刻处开始。

需要留意：我们描述一龛石刻中的"左"和"右"是从石刻主像视角出发的相对位置，因此与你欣赏石刻时的左和右正好相反。

☎4378 5774；www.dzshike.com；宝顶镇大足石刻宝顶山景区内；门票100元（12月至次年2月）/115元（3月至11月）；⏲9:00~18:00，16:30停止入场。

大足205路宝顶山博物馆站或大足石刻旅游专线宝顶山石刻站。

亮点速览

➡ 在别有洞天的**圆觉洞**内寻找赵智凤像。

➡ 面对金碧辉煌的**千手观音**，细数其中的1007只手。

➡ 在**地狱变相**里发现南宋时人们纵酒的世俗欢乐。

大足宝顶山石刻。

张世秋 摄

经典造像

与大足地区其他石刻以及四川安岳石刻相比，**宝顶山大佛湾石刻**拥有更多设计复杂精妙的大型作品。

有巨大石狮守护门前的29号窟**圆觉洞**深12米，工匠在门顶凿出天窗，采光巧妙，光束打在跪于三身佛前的圆觉菩萨化身之上，这个细节表现出两侧分列的十二圆觉菩萨轮流问法的场景。5号龛**华严三圣像**高8.2米，三座主像有着顶天立地的恢宏气势，释迦牟尼双手结印，文殊与普贤皆托塔，三者的弧形衣袖线条利落华美，同时承担了受力支撑的作用。

大悲阁内的8号龛**千手观音**是大足石刻当之无愧的经典代表，工匠在88平方米的崖壁上雕刻出的观音确有1007只手，结印手势与所持法器都不尽相同，手掌中均有眼。经过了当代的精心修复，这座观音像如今有着灿烂金身。

山谷深处的11号龛**卧佛像**表现了释迦牟尼涅槃，整龛长32.5米，但没有完全雕刻出卧佛的躯体，而把膝盖以下的部分隐入婆罗双树后的崖壁中，用写意的手笔将佛在拘尸那揭罗城树下涅槃的故事虚化而无限地呈现出来。

18号龛**观无量寿佛经变相**的题材在大足石刻中多有表现，这一龛因雕凿在开阔壁面上而层次分明，构成一幅垂直展现西方极乐净土与三品九生的纷繁图卷。22号龛**十大明王像**题材罕见，其中四尊明王仅刻出粗坯便戛然而止，推测或与赵智凤离世或蒙古军队入川有关。

宝顶山石刻 17 号龛中的吹笛女细节。

张世秋 摄

俗世画卷

由于宝顶山石刻更多基于民间意愿和财力而开凿，这里石刻的特点之一在于用俗世生活来讲佛法教义。数组石刻如同连环画一般生动形象，构成了描摹当时社会风貌的画卷。

30号龛**牧牛图**由10幅雕像组成，牛象征了人皈依佛法前的倔强心性，牧牛则暗喻了修心进程。除却宗教意味来看，这幅图卷也记录了当时的农业生活场景，牛的倔强神态以及牧人相谈甚欢的表情都栩栩如生。此外，**牧牛图**和旁边的2号龛**护法神龛**中间的入口是大佛湾道场最早的山门，因此牧牛的情节从原山门开始顺时针展开。

15号龛**父母恩重经变相**着重展示父母恩以在佛经教义中植入儒家孝道，“十恩图”也是一组南宋父母育儿风情画。17号龛**大方便佛报恩经变相**从各方面表现了释迦牟尼的孝行，带有浓郁的儒家孝道思想，这是佛教在中国的本土化产物。其中左下角的“六师外道谤佛不孝”图中，外道六师拍板击鼓的场面反映出当时的奏乐方式，梳着北方民族发髻的吹笛女则佐证了当时的南北融合。

20号龛**地狱变相**群雕的左下角颇为精彩，这幅名为“截膝地狱”的雕像不同于旁侧其他主题为恶鬼施刑的地狱场景，而把重心放在刻画人物当街卖酒、劝人喝酒和醉酒失态，灵活展现出当时普通人饮酒作乐的昏乱情形。此龛下层的中间位置还刻有一处养鸡女，妇人开笼放鸡的身形以及鸡争食蚯蚓的细节都非常写实。

宝顶山石刻5号龛：华严三圣像。

张世秋 摄

宝顶山石刻3号龛：六道轮回图。

有趣细节

大佛湾的山岩间多有流水，这些动态的水也被运用在了石刻造景中。29号窟**圆觉洞**右壁所刻的龙身中藏有排水沟，下有托钵僧接水，水流再通过僧臂中的通道排往地下；**牧牛图**第9幅牛抬头饮溪水，雨后顺岩上排水沟流淌的水正好成为小溪；12号龛**九龙浴太子**直接让水参与到了构图中，雨后岩间排水构成龙头吐水为初生太子沐浴的景观。

3号龛**六道轮回图**中，转轮法王口含臂抱静止轮盘，而几处小像为轮盘增加了动的意象。巨轮左下角的妇人与猿猴代表"爱"，右下角文官和武吏代表"贪"，基座右下方还有一处"猫捕鼠"表现"求不得"。在佛教理论中，世俗生活中的爱欲、贪欲和求不得都是轮回的驱动力。

赵智凤的形象也多次出现在石刻中。**地狱变相**中的一处赵智凤立像最易找见，造像上方佛塔刻有"假使热铁轮，于我顶上旋，终不以此苦，退失菩提心"，这句偈语被认为是赵智凤述志之语。在圆觉洞正中壁上，赵智凤和柳本尊则作为三身佛的侍者分立左右。

柳本尊是唐末四川密宗的传法人，他的"十炼"苦修也是促成赵智凤在宝顶山开凿佛窟的动力之一。在27号龛**正觉像**的佛冠毫光中有一幅柳本尊造像，正好与山谷对面表现"十炼"的21号龛**柳本尊行化事迹**遥相呼应。

更多精彩

想在欣赏大足石刻之前做足功课，或者参观后意犹未尽，都不妨留出至少1小时来逛逛**大足石刻博物馆**（凭宝顶山石刻门票或联票免费参观；⏲9:30~17:00，周一休馆）。馆内1层布展最为丰富，用高清照片展示了众多石刻的精美细节，还有关于大佛湾千手观音修复工程的科普展览。此外，1层还展出了从大足地区收集的其他石刻文物，其中大量宋墓石刻表现的生活场景非常生动有趣，值得细看。

游览完宝顶山大佛湾后，可顺道拜访山谷上方的**圣寿寺**（免费；⏲9:30~17:00）。寺庙始建于南宋，现存格局为明清时重修，玉皇殿、大雄宝殿以及三世佛殿内的墙壁上还保留有当时的水墨彩画。寺院山门前的一侧平台可俯瞰大佛湾，另一侧圣迹池中的亭子里还有一双**大佛足印石刻**，足印长1.9米，推测与大佛湾石刻同期完成。寺院东北角是圣寿寺的古寺本尊殿遗址所在地，**小佛湾石刻**（见143页方框）就在其中。

大足石刻游览贴士

宝顶山和北山两处石刻相距15公里，**大足石刻旅游专线**（3元；6:30~18:30，约50分钟1班）沿一环北路穿过大足城区，连接了两处石刻之间的交通。宝顶山石刻站在游客中心南侧的停车场，步行到主要看点大佛湾还有1.5公里。游客中心北侧的礼敬桥有**观光车**（进景区5元，出景区10元）到大佛湾，中途在大足石刻博物馆经停。

前往宝顶山石刻更便宜省时的交通方式是在大足汽车站乘205路至宝顶山博物馆站，博物馆在景区中央，到大佛湾检票口只有500米。购买电子票即可直接进入大佛湾，也可先参观北山石刻并购买**大足石刻联票**（淡季120元，旺季140元，2日内有效），凭联票进入大佛湾。游完宝顶山石刻后，小佛湾门前的路通往景区北出口和电瓶车站，也可在北出口旁的宝顶派出所站乘205路返回大足城区，而无须乘观光车出景区到游客中心附近的北宋街再换乘旅游专线。

在我们调研时，北山石刻开放了**夜游专场**（☎4373 5811；门票同白天场；⏲夏季19:30~23:00，冬季19:00~23:00），在夜间欣赏光影中的石刻是美妙的体验，不过夜游可能会不定期暂停，出行前最好致电咨询，也建议结伴前往。

微信公众号**大足石刻**（dzskyjy）提供详尽的宝顶山石刻和北山石刻语音导览讲解，以及电子门票预订。

北山石刻133号龛：水月观音龛。

大足

宝顶山石刻并非到访大足的唯一理由，这处丰饶的平坝周围丘陵起伏，唐宋时民间的富足生活还滋养出其他精美的石刻，散落在四周的山崖上。从重庆主城区出发，大约2小时即可抵达大足，城边的北山石刻是大足石刻桂冠上的另一颗闪光宝石，为此完全值得你在吃喝美味的城区多住一晚。

除了宝顶山石刻和北山石刻以外，大足还有数处石刻都在大足石刻的体系中，这些石刻的开凿年代不尽相同，主题也丰富多彩，尤其是南山石刻、石门山石刻和石篆山石刻。在我们调研时，这三处石刻因为修复维护和防疫等原因暂时无法参观，待你前往时或将恢复开放，值得在旅行计划中为它们留点期待（见143页方框）。

景点

北山石刻 石刻

（☎4372 1274；大足城区北山路；门票50元（12月至次年2月）/70元（3月至11月）；⏰9:00~18:00，16:30停止入场）北山石刻又名龙岗山石刻，始刻于晚唐时。目前开放给游人参观的石刻都集中在佛湾的两条亭廊内，包含晚唐、五代、北宋和南宋不同时期的石刻共计290龛。第一条廊内都是唐末昌州刺史韦君靖开凿北山石刻的同期作品，第二条廊内则以刻于晚唐的**观无量寿经变相**为中心在两侧陆续开窟，因此两条廊内的石刻风格在细节上呈现出跳跃的变化和传承。

尤其值得留意的是由唐至宋这段时期内观音形象的转变：9号龛**千手千眼观音经变**的观音身形庄严威武；113号龛**水月观音**线条流畅温柔；125号龛**数珠手观音**微笑含情身形婀娜，被冠以"媚态观音"的美称；136号窟**轮转经藏**左右壁上4尊观音衣饰华丽，面容和形态都不尽相同；180号龛**十三观音变相**的观音则是纤细修长的中性形象。

其他经典的造像还有入口处的1号龛**韦君靖像**，正是这位身着朝服的武官开创了北

宝塔双佛。

山佛湾石刻，造像旁的石碑记录了他开窟的背景，5号**毗沙门天王**主像是军队守护神，在造像时也把唐朝武将的戎装形象融入其中。此外，北山155号窟**孔雀明王**和245号龛**观无量寿佛经变相**两个主题在宝顶山大佛湾也有表现，不妨对比细节来欣赏。

从大足城区可乘大足石刻旅游专线或打车前往北山石刻，有闲暇且体力好的话，也可步行前往，北山路旁侧有约1公里长的登山步道通往景区，沿途景致不错，天气舒适时本地人沿路支出茶摊，聊天打牌享受生活。

多宝塔双佛　　石刻

（大足城区北山路北山石刻景区北塔坡顶；免费）除了佛湾石刻，北山中还散落有数处石刻，大部分石刻不易找到，但值得攀登15分钟山路去看山巅的多宝塔和双佛。

佛塔与双佛均在宋时修造，巨大岩石侧面刻有两座佛像均高约10米，端坐者为多宝佛，托钵者为释迦牟尼佛，岩顶的13层密檐楼阁塔即俗称北塔的多宝塔，塔内和塔身都有雕刻精美的菩萨、金刚、供养人和花纹装饰。在佛教经典中，多宝佛为《法华经》的赞叹者，释迦牟尼说《法华经》时有宝塔从地下涌出升空，多宝佛从塔中走出与释迦牟尼并坐。这里的两座石刻佛像与顶上的多宝塔共同表现出这个震撼的场景。

☑ 不要错过

这些石刻也值得期待

宝顶山小佛湾 就在宝顶山圣寿寺东北的圣寿寺本尊殿遗址内，是赵智凤组织开凿的另一处石窟道场，共编为9龛。其中毗卢庵为一处供僧人修行的石洞，洞内外壁上多处石刻的主题与大佛湾石刻有对应。小佛湾的修复工程预计在2023年完工，或将列入宝顶山景区通票内开放。

南山石刻 大足城南南山顶的南山石刻（门票5元）开凿于南宋，是一处道教石刻，共编为15龛。4号龛**后土三圣母**人物神情温和，衣带线条柔美，5号龛**三清古洞**颇为宏伟，中央柱面上刻出了众多神祇组成的道教体系，三壁面列有数百天尊。打车至停车场后沿一段青石板梯继续往上攀登即到山门售票处。

石门山石刻 始凿于北宋，位于大足东部的石马镇新胜村，共有16龛造像，主题释道相合。其中9号龛**诃梨帝母**与北山122龛主题相同，但雕刻出了更加世俗欢乐的家庭场景。到达方式见146页“当地交通”。

石篆山石刻 也始于北宋，共编为10龛。6号龛**孔子及十哲像**、7号龛**三身佛龛**和8号龛**老君龛**共同展现了这处石刻儒释道三教合一的亮点。石刻在大足西南的三驱镇佛会村，我们调研时无公交可达，更适合自驾。

在我们调研时，南山石刻因疫情防控暂不开放，石门山和石篆山暂未向公众开放，出行前可致电**大足石刻研究院**（☎4372 2268）咨询。

通向多宝塔的登山道入口在北山石刻游客中心停车场的东北角，也可游览完北山石刻后从出口正前方直接前往，一路都有指示牌。在我们调研时，参观多宝塔双佛无须门票，未来这里或被纳入北山石刻门票中。

舒成岩摩崖造像 石刻

（中敖镇三桥新村东北侧山腰）这处道教石刻开凿于南宋，共有5龛造像，主题分别为淑明皇后、玉皇大帝、财神、三清像以及玉帝出巡，都刻在同一块巨大岩石的立面上。我们调研时这里正在维护，对外开放时间未定，不过至少可以隔着仿古建筑的玻璃窗打望。

乘207路公交至中敖水厂站下车，从国道边的三桥新村北端小路往东，看到一条石板小路后顺着爬上山即到，也可向村民打听“半边庙”。

住宿

想要仔细欣赏宝顶山和北山两处石刻的话，需要在大足城区住上至少一晚。宏声广场周边是主要的商业区，很容易找到连锁酒店，周围就餐出行都方便。城东的五星大道沿线是大足的新城区，在昌州古城等片区有较新的酒店选择，但要是考虑出行方便，非自驾旅行者就不太有必要住到这里。

喆啡酒店（石刻宏声广场店） 连锁酒店¥

（8522 6999；www.jjcoffetels.com；大足城区二环北路中段331号；标双158元；）酒店房间不算崭新，但胜在宽敞明亮，淋浴和床品等细节也足够舒适。位置靠近北山，所以周边很安静，离市中心商业区也不远，便于就餐和出行。

开元观堂酒店 酒店¥¥

（8523 6666；宝顶镇北宋街9号；标双318元起；）就在旅游专线的宝顶山终点站旁，周围环境很安静，临湖一侧有湖景房。装饰有仿宋家具的房间宽敞舒适，

舒成岩摩崖造像所在的仿古建筑。

室外的园林空间也颇有古意。短板是周边餐饮选择不多，更适合自驾旅行者。

就餐

大足城区宏声广场周边有许多小吃和餐厅，二环北路东段上满是受本地人欢迎的大小餐馆。宝顶山景区游客中心南侧的停车场附近有些面向游人的餐馆，不过淡季不开放的可能性较大，更建议自带餐食。

交通中餐　　川菜¥

（大足城区龙中路262号；人均30元；⏲10:00~14:00，17:00~21:30）这家老字号原是交通局的食堂，每天在午餐和晚餐时间经营经典川菜家常小炒，爆炒腰花（35元）和鱼香肉丝（25元）都很美味。旁边的**交通面馆**（⏲5:30~15:00）在早餐和午餐时间提供各类面食（8元起），默认的调料里加了厚厚一层糊辣壳，也可事先告诉店家少辣或不辣。

味霸烧鸡乌鱼庄　　川菜¥¥

（二环北路东段37号；人均60元；⏲10:00~21:00）主打麻辣够味的乌鱼花，本地吃法喜欢加上面块或者粉条一起煮，也有芋儿鸡、板栗鸡和排骨肚等口味更清淡的汤锅可选。餐馆周边还有不少本地口碑不错的老字号，几步之外的**隆昌邱羊子**（⏲9:00~13:30，17:00~21:00；人均60元）每年只在11月至次年3月开门营业，主打冬日进补的羊肉羊杂，几乎每天都食客满门。

购物

大足石刻博物馆（见141页）1层有官方商店，出售的纪念品包括明信片（28元/套）和受欢迎的猫捕鼠图帆布包（48元），还有不少关于大足石刻的图书画册。

到达和离开

重庆北站和重庆西站均有高铁发往**大足南站**（邮亭镇南），票价分别为46.5元和38元，车程在30分钟左右，不过大足南站到大足城区还要坐1.5小时公交车。

> **另辟蹊径**
>
> ### 大足周边游
>
> 与大足相邻的潼南和荣昌有一些分散的看点，借助公共交通前往基本可行，但较为周折费时，自驾会更便利。
>
> 从大足往北走246国道至潼南城区，途经的卧佛镇西侧山中有**马龙山卧佛寺**（免费；⏲9:00~17:30），寺内的民国卧佛石刻胜在规模，总长36米。从卧佛镇到寺庙有5公里盘山路无公交接驳，最好自驾。
>
> 潼南城西**大佛寺**（门票30元；⏲8:30~17:30）的主要看点是高18米的石刻金佛像，以及3窟隋朝道教石刻，临江石壁上还刻有不少涪江历史水位线。继续往西5公里至**双江古镇**，这座由南北向正街和周边支巷组成的小镇在明清时因移民商贸而兴，正街上有湖北会馆禹王宫和杨氏民居等老宅院，均免费开放。
>
> 大足往南走310省道经过**万灵古镇**（入镇免费），这里四座寨门和部分寨墙尚算完整，主街保留了明清格局和一些老建筑，也仍有本地人居住。濑溪河边的船闸和古桥大荣桥值得一看，从艾粑和油果子里能找到湖广填川时的客家移民踪迹，时间充裕也可购票（单票10元，联票25元；⏲9:00~18:00）参观湖广会馆、赵氏宗祠和河对岸的影视基地。
>
> 到达荣昌城区后，别错过城西的**荣昌天主堂**（西大街84号；免费；⏲8:00~17:30），教堂在清末因余栋臣教案赔款而建，饰有中式花瓶砖雕的哥特钟楼和城堡式圆角楼都很别致。

菜园坝火车站旁的重庆汽车站可乘客运班车（43元；7:40~18:50，约2小时1班；2小时）前往大足汽车站，此外每日9:00还有1班车至宝顶山景区（60元；2.5小时，需中转经停）。

大足汽车站（☎4372 2038；双塔路218号）有班车至重庆汽车站（42.5元；6:30~15:40，约1.5小时1班；2小时），也有班车至荣昌（15.5元；6:20~16:50，约30分钟1班；1.5小时）、潼南（24.5元；7:25、8:50、10:30、13:20、14:50、17:50共6班；2小时）和合川（29元；7:50、11:20、14:00、17:10；2.5小时）等周边地区。

当地交通

大足公交城区线路票价1元，可用乘车码。出租车起价5元，2公里后每公里1.6元，从城区打车或网约车至北山或南山的价格都在10元以内，至宝顶山单程50元左右。

大足汽车站所在的十字路口有多条公交线路发往周边城镇，票价3元，约30分钟1班。对旅行者有帮助的线路包括：204路至邮亭镇的高铁大足南站，205路至宝顶山石刻，207路可至中敖镇的舒成岩造像，210路至石马镇的石门山石刻。

合川

从重庆两江汇合处往北回溯约70公里来到涪江、渠江汇入嘉陵江的地方，三川相合便是合川。历史上这里有过易守难攻的兵防城池，也有过繁忙便捷的水道交通，被誉为“上帝折鞭处”的钓鱼城讲述了千年传奇，指挥“宜昌大撤退”的民国船王卢作孚也从合川肖家镇走出。

如今的合川是重庆周边的一处悠闲小城，从重庆出发一日往返游览钓鱼城也能蜻蜓点水看到精华，多留一天到涞滩古镇，则能在寻访古迹时一窥巴渝丘陵的田园风光。在合川城区落脚时，不妨去涪江北岸的文华街芭蕉院寻访卢作孚故居，或到南岸边看看清末修建的十三层文峰塔。

景点

钓鱼城 遗址

（合川城区东北8公里，钓鱼城大道；门票60元；24小时）把时间退回到1259年，命运掷下的骰子落在了小城的墙围之外，势不可当的蒙古军队此时已经攻下大理国，率军入川的孛儿只斤·蒙哥却在围攻钓鱼城时身亡。无论这位蒙古大汗是死于疾病还是炮

钓鱼城之战真的改变了亚欧历史？

罗唯嘉

奥地利作家史蒂芬·茨威格的著作《人类群星闪耀时》记录着影响人类历史进程的14个重大瞬间，在他的笔下，惊天动地的历史进程往往由一个不经意的事件引发，恰似大洋彼岸蝴蝶扇动的翅膀。700多年前，在今天重庆市合江区嘉陵江南岸的一场战争，也被许多人认为改变了亚欧历史，甚至重新定义了世界格局，这就是有名的“钓鱼城之战”。

1258年，蒙古第四任大汗孛儿只斤·蒙哥御驾亲征，率大军攻宋，选择以巴蜀为突破口，再从长江上游往下，意图一举消灭南宋政权。不过，所向披靡的蒙古大军却在合州钓鱼城折戟。钓鱼城依山而建，嘉陵江、渠江和涪江在此交汇，地势险要，易守难攻。蒙古大军久攻不下，蒙哥却于1259年7月死于

左图：钓鱼城城墙遗址；上图：钓鱼城景区内的游人。左图：张世秋 摄；上图：©中庸/图虫创意。

军中。关于蒙哥驾崩的原因说法不一，有说中箭的，有说被投石机重伤而亡的，也有病死、忧愤而死的说法，但无论如何，蒙哥驾崩引发了连锁反应。为了争夺突然空缺的汗位，在外征战的各大蒙古王公纷纷收兵赶回蒙古，参加推选大汗的集会忽里台。其中率领征宋东路军的忽必烈引军北还，使得危在旦夕的南宋政权得以苟延残喘十几年。而率领十万大军西征的旭烈兀先后征服了木剌夷国（今伊朗马赞德兰）、阿拔斯王朝（今伊拉克巴格达）和叙利亚的阿尤布王朝，在转向北非进攻埃及马穆鲁克王朝时，得到兄长蒙哥的死讯，留下少量部队镇守叙利亚后匆忙东返。自此，蒙古军队的大规模西征即告结束。西欧、北非国家将钓鱼城称为“上帝折鞭处”，认为此战役将他们从蒙古的铁蹄中拯救出来。

看起来，钓鱼城之战真的改变了亚欧甚至非洲历史。但先别急着下结论，蒙哥的死的确直接中断了蒙古军队的征讨，但回溯蒙古历史，因大汗去世，诸侯停止西征转而争夺汗位的事早就发生过。1241年窝阔台去世，使得成吉思汗之孙拔都以及窝阔台长子贵由、拖雷长子蒙哥停止了进军维也纳的第二次西征，返回漠北参加推选大汗的忽里台大会。但窝阔台的死并没有终结蒙古人西征的步伐，后来又发生了蒙哥之弟旭烈兀主导的第三次西征。这说明，导致蒙古人最终停止西扩还有更深层的原因。

自1206年成吉思汗建立蒙古帝国后，最高统治权的交接一直没能得到很好的安排。蒙古大汗之位由铁木真一系的“黄金家族”传承，但领土分封模式更接近于部落家族内的权力分配，如成吉思汗将帝国东部分封给自己的叔叔、兄弟等，是为东道诸王；将西部的疆域分封给自己的儿子，是为西道诸王。诸王相对独立，有很大的自主权。另外，成吉思汗遵循蒙古人“幼子守家”的习俗，将自己主要的兵力和领地留给幼子托雷，实际上不利于权力交接。最后，➡

←成吉思汗又将大汗之位传给三子窝阔台，这就埋下了权力争夺的种子。经过数十年的明争暗斗，到托雷长子蒙哥这一代时，大汗之位从窝阔台一系转移到托雷一系。蒙哥死后，汗位的争夺在他的两个弟弟忽必烈和阿里不哥之间展开，经过四年内战，忽必烈才取得胜利。而在1262年，为争夺高加索地区的阿塞拜疆领地，成吉思汗长子术赤一系的别儿哥居然与埃及马穆鲁克王朝联合起来，与旭烈兀和基督教东罗马帝国的联盟发生了激烈的战争，这都表明蒙古帝国内部产生了严重的分化和对立。此后，忽必烈失去了对西道诸汗国的实际控制，旭烈兀致力于巩固伊儿汗国在波斯地区的统治，钦察汗国率军征战波兰、匈牙利诸国，但大都无功而返。在这种情况下，蒙古已经很难继续大规模西征了。表面上看，钓鱼城之战间接使得亚欧大陆的更多国家免遭铁蹄涂炭，而实际上，这或许是那个时代借战争的偶然展现出历史必然的一个小小巧合。

涞滩古镇的古城门。

伤，其兄弟间的继位争斗都改变了历史的流向：为了与阿里不哥争夺权力，已进入江淮地界的忽必烈赶回蒙古称汗，蒙古与南宋的攻防战因此被拉得更持久，旭烈兀麾下蒙古军队深入大陆的西征铁蹄也戛然而止，世界的格局因此而改变。而直到1279年元灭南宋后，钓鱼城中的军民才结束长达36年的困守，以“不杀城内一人”为代价开城投降。

如今钓鱼城内仍存的城门和城墙始筑于开始防御蒙古军队进攻的1243年，并在清朝时期维护重建。城南峭壁上的**一字城墙**、**飞檐洞**和**护国门**尤为险要，高处台地砂岩上的**九口锅遗址**则是中国现存最早的兵工厂遗址。巨树参天的**忠义祠**在明朝时为祭祀南宋守将王坚和张珏而建，如今收藏了城中发现的石碑和石雕佛像。相邻的护国寺始建于唐朝，如今仍存的建筑群是清朝时期重修的。**石照县衙**在守城时的县衙旧址上复建而成，这处县衙素有“南宋最后的一座县衙”之称。县衙后身的陈列厅内讲述了钓鱼城的传奇，穿出陈列厅则是当时练兵的**古校场**。

西南临江崖壁上的摩崖造像和题刻长廊也很值得一看，其中凿于晚唐的**悬空卧佛**雕刻颇为精美，除了古代文人墨客题字，退守陪都时的蒋介石、何应钦和白崇禧等人也在这里留下了表明抗战决心的题字。从**钓鱼台牌坊**前的石阶往下即是摩崖造像区，也可从护国门外的小路反走过来。

景区内校场旁的村子里有农家餐饮，飞檐洞上的小卖部提供简餐（豆花饭10元，荤菜40元），也可坐在小卖部门前的观江露台上喝盖碗茶（10元起）。

在合川城区乘929路（3元；约30分钟1班，回合川末班车在19:00前；30分钟）到钓鱼城路口站下车后走上坡的岔路，沿着这条公路走1公里缓坡即到景区东北口，沿途会路过残存的土地岩题刻。另有景区转运车从南水军码头旁的游客中心往返景区东北口（单程9元），此外，在我们调研时钓鱼城仍在进

滩古镇中的建筑。

行考古发掘和景区开发，在你前往时可能会开放更多入口。

涞滩古镇　古镇

（涞滩镇顺城街；免费；⏲24小时）涞滩古镇位于合川城区东北约45公里的渠江畔，古镇不大，最多2小时即可慢慢逛完。题有"众志成城"的西门是主寨门，门内有一座小瓮城，城门两侧还保留着清时修造的石城墙。城内主街顺城街上留存有一些木结构老屋，如今大多被辟为特产店和餐馆，一些屋宅也仍有本地人居住，回龙街通往寨北的**涞园**，这里在夏季有不错的荷塘景致。

走顺城街转到二佛巷可至涞滩古镇最有名的**二佛寺**（上殿免费，下殿门票20元；⏲9:00~17:00），上殿为大雄宝殿等现代重修的建筑群，下殿二佛殿始于晚唐，整座佛殿巧妙运用崖壁和巨石围出三面，中央有号称"蜀中第二佛"的释迦牟尼像，这座石刻漆金佛像通高12.5米。大佛像周边还有众多宋代摩崖石刻，其中禅宗六祖像线条流畅，诃梨帝母的形象雍容柔美。

出二佛巷转入顺城街往东南就是**文昌宫**，在我们调研时，这处仍保留清时正殿和戏楼的古建筑群正在维护中，暂停开放。待你前往时，或许能欣赏到古戏台外沿雕刻精美的三国戏曲故事木雕。如果还有时间和精力，也可穿出文昌宫旁的小寨门下至渠江边的下涞滩，这条石板梯道两旁都是农田和柑橘林，半路还有回看山顶文昌宫和二佛寺的开阔视角。在这条路上慢慢徒步欣赏巴渝丘陵田园风光，往返40分钟足矣。

古镇西门内的主街上有许多看菜点菜的家常菜馆，人均消费在50元左右，也可坐在文昌宫门口城墙上露天茶铺喝杯盖碗茶（10元起）。古门外的步行街上也有不少餐馆和小吃店，还有小摊现做现卖油炸茵米锅巴。天气晴好时，当地人就在街上晾晒茵米，这种阴干半发酵的糯米是涞滩的特产。西门外广场上在周末和2、5、8逢场天赶集，附近村民出售物美价廉的当地农产品，例如秋冬季节的柑橘和柚子。

城北的合川客运中心有班车发至涞滩（11元；7:05、9:10、10:10、13:15、14:40、16:05；1小时）。班车停在涞滩古镇西门外的步行街口，下车就能看见城门，回合川的末班车在16:00左右发车。

食宿

如需在合川城区住一晚，城北的合川客运中心附近有几家快捷酒店可选，房间较新，也便于早上赶班车去涞滩，但离中心城区稍有距离。或可考虑住在南岸的**柏曼酒店**（6428 6677；振兴路246号；标双188元起；），这家酒店在2020年开业，房间设施崭新舒适，距离合川汽车客运总站很近，周边居民区的饮食选择也更多。

合川城区的餐饮集中在涪江北岸的西市街附近，以及涪江南岸的南津街周边。城南的**陈蹄花**（南园路303号；人均50元；10:00~14:00，17:00~21:00）以软糯入味的招牌蹄花而知名，如今在重庆多个辖区都开设了分店。

到达和离开

重庆北站和重庆西站均有动车发往**合川站**（合川城南高阳路），票价分别为19.5元和20.5元，车程在30分钟左右。不过合川站距离城区还有4公里。

重庆多个汽车站有班车发往合川，对于在渝中半岛活动的旅行者，从菜园坝火车站旁的重庆汽车站至合川（29元；8:00~17:20，约1.5小时1班；2.5小时）最节省时间。时间较为紧凑的话也可在游完北碚之后，从6号线状元碑站2B口的北碚客运中心乘班车（17元；6:30~18:30滚动发车；1.5小时）继续北上合川。

合川城区主要有两个客运站，城南的**合川客运总站**（4272 5081；书院路187号）附近的下什字站有929路公交前往钓鱼城，城北的**合川客运中心**（4284 6800北环路2号）有班车发往涞滩。合川至大足的班车（29元；8:15、10:20、14:25、16:30；2.5小时）从客

智仁勇恒：民族航运实业家卢作孚

刘景活

卢作孚（1893年4月14日~1952年2月8日）是重庆合川人，他出身贫困而少年勤奋，童年艰辛的生活经历奠定了他为民造福的理念和决心。1910年，卢作孚加入同盟会，参加了四川保路运动。在上海时，商务印书馆出版人黄警顽把他介绍给黄炎培，上海之行让他萌生了“教育救国”的理念。1924年，卢作孚在成都创办了民众通俗教育馆。然而在翌年7月，这一现代集团生活的实验因军阀纷争而名存实亡。当时四川处于军阀割据的战乱中，他深感国家必须要有自己的经济基础，于是其思想由“教育就国”转变为“实业救国”。

1926年6月，卢作孚在重庆集资创办民生实业股份有限公司并出任总经理。到1949年时，这家公司已经成为当时最大的民营航

左图：中国西部科学院旧址陈列馆；上图：北碚“红楼”。左图：©杨玉诚/图虫创意；上图：©杨玉诚/图虫创意。

运公司。抗战前夕的一桩义举让民生公司名垂青史：1937年8月，卢作孚以国民政府交通部常务次长的身份亲自到武汉和宜昌等地指挥，把大量工厂的物资和人员抢运至后方，并把出川抗战的部队运往前线。此次行动对协助抗战意义重大，被誉为“中国实业界的敦刻尔克”。

“乡村建设”是卢作孚进行的另一项社会改革实验。20世纪20年代，为了改良农业生产方式，改善农民生活和提高文化素养，乡村建设运动在中国兴起，到30年代中期达到高潮。卢作孚主持了嘉陵江三峡乡村建设，这项建设在众多乡村建设实验中时间长且成就大。他成立了“天府煤矿股份有限公司”，主持修建了四川的第一条铁路——北川铁路，剿灭匪患并整顿峡防局，鼓励士兵学习技能，从经济、交通和社会秩序等多个方面，把北碚建成了一座现代意义的城镇。可以说卢作孚是民国时期乡村建设运动中提出“乡村现代化”并付诸实践的第一人，他主持的乡村建设虽立足峡谷，却没有让峡谷成为束缚其思想和行动的桎梏。在他的思想里，要“把三峡经营成一个灿烂美好的乐土，影响到周围的地方，逐渐都经营起来，都成为灿烂美好的乐土”。

卢作孚曾说过，“建设的第一桩事，就是把人建设起来”，在北碚，他的建设重心也落回了教育。兼善中学是他筹建的中国西部科学院中的第一项事业，这座学校最早的校舍于1932年在北碚平民公园建成，即如今的“红楼”。建校款项由卢作孚募集，全校师生利用业余时间从嘉陵江搬运鹅卵石参加基建劳动建起了校舍。兼善中学首任校长张博和从母校北京汇文中学的校训中提炼了兼善中学的校训“智仁勇恒”，也可以借用这个词来为卢作孚的灿烂人生做一个注解。除开物质层面的建设，卢作孚在对人的教育、素质和精神层面的建设都卓有成效，其带来的深远影响一直持续至今。

另辟蹊径

绿皮火车之旅

建成于1951年的成渝线上，如今还运行着越来越罕见的真正的绿皮火车。5611/5612次列车每日在重庆站和内江站之间往返开行，其中重庆站至朱杨溪站一段铁路顺着长江北岸延伸，乘客甚至可以打开车窗欣赏沿江的风景。

如果你时间充裕，很值得从重庆站乘坐这趟绿皮火车前往江津平等站（5元；约3小时），建造于乾隆年间的**石门大佛寺**（门票20元；⏲8:30~17:30）就在平等站东边的山崖上，与周边常见的释迦牟尼大佛不同，这里雕凿的是一座通高13.5米的观音造像。回程火车票需上车购买，也可至石门镇上的客运站乘坐班车（15元；末班车16:00；2小时）返回江津。

此外，这趟火车途经的重庆南站就在九龙坡黄桷坪四川美术学院老校区（见112页）附近，从重庆站过去只需10分钟车程。列车时刻经常会变动，出行时请以12306网站信息为准，另需留意，在长江汛期，这两班火车可能会停运。

运中心发出，约15分钟后经停客运总站。两个车站都有班车至重庆汽车站（菜园坝），末班分别是17:00和17:30。

当地交通

合川出租车起价6元，2公里后1.2元/公里，去往涞滩或钓鱼城一般不打表需议价，单程价格大约分别为100元和30元。

合川城区公交线路2元起，对旅行者有帮助的公交线路包括从城区去往钓鱼城的929路，以及连接客运中心、客运总站（中什字）和火车站的128路。

江津中山古镇

想逃离重庆的都市快节奏，就到中山古镇的山水和老街中躲一躲吧。这里在明清时曾是川黔赣等地通商的重要驿站，古镇其实是一条沿笋溪河修建的临河古街，青石板铺就的街道长约1公里，两侧多为骑廊式过街亭建筑，走在街上"晴不落光，雨不湿鞋"。

虽然在靠近山顶处新建了一层新市镇，但古街上仍有剃头铺和中药房等传统店铺，也有居民还住在老街上，尤其是在街南端的盐店头。枯水期河岸怪石嶙峋，走到河边石堆上还能找到拍摄吊脚木楼的好角度，但请留意别越过防护网以防跌入河中。河对岸有一段竹林小径，可过桥去走一走。时间充裕还可在主街上找找龙洞题刻和醒酒石等有趣的小看点，此外，镇上公共卫生间门前的对联都很有幽默感。

如需在镇上留宿一晚，老街上有一些老屋客栈，**瑞岚客栈**（☎4733 2666；老街142号；大床房150元；❄📶）古色古香，设施也不错。古镇的大小餐馆几乎全在临河一侧，炒菜馆人均约50元，面馆10元左右。街道中段有几家临河的茶馆，可以一边喝盖碗茶（10元起）一边晒太阳听水声。还可从当地竹篾匠人手上直接购买手工编制的花椒壶，作为别致的纪念品带走。

从重庆乘班车前往中山古镇比较周折，调研时江津城区还未开通高铁（最近的高铁珞璜南站距城区35公里，正在修建的渝昆高铁在江津城北新区设置了江津北站），长江几字湾西侧的江津火车站（德感站）每日只有5611/5612次列车经停。需在重庆长途汽车站乘客运班车（24元；6:50~18:50，约1小时1班；2小时）前往江津客运中心后再换乘至中山的班车（19.5元；5:50~17:35，约30分钟1班，回江津末班车16:10；2小时）。

更适合自驾前往中山古镇，并与有着心形瀑布的**四面山**（四面山镇南；门票80元；⏲8:00~18:00）以及**石门大佛寺**（见本页方框"绿皮火车之旅"）一同游览。在江津城区还能顺道游览**聂荣臻元帅陈列馆**（鼎山大道386号；免费；⏲9:00~17:00，周一休馆）和新区的**江津博物馆**（圣泉路近团结北路；免费；⏲9:00~17:00，周一休馆）。

中山古镇。

荣昌天主堂。

在路上

本书作者 陈虹宇

沿江而行，始终美食相伴，从涪陵吃到宜昌，我竟然胖了五斤。

进一步了解我们的作者，见255页。

三峡的红叶盛景。

长江三峡

长江三峡

“云从三峡起，天向数峰开”，大江东流，在重庆奉节与湖北宜昌间巧施天工，赐瞿塘以雄、巫山以秀、西陵以峻，形成一条清荣峻茂的天然画廊，群峰如屏，波澜壮阔，令人叹为观止；其间孕育的三峡文化烙印在代代峡江人家身上。“截断巫山云雨，高峡出平湖”，纤歌赶船过峡江已成绝唱，三峡大坝工程蓄水导致水位暴涨，十万移民远赴他乡。“异地重启”的新都市里，依旧藏着古城镇的老灵魂，整体搬迁的旧物承载起新的历史，热心的老人都会为你讲述一段不为人知的江湖往事。

没有了“王命急宣”，也就不必再“朝发白帝，暮到江陵”。如今由重庆市区至宜昌不过4小时高铁，但很少人愿意以错过美景为代价日夜兼程。乘船畅游其中，即可欣赏山水天下雄，发达的交通网触及城市之外的角落，让人得以轻易领略长江两岸的风土。而学生时代背诵的诗词歌赋在这里也能好好温习，浩如烟海的千古名篇均出自大家之手，哪怕是看起来胸无点墨的船工也能来两首三峡歌吟，畅游其间，才算触摸到诗意的山水之魂。

☑精彩呈现

食宿

➡ 抛开风景不谈，三峡之行也堪称是一场美食之旅。涪陵豆花饭、万州牛肉格格、巫山烤鱼，都是在市区大排档与小酒家中耳熟能详的江湖菜，现在是时候去当地尝一尝这源于市井的正宗味道了。

➡ 各区县城区基本都会有一条热闹的滨江路，酒店林立两侧，因此旅途全程住宿观赏江上风光完全不成问题，江景房普遍要比城景房价格贵上两成，但是淡季不少酒店会免费升级房型，不妨碰碰运气。

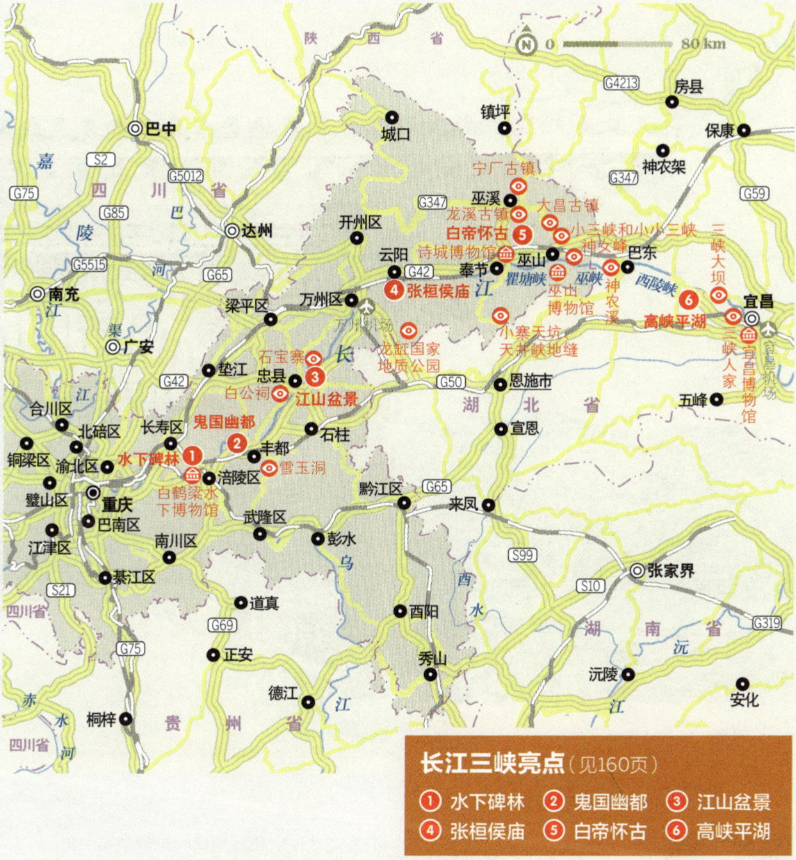

长江三峡亮点（见160页）

① 水下碑林 ② 鬼国幽都 ③ 江山盆景
④ 张桓侯庙 ⑤ 白帝怀古 ⑥ 高峡平湖

交通

➡ **自驾** 全程高速相伴，道路平稳，路况极佳，去看些离县城远点的景点也不怕。

➡ **火车** 主要区县都通了火车，一系列新车站也都在随铁路施工加紧建设，目前去那些尚未开通铁路的地方需换乘长途汽车。

➡ **长途汽车** 网络覆盖整个长江流域，区县之间搭乘长途汽车极为方便。

➡ **游轮** 深入三峡探访风光，轻松打卡长江两岸每一个必看景点。

何时去

➡ **3月** 丰都鬼城赶庙会，加入进香团的行列，欣赏民间吹打的街头游乐。

➡ **4月** 春风拂江，两岸披上油菜黄，花浪翻滚，正是花香四溢时。

➡ **6月** 到屈原故乡秭归观龙舟赛、看游江招魂仪式，感受比春节还热闹的端午节。

➡ **11月** 三峡红叶漫山遍野，巫山小三峡一改嫩绿色，被染成限定款赤红色。

©按快门的上善若水/图虫创意

当地人推荐

一人收藏一座城

赵贵林，重庆奉节诗城博物馆馆长。

如何筹建这一座城市博物馆？

自2001年起，奉节全城都在为三峡库区蓄水而进行搬迁，面对着很有特色的大东门民居即将永远消失的局面，我萌生出以一座博物馆留存三峡文化记忆的念头。经过努力，我最终以“大东门民居风貌保护科研课题”得到了三峡建设委员会和县里的支持，后来东拼西凑筹集了80万元开始筹建。建设时也有地产商找过我谈合作，但我还是回绝了他们的“好意”，毕竟开发商业住宅和我建博物馆想法不一样。

如何获得藏品？

当时不少人叫我“破烂王”，因为在老城开始拆迁时，我每天都在废墟中“淘宝”，一切我觉得值得的东西都带回来收藏。还有不少老城居民把他们的老“古董”无偿赠予诗城博物馆，后来也有公司及个人向博物馆捐赠了藏品和资料，博物馆开馆后，也有不少参观者向我们捐赠，大家的支持让这里的藏品十分丰富。

请简单介绍一下馆内最得意的收藏

可能没有所谓最得意的收藏，因为每一个物件都代表着一段记忆。15个展厅中当然也有一些比较特别的，比如当年科克伦和阿迪力走过三峡夔门的钢丝以及两次走钢丝的大量图

白帝城风雨廊桥。

文资料；还有英法探险家在奉节天坑地缝探险的原始资料和用过的工具，这当中有不少藏品在其他地方都是看不到的。

怀念哪些已淹没的奉节风光？

作为拥有2300多年沧桑历史的文化名城，在三峡大坝截流后，奉节有许多古迹已经没入江中，例如鱼复浦八阵图遗址。大家都熟悉《三国演义》第八十四回，诸葛亮摆八阵图困住东吴大将陆逊的故事。虽然那是小说中的情节，陆逊并没有真的在那里被困阵中，但鱼复浦确实是当年诸葛亮排练阵法的军事遗址。像这样的名胜古迹还有许多。我还写过一些关于奉节历史文化的书，也曾在重庆电视台录过十几期历史掌故的节目，如果有兴趣深入怀古奉节，不妨找来看看。也欢迎来诗城博物馆参观。

不要错过

最佳住宿

- **泽胜温泉酒店** 在水上乐园里泡泡温泉解解乏。（见169页）
- **乾庭禅意设计师酒店** 俯瞰“小香港”万州的港湾美景。（见175页）
- **无舍民俗客栈** 从房间远眺三峡大坝与高峡平湖。（见191页）

最佳小吃

- **滨江豆花饭** 鲜嫩豆花配上一碗白米饭，美食盛宴中的大道至简。（见170页）
- **孙记麻辣鸡** 麻辣鲜香，最适合作为丰都的伴手礼。（见172页）
- **耿格格** 万州老字号小吃店，来之前要留够肚子。（见176页）
- **袁姐萝卜饺子** 人气超旺，除了萝卜饺子还有更多美味小吃等你品尝。（见196页）

最佳拍摄点

- **三峡之巅** 享江河云海之雄奇壮美。（见181页）
- **巫山神女峰机场** 见证奇峰烟云下的巫峡美景。（见187页）
- **坛子岭** 登高俯瞰三峡工程全貌。（见167页）

1

长江三峡亮点

❶水下碑林

由极富传奇色彩的白鹤梁开启长江之行最有意义不过。这座全世界最古老的水文站记载着这条大江的起起伏伏。自唐广德元年（763年）起，本地人以石鱼为“水标”，记载历年枯水位的均值，较1865年长江的第一根水尺还要早1100多年。题刻纵横，历代文人墨客在白鹤梁上留下诗文，如今已随蓄水藏入江底，好在保护得当，你仍可零距离欣赏“水下碑林”的奇观。

❷鬼国幽都

一座源于汉代的历史名城，集儒、佛、道于一体，向中外游客展示神秘的东方神迹。明清小说里常渲染“阴曹地府”里惩罚作奸犯科者的手段，在这里随处可见，虽然听起来阴森，但除了抽象的神鬼雕刻，丰都没有什么恐怖可言。

❸江山盆景

如果你有收集“奇迹”的爱好，忠县的石宝寨绝对可以加入收藏列表。始建于明朝万历年间，这座曾经“巨如玉印”的石宝山，如今因三峡工程蓄水而变成大江之上的巨大“盆景”，享有长江“小蓬莱”的美誉。飞檐展翼的九重塔依山耸立，直通山顶，每一层均可观看不同角度的江上风光。

❹张桓侯庙

原位于云阳飞凤山麓的张桓侯庙（张飞庙）始于蜀汉末年，据传曾葬有桓侯首级于云阳，因此名气不亚于张飞故乡四川阆中的同名祀祠。如果说它之前只是在当地声名显赫，

左图：涪陵白鹤梁水下碑林；
右图：唐昭陵的壁画。

那么三峡大搬迁成就了它的名气远扬，超过4500万元的安置费让这座珍贵的文物建筑得以幸存，随之搬来的还有汉唐以来大量的诗文碑刻和书画。

❺白帝怀古

作为三峡的起始点，一说起白帝城，没人会不提起刘备托孤的故事，也没人会不背上一遍李白的《早发白帝城》。曾经的山头变为如今的孤岛，白帝城多少显得有些落寞，迎接每一位游客触摸它历史的肌理，又目送着每一艘船驶进夔门。但好在近700首关于白帝的诗词名篇与它永远相伴，让这里变成祈求学业的新晋“网红”。

❻高峡平湖

水利奇迹的出现，不仅促进了长江经济带的发展，也为这条大江贡献了壮观的新景色。依高峡之险峻，傍长江之雄浑，怀平湖之秀美，一度咆哮喷涌的江水被揽入群山的怀抱，在大坝的阻拦面前变得波澜不惊。秭归屈原祠前，沿栈道感受这片宁静，再合适不过。

石宝山。

张飞庙。

白帝城。

高峡平湖。

正在通过夔门的三峡游轮。

★ 最佳景点

三峡游江

大禹决巫山令江水得东过，让三峡的出现极具神话色彩。作为长江中最为壮观的峡谷，风光旖旎的三峡堪称大江最引人入胜的部分。全长193公里，西起重庆市奉节县白帝城，东至湖北省宜昌市南津关，由瞿塘峡、巫峡、西陵峡组成，峡谷段总长约90公里，其间分别由大宁河宽谷和香溪宽谷相隔。如今，随着水位上涨，激流已不复当年，但乘船游三峡依旧能够一览瞿塘之雄、巫峡之柔、西陵之险，回味千古名篇中的绝美风光。

众多旅行社代销各品牌游轮的船票，其中**三峡游轮船票预订中心**（☎8691 5123；www.sanxia-china.com）可查询所有类型的游轮船期并预订船票。

亮点速览

➡ 亲身经过第五套人民币10元背景中如天造地设的三峡西门户夔门。

➡ 于巫峡段内赏"一江碧水、两岸青山、三峡红叶、四季云雨"。

➡ 西陵峡石牌段如新月形状的明月湾号称"三峡第一湾"。

➡ 在坛子岭远观大坝全景，斜下方的报刊亭可购买仅在此出售的大坝主题邮票。

©按快门的上善若水/图虫创意

三峡游轮

从古至今，船对于长江三峡来说，从不是单纯的运输工具——江上泛舟更关乎山水美景。从旧时的乌篷船到1966年的客货班轮“东方红”，再到如今万吨级的三峡游轮，船只的升级让游江变得更惬意。类似于挑选酒店，三峡游江主要分为豪华游轮与普通游船，豪华游轮装潢类似高档酒店，客房集住宿、餐食、娱乐，一价全包。除了各种活动和文艺会演，部分游轮还会配备泳池和电影院。长江黄金系列与世纪系列是最受欢迎的两大品牌，价格1500~3500元/人不等，节假日有明显浮动。

普通游船的条件和价格都更亲民。餐食需自理，客房布局也接近于青旅，四人间铺位最便宜，内有洗手间及浴室。但若想体验海报上能从舱室欣赏窗外风景的房间，价格至少比四人间多一倍。每年“五一”与“十一”前后是旺季，平时600元/人起的票价至少会翻倍，且需至少提前1个月预订。11月至12月底，枫叶染得三峡一片红火，此时票价却趋于平稳，更值得考虑。

不同船型的航行路线相同，但沿途停靠站点各有差异。重庆至宜昌的下水航线普遍要4天3夜，首晚18:00~20:00在重庆朝天门码头登船，第4日中午抵达宜昌茅坪港；而逆水上行大多需5天4夜，登船时间基本相同，于第5日早晨到达重庆，价格贵一些但更受欢迎。如遇长江汛期和枯水期，重庆的始末港会改为涪陵或丰都，并有摆渡巴士可至重庆市内。另外，在部分停靠景点，乘客需要向服务人员报名统一购票，然后集体游览，当然你也可以选择到景区周边转转，或者留在船上参加活动。三峡

巫峡上的船只。

©石耀臣SYC/图虫创意

多雨，气候潮湿多变，建议出行带好雨具。

三峡上游

由重庆出发，游轮很快便会告别城市的喧嚣，驶入宁静的夜色。安顿之后，船长会召集所有乘客参加游船说明会，简单介绍整体的行程安排，之后便各自休息，直到天蒙蒙亮时，才算真正开启行程。三峡上游行船，周边的风光几乎一直在城市与旷野间交替，风景虽不及三峡，但经历库区蓄水后仍得以保存的古迹也很值得拜访。游轮通常会在**丰都鬼城**（见171页）和**石宝寨**（见172页）停留，报名下船参观即可短暂加入旅行团，由导游全程讲解。

瞿塘峡

若三峡上游交替出现的璀璨城景和空旷水色已让你略感厌倦，那么绝壁耸立的瞿塘峡足以再次激起你的兴趣。"险莫若剑阁，雄莫若夔"，仅8公里长的瞿塘峡，最短且最狭窄，却也最能展现三峡的雄伟壮阔。长江劈夔门，浩荡江水向东泄，两山对峙。随船闯入这片江峡之中，虽然古人咏颂的古栈道和滟滪堆礁石已难觅踪影，最为出名的瞿塘摩崖石刻也已整体切割搬迁，但饱经风雨的彩色岩层在阳光下依旧闪耀，下水游船行至此处正值晨曦，环顾峭壁又是难忘的秀丽美景。在进入瞿塘峡前，游船普遍会停靠**白帝城**（见181页），这里也是观赏夔门的最佳地点。

巫峡

全长46公里的巫峡风光俊秀且深藏不露。群峰如屏的峡江两岸，峭壁屏列，绵延不断，

船行峡中，时而大山当前，石塞疑无路；忽又峰回路转，云开别有天，宛如一条迂回曲折的画廊。"放舟下巫峡，心在十二峰"，船行至巫山县东，各有六座山峰林立两侧，姿态各异，最迷人的神女峰也由于水位上涨与你更近一步。每逢秋冬交际，漫山红叶似彩霞，碧水被映得通红，一条美不胜收的山水画卷才真正展开。**小三峡和小小三峡**（见184页）几乎是每艘三峡游轮都会停靠的项目，旅行者需转乘小船及画舫深入其中。

西陵峡

众人皆夸巫峡好，而文豪欧阳修显然持不同观点，"西陵山水天下佳"，他的名句已成为游览过西陵峡的人们经久不衰的朋友圈文案。西起秭归县香溪口，东至宜昌南津关，66公里长的西陵峡全程与山相伴，千仞绝壁下峡中有峡。峡谷上段**兵书宝剑峡**的"兵书宝剑"实为峭壁上的岩块与悬棺，距离不远的**牛肝马肺峡**则得名于两块相似度极高的赭黄色岩石。西陵峡下游三峡大坝与葛洲坝之间的石牌西陵画廊，如今尚存原汁原味的峡谷风光。西陵峡曾是三峡中最险的一段，如今暴涨的水位让过往船只再不用忌惮错落的暗礁与滩涂。

三峡大坝

（中国游客门票免费，外国游客门票105元，景区观光车票35元；⏲9:00~17:00）三峡大坝是游轮的重头戏。兴全国之力建设，超过20个区县居民因此背井离乡，这座迄今世界上最大的水力发电工程和清洁能源生产基地，让当地人对大坝饱含着复杂的情感。大坝的落成不仅为湖北、江苏等下游省市提供充足的用电，也吸引了大批游人前来一睹水利奇迹的真容。大坝目前开放3个观赏点以提供不同的观赏角度。似倒扣坛子的**坛子岭**是整个工程区制高点，不仅可以俯瞰坝区全貌，也是观看永久船闸里船来船往的绝佳位置；**185观景台**位于坝顶公路的左岸端口处，与三峡大坝同高，可以几乎平视的角度近距离观看大坝；乘摆渡车可抵达大坝右岸的**三峡截流纪念园**，经过这座工程遗址区体积巨大的机械与零件后便到达江边，从正面一睹大坝的雄伟壮观。如自驾前往三峡大坝，需于三角地接待中心登记办理免费的车辆通行证，方可进入由武警把守的专用公路。游客换乘中心停车场内常有自称"三峡移民"的当地人拦车，并保证"20元自驾游大坝"，但你可能会被拉去乘坐没有资质的轮船并额外付钱，请不要轻信。

涪陵

取名自"涪水之滨，巴王之陵"的涪陵，位于重庆市区的一小时经济圈之内，都市气息尚存。这座春秋时期的巴国古都也是连接主城与渝东20个区县的城乡经济走廊。随着三峡库区蓄水，不断上升的水位让涪陵成为市区人民"看海"的新选择。而更多旅行者来这里是为了一访白鹤梁，这个全球第一座水下博物馆已经取代了著名的榨菜，成为涪陵的新标志。

景点

白鹤梁水下博物馆 博物馆

（见200页地图；☎8568 8877；滨江大道二段185号；门票50元；🕘9:00~17:00，周一闭馆）涪陵城北，傍江而存的巨礁因常有白鹤嬉戏，故称"白鹤梁"。矗立千年，随波而卧，每年仅在冬春之交枯水期显露的白鹤梁自古以来就热闹非凡，自唐广德元年（763年）始，三峡先民便以刻石鱼为"水标"记载历年的水位变化，历代文人骚客登石赐赋，留下165段约3万字的名家题刻，让这座"水下碑林"意义非凡。三峡蓄水后，白鹤梁藏于江底再难显露，为了昭示这"世界第一古代水文站"的风采，世界首座非潜水可达的水下博物馆就此落成。近一小时的参观游览，全程有讲解员答疑解惑。地面两层的陈列馆以图像资料详尽介绍每一处白鹤梁题刻，重要石刻会1∶1复原清晰展现。通过91米的亚洲最长隧道扶梯下到38米水深处，透过观测窗即可近距离欣赏石梁上的题刻原貌。

涪陵区博物馆 博物馆

（见200页地图；☎7286 3292；兴华中路72号；凭身份证件免费；🕘周二至周日9:00~17:00，周一闭馆）虽有被"白鹤梁"抢风头之嫌，但馆内从小田溪巴人墓群发掘的**柳叶剑**，是巴人青铜技艺的扛鼎之作，尘封千年依旧如新，堪与"天下第一"越王剑较高下。其他藏品看点不多，但很好地展现了涪陵

816地下核工程景区。

地区的发展历程。

乘302路、307路公交车可由白鹤梁水下博物馆直达涪陵区博物馆。

816地下核工程景区 工业遗址

[☎7277 9186；白涛镇金子山腹地；门票60元（含电瓶车）；⏲9:00~16:30]816工程曾计划建成中国第二个核原料生产基地，1984年因国际形势变化停工，从未投入使用。这座世界第一大军工巨洞直到2002年解密才重见天日，如今配置了声光电效果，模拟还原核工程的部分功能。跟随讲解员，在景区上下穿梭，你可以从各个角度观看101号主反应堆及102号储件池，参观中央控制室及仪表室，了解核原料生产系统。目前开放的区域仅为冰山一角，但随处可见的墙面标语还是很有"三线军工魂"的代入感。如果想了解更多军工往事，由原工程机械加工厂改建的**816小镇**（建峰中路10号；免费）保留了丰富的军工藏品，工厂食堂也提供平价的可口饭食。

搭乘208C路可由涪陵区直达816地下核工程景区售票处，去往816小镇可乘车回到白涛镇后转乘208B路。

武陵山大裂谷 地质景观

[武陵山乡东南侧；门票110元（包含摆渡车及平安阁上行索道）；⏲4月至10月8:30~16:00，11月至次年3月9:00~15:30]由亿年风雨侵蚀而形成，连绵近10公里的武陵山峡谷有"大地裂痕"的称号。山峰层峦，溪流潺潺，千奇百怪的绝壁石峰是这里最大的看点，突兀而立的薄刀岭、形似指挥千军的将军石、波动起伏的万卷书，移步换景，令人应接不暇。藏于尽头的青天峡地缝绝壁万仞，仅有狭窄的一线天，盛夏时节也清凉无比。由涪陵汽车客运中心可乘车前往武陵山大裂谷（20元；7:30；1小时）。

美心红酒小镇 游乐园

（蔺市镇梨香溪西岸；参观免费，游乐园门票68元；⏲9:00~18:00）承载重庆人记忆的洋人街现已搬迁至美心红酒小镇，杂糅了各式中西建筑，除了能品尝价格便宜的红酒，游乐园里还有一些过气项目，如果想找寻童年记忆，不妨去看看。邻近的**蔺市古镇**为明清时期商贾云集的集镇，青石板路与木屋瓦房还留有些许古韵，乡绅宅邸**雷家院子**内的穿斗梁架设计脱俗，值得一观。涪陵K116路可直达蔺市镇，打车约50元。

> **不要错过**
>
> **涪陵的客家记忆**
>
> 明末清初，客家人何大顺至川渝落脚开市，光绪年间，此地已形成坐拥四十八寨门的天保大砦，如今近百座融合了闽、渝特色的客家建筑依旧屹立在涪陵城区西南的大顺村中。老街依旧保持着古朴的姿态，**瞿九畴故居**结构似四合院，却又多了凸起的碉楼与仅留天井的屋脊，被称为"方形土楼"，**双石坝碉楼**内部有客家土楼回廊设计，外形却酷似城堡，夯土墙围，清末匪患留下的痕迹依稀可见。

住宿

涪陵酒店选择众多，入住滨江大道周边不仅出行便利，还可以享受到美丽江景。兴华东路两侧小楼林立，以品牌连锁酒店为主，周边吃饭购物都方便。

涪陵金科大酒店 酒店 ¥¥¥

（见200页地图；☎8567 7777；滨江大道二段6号；标单/双580元起；❄📶🅿）在当地数一数二的酒店，距离白鹤梁水下博物馆仅500米。房间整洁如新，可观江景，入住可免费使用健身中心及游泳池，店内的餐厅屡获殊荣。

泽胜温泉酒店 温泉酒店 ¥¥

（见200页地图；☎6466 8888；兴涪路中段；标单/双198元/298元起；❄📶🅿）集洗浴住宿于一体，是涪陵少有的带温泉的酒店，环境优美，早餐也非常丰盛。

另辟蹊径

寻访山城古韵

如果你决定从重庆江北机场直接去涪陵，路过长寿区时可以转转**三道拐**（长寿区临江路；免费），这是目前重庆保存最完整的明清街市，因“街随山走、三拐六段”而得名，3000余级青石阶上青瓦木屋缤纷错落，将最正宗的山城韵味锁于其中，“爬三道拐通身汗，下三道拐脚打战。”旁边的**长寿缆车**（望江路111号；免费；⏲8:00~17:00）让新城与老城间的穿梭更为方便，这条运营超50年的“鱼腹式”缆车由茅以升设计，现向公众免费开放，内地仅存一座。

重庆太极大酒店 酒店 ¥¥

（见200页地图；☎7288 8888；体育南路16号；标单/双240元起；❄📶🅿）当地的老牌酒店，正逐步对客房进行翻新，位置优越，周边有不少饭店，早餐也不错。

重庆涪陵饭店 酒店 ¥¥

（见200页地图；☎7289 5151；兴华中路43号；标单/双216元起；❄📶🅿）涪陵的地标性建筑，肩负政府接待所的职能。前台服务很好，住宿条件与价格相匹配。

餐饮

涪陵不只有榨菜，豆花饭、油醪糟都是闻名重庆的美味小吃。大一点的餐厅还能做特别的榨菜宴，但需要预约。

滨江豆花饭 小吃 ¥

（见200页地图；滨江大道二段58号3室；人均30元；⏲7:00~14:00）本地人在吃辣不适时，都会来这里吃一碗豆花饭，口味相对清淡，可自助选择调料。

涪陵油醪糟 小吃 ¥

（见200页地图；望江路33号；人均40元；⏲8:30~18:00）当地人叫“吃开水”，类似于馅料丰富的黑芝麻糊，虽说是饭前甜品，但来上一碗也有七分饱了。

樾姐小吃店 小吃 ¥

（见200页地图；稻香路7号A栋负一层；人均20元；⏲8:30~22:00）最出名的是嘟卷子，是一种类似拌苕粉的小吃，一些食客会专程从市区前来，折耳根是它的灵魂。

到达和离开

火车

涪陵站（见200页地图；☎6465 7212；龙桥镇沙溪沟村）是涪陵的首座火车站，由秀山返回重庆北站的快速列车会在此经停。**涪陵北站**（☎9510 5105；涪陵新区致韩镇太白大道）为高铁站，多班列车驶向重庆北站（28.5元；45分钟）。涪陵北站距离区中心有20分钟车程，打车约25元，你也可以从涪陵北站乘103路至涪陵站。

长途汽车

涪陵汽车客运中心（见200页地图；☎7230 7709；兴华东路19号）每日主要向重庆北站南广场汽车站滚动发车（40元；1.5小时）。新启用的**高山湾交通枢纽**（见200页地图；☎7227 0111；柏杨路与迎宾大道交叉口）目前已开通发往武隆、彭水等周边县区与下辖乡镇的数十条线路，并且还可在此搭乘直达江北机场的**班车**（51元；约1.5小时1班；约2小时）。

当地交通

公交车

票价2元，所有线路均可使用手机扫码支付。其中101路将涪陵北站与涪陵汽车客运中心相连，103路来往于火车站及火车北站，111路、126路等均可抵达白鹤梁水下博物馆。

出租车

5元起步，1.25元/公里。出租车司机一般会“四舍五入”计费。

丰都

位于重庆版图正中心的丰都，传说世上所有亡灵都会在此聚集。虽然迷信难以解释，但是所有三峡游轮都会在此停泊，引领一批批游客到举世闻名的“地狱”走一遭。鬼城几乎是到访丰都的全部理由，但少有人知“孝”文化也植根于此。不少挖掘于此的石刻碑记都有记录，包括明朝清官海瑞为母祝寿所书的“寿”字碑，就在鬼城内的奈何桥一侧，从不同角度可以看出“生老百年”。

景点

丰都鬼城 历史建筑

（名山路152号；门票旺季100元，淡季60元，索道30元；⏲夏季7:10~17:30，冬季7:20~17:00）作为道教七十二福地之一，鬼城的成因众说纷纭，最广为流传的说法是汉代两位方士在此修道成仙，而被讹传为“阴王”的居所。“鬼国幽都”自然少不了“阴曹地府”，鬼门关、十八层地狱和望乡台，关于地狱的想象在这里都被具象地展现，但过分抽象的雕刻让人难以恭维。明代永乐年间的奈何桥如今由皮肤黝黑的佤族小伙扮成钟馗把守，现在更多地承担起和游客留影的重任；位于山顶的天子殿始建于西晋，内供阴天子及天子娘娘，每年农历三月初三的丰都庙会都以此作为主祭祀地，香客纷至，热闹非凡。下山时别忘了看一场丰都木棒槌戏，这种川东木偶戏故事多取材于民间鬼神传说，木偶形象活灵活现。每周三至周日的上午和下午各会奉上两场表演，有兴趣还可去侧门后台一探究竟。

与鬼城名山相望的双桂山，可通过寓意“阴阳相连”的“鹊桥”步行前往。双桂山以山间两棵唐代千年桂树而得名，也因苏轼父子三人游览此处观白鹿时，咏下“夜鸣白鹿安在哉”，又名鹿鸣山。除了一些纪念名人到访的凉亭外，山顶的孔庙旁有一处吴道子的线雕石刻碑最值得观赏，这里也是远眺对岸县城的最佳位置。

> **三峡立体景观**
>
> 2016年“新三峡十大旅游新景观”票选出炉。三峡人家、三峡港湾国际旅游度假区、神农溪景区、汉丰湖景区、黄水旅游区、丰都鬼城、三峡大坝、神女景区、平湖万州、瞿塘峡景区等十大景观，被认为最能立体展现三峡的好风光。

玉皇胜地 现代建筑

鬼城隔壁山顶那颗硕大的玉皇大帝头像，是每一个鬼城游客都无法忽视的存在。位于双桂山与名山之间的**玉皇胜地**（名山路152号；门票旺季100元，淡季70元，天堂滑道25元；⏲夏季7:30~18:00，冬季7:30~17:30）原为五鱼山，为了实现“三界”布局于2013年被硬性安排成了天堂山。年轻人大多无意流连这些新建的人造景观，他们到访的真正目的更多是体验超过900米的天堂滑道速降。

雪玉洞 溶洞

（垫道路龙河峡谷北岸；门票旺季100元，淡季70元；⏲8:30~17:30）位于龙河峡谷的峭壁之上，这座国内已知最年轻的溶洞仍在不断生长。因碳酸岩溶液杂质较少，洞内超八成的钟乳石洁白如玉，在自然雕琢下呈现出百态千姿。洞内的游览路线虽然仅有1166米，但沉积物生成的景观看点连连：高4米的雪玉企鹅是目前世界上的石盾之王，而高密度的鹅管林层叠错落，堪称世界之最。由丰都县人民法院旁的峡南溪站乘301路公交车可直达雪玉洞。

食宿

丰都县城的住宿条件和价格趋于同质化，选择滨湖路周边的酒店，大多可欣赏江景。**莱特贵宾楼**（☎7072 6666；平都大道西段88号；标单/双270元起；❄📶🅿）是丰都县城最上档次的酒店之一，紧邻朝华文化公园，9层露台可看到对面的鬼城。房间备品一应俱全，酒店也提供中西各色美食。另外，鬼城附近的仿古街也有不少客栈，**梦蝶庄**

不要错过

烽烟三国

东溪湖畔的三峡港湾度假区里，每晚均会奉上一场以三国文化为主题的现场演出。《烽烟三国》以名将关羽的忠义人生为主线，将3D全息投影与水火特技相结合，展现气势恢宏的古战场。环形观众区可跟随水上舞台的场景变化进行移动，享受全方位的观赏效果。演出自19:40开始，时长约70分钟，票价依观演区不同，288~488元不等，持大重庆旅游年卡可提前一天预约免费观看。前排虽可近距离目击打斗场面，但易受水浇，建议自备雨衣。

（8185 9966；名山路152号；标单/双100元起；）距离名山景区步行可达，设计古色古香。晚上的仿古街故意营造出恐怖的气氛，虽然只是灯光效果，但过分的宁静多少有些瘆人。麻辣鸡是丰都最出名的特色美食，肉质细嫩不腻口，**孙记麻辣鸡**（滨江西路119号；人均50元；7:00~20:00）是本地知名品牌，县城内有多家分店，品尝后也可密封作为伴手礼。

到达和离开

火车

距离县城10公里的**丰都站**（三合街道丁庄村）是渝利铁路的主要站点，从重庆北站乘动车仅需1小时即到，票价35元起。乘201路可到丰都站，打车10元/位，坐满才发车。

长途汽车

丰都客运站（7070 4792；滨江西路127号；6:30~18:00）每天运营往返于重庆四公里客运站的**班车**（58元；约2小时），同时向涪陵、忠县等周边县区滚动发车。

当地交通

丰都公交线路多为环线（1元起；6:00~21:30），丰都县人民法院旁的峡南溪站是众多线路的始末站，可轻松抵达城中各地。在滨江路广场的**丰都港**可乘渡轮跨江到达鬼城，票价2元，逢半点发船，逢整点返航，在鬼城开放时间内均有运行。如果你乘大巴抵达丰都，客运站始发的109路可直达鬼城名山景区。

忠县

巴蔓子将军“刎首留城”的故事广泛流传于巴楚大地，这份忠义也感动了唐太宗，为此地赐名“忠州”。作为全国唯一一个以“忠”字命名的州县，忠义精神不断传承，名人辈出，严颜、甘宁、秦良玉……每一则忠勇故事都变成了这里“忠文化”的城市名片。如今以赤诚换“赤橙”，地处三峡腹地的忠县拥有全国最大的柑橘育苗基地及NFC橙汁加工地，**三峡橘乡**与**三峡橘海**等可以赏花摘果的万亩果园，正成为一些游客到访忠县的新来由。

景点和活动

石宝寨 历史建筑

（石宝镇印山街18号；门票50元；夏季8:30~16:30，冬季8:00~16:00）位于长江北岸依山而建的石宝寨，曾被美国探索频道评为中国七大奇观之一，是中国现存最完好的穿斗式木结构塔楼。如今因三峡工程蓄水，石宝寨由山寨变为水寨，旅行者需要走过摇晃的长桥才能到达这座“江上盆景”。石宝寨始建于清乾隆年间，所依之山相传为女娲补天的遗石，因而在福地山顶设庙，后为避免香客攀爬之苦，修建了九层楼阁，新中国成立后又添了三层，以代替铁索登顶。塔楼仅靠穿枋和木栓将楼体固定在山体上，未用一颗铁钉。寨楼三面临空，正如寨门上“小蓬莱”的美誉，此处适宜登高眺望江景，楼内各层均有题刻及字画收藏，六层的明代释迦牟尼佛像摩崖石刻技法朴实，栩栩如生。山顶的天子殿是石宝寨现存最早的建筑，门额题“绀宇凌霄”，意为将长江天际尽收眼底。下山时既可由后山下山，也可原路返回。

白公祠 宗祠

（白公路24号；门票25元；夏季8:30~

17:30，冬季9:00~17:00）虽然“诗王”白居易被贬忠州出任刺史的时间不到两年，但他轻徭薄赋、兴学建路的举措受后世景仰，并留下了“无论海角与天涯，大抵心安即是家”的名句，于是明崇祯年间人们在此设祠，白公祠与洛阳白园齐名。除了来了解白居易的生平之外，更多人是为了一睹汉代古阙的尊容。除原件存放于重庆中国三峡博物馆的乌阳阙外，原临江而建的**丁房阙**与忠州佑溪村发掘的墓前阙“宝塔子”**无铭阙**均被移至此地，三阙被统称为“忠州国宝”。

忠州博物馆 博物馆

（☎5421 3100；白公路28号；凭身份证件免费；⏲周二至周日9:00~17:00，周一闭馆）毗邻白公祠的博物馆以展现忠县历史风貌为主，其中难得地拥有新石器时期先民通过陶土制盐的中坝文化的详细介绍。镇馆之宝不仅有东汉铜鸠杖首等罕见典藏，更将临江岩唐代摩崖造像等珍贵文物完整保存下来。东侧展厅以蜡像形式展现巴渝人文风情，西边的仿古楼为忠文化展览馆，通过文字扼要介绍了本地名人历史。

食宿

乐天路与新华路交叉形成的三角形区域是忠县的中心，靠近居民生活区，吃住都很方便。**陶然忠州国宾酒店**（☎5425 5555；乐天路2号；标单/双300元起；❄📶🅿）是本地人皆知的酒店，以餐饮起家，在提供干净床铺的同时也有可口的川粤菜肴。隔壁的**巴国大酒店**（☎5483 2999；乐天路2号；标双180元起；❄📶🅿）装饰极富传统元素，房间还算干净，楼顶的**巴国食府**（☎135 9480 8499；乐天路1号13楼；人均50元；⏲9:00~21:00）以本地炒菜为主，环境颇具情调，可在享用美食的同时远眺江景。**赵家菜**（☎5484 9888；乐天路40号；人均40元；⏲9:00~21:00）是当地人家庭聚会愿意选择的老店，菜量很大，炝锅鱼是店内招牌菜，微焦鲜香，骨肉相连。如果想近距离感受江边风情，滨江路上也有许多酒店，刚开业不久的**忠义大酒店**（☎8583 3333；滨江路27号；内景房280元起，外景房450元起；❄📶🅿）拥有开阔的视野和崭新的设施，晚上过马路就可以轻松加入滨江散步和坝坝舞的队伍中。

> **另辟蹊径**
>
> **西沱古镇和巴盐古道**
>
> 3000年前，巴国以盐兴市，将锅巴盐通过人力背运翻越大巴山至楚地的武陵山区，成就了与茶马古道齐名的巴盐古道，西界沱也因便利的地理位置成为“巴盐销楚”的重要起点。如今，**西沱古镇**（石柱土家族自治县西沱镇；免费）“一脚踏三县”，与石宝寨隔江相望，虽不复往日辉煌，但仍然热闹非凡。1314阶的云梯街始于码头，是旧时巴盐古道的开端，不同于其他顺江建造的古街，云梯街垂江而建，步步高升，每天均有“背二哥”运盐及土家坐花轿等表演轮番上演。徜徉古镇层叠的吊脚楼间，隐藏其中的禹王宫、永成商号等传统建筑也等待你去探访。
>
> 你可以从石宝寨景区正门向北穿越仿古街到石宝码头，然后乘船前往对岸的西沱（单程5元），满30人开船。如遇雨天或游客较少的日子，也可以100元包船，想找到同行者分摊船费不是难事。

到达和离开

忠县没有火车站，长途汽车是出入县城的首选。**忠县汽车总站**（☎8580 9991；环城路59号）不仅有前往重庆市区（55元；6:00~18:00，约1小时1班；3小时）及周边区县的直达巴士，同时还有去石宝寨（13元；6:00~17:30，约半小时1班；1小时）的乡镇客车。**忠县红星码头**（☎5445 7102；滨江路与302省道交叉口北侧）是长江三峡游轮的经停点，如想继续乘船探索长江风貌可由此登船。虽然被戏称为“铁路孤岛”，但忠县现已成为西渝高铁的新选站点，车站拟选址护国村，将随着路线规划不日开工。

忠县汽车总站主要车次时刻表

站点	班次	票价（元）	行程（小时）
重庆	6:00~18:00，约1小时1班	55	3
万州	6:00~18:00，约2小时1班	40	1.5
石柱	6:20~17:50，约2小时1班	30	1
垫江	8:30，11:00，15:30	40	1.5
梁平	9:00，12:00，13:00，16:30	35	1.5
石宝	6:00~17:30，约半小时1班	13	1

当地交通

公交车6:00~20:00滚动发车，通票1元，多数1开头的线路均停靠白公祠站，还可从此搭乘301路或302路到忠县汽车总站。

万州

大江至此，万川毕汇。长江在万州转了一个大湾，展露出一片平静的水域。20世纪80年代，港湾与霓虹的组合让人不禁联想起电影中的维多利亚港，也给万州带来了“小香港”的别名。与香港相似的不只是港湾美景，三峡工程也为万州输送了大量的外地移民，让这座本就宁静的城市显得拥挤。“三生有幸”的故事始于万州，而更多关于三峡的故事正在这座上游城市轮番上演。

景点

万州大瀑布 瀑布

（甘宁镇；门票98元，丛林飞车50元；9:00~16:30）在青龙河上游的甘宁水库落成前，青龙瀑布仅是一个季节性的小瀑布，但随着人工干预水量增大，瀑布变得气势磅礴，瀑宽151米、高64.5米，造就了“亚洲第一瀑”的称号。欣赏瀑布景观的方式很多，除了踏上峭壁间的天风栈道远距离观景外，还可乘竹筏与瀑布亲密接触。园区内有一座清同治年间的陆安古桥，单孔石拱，跨过即可到达甘宁小镇，除了吴国名将甘宁的英姿造像，你还可在此寻访现代派诗人何其芳的故里。大瀑布距城区21公里，由万州西山车站乘坐前往甘宁镇、武陵镇等地的班车，均会经停景区（4元；1.5小时）。

三峡移民纪念馆 博物馆

（见201页地图；6101 8880；南滨路1561号；凭身份证件免费；9:00~17:00，周一闭馆）外形酷似一块长江巨岩，作为全国唯一以纪念三峡百万大移民而修建的专题性纪念馆，这里全方位展示了三峡工程及移民迁徙的历史壮举。位于一层的万州区博物馆以介绍万州历史为主，古生物厅所展示的完整盐井沟古象骨骼化石非常壮观。

西游洞 溶洞

（新田镇盐井社区；门票50元；旺季8:00~18:00，淡季8:30~16:30）原名古龙洞，因其中钟乳景观千姿百态，附会西游神话而得名，最值得观赏的是30米高的“定海神针”。洞内暗河终年不涸，有规律地涨落，留存的清代石刻《陋室铭》在暗流中时隐时现，另有清光绪帝御题“功宣朐忍”镏金匾额藏于其中。

由五桥汽车南站乘坐前往盐井的班车，即可中途在西游洞下车（8元，1小时）。

西山公园 公园

（见201页地图；万州区王牌路13号；免费；6:00~22:00）曾入选“中国百家名园”，背靠西山，古木丛生，是当地人赏花春游常去的花园。修建于1930年的西山钟楼自建成便被视为万州的标志性建筑，也是万州近代历史的见证者，12层的钟楼融合中西风格，与上海海关钟楼和武汉江汉关钟楼并称为“长江三大钟楼”。

“九五”惨案纪念馆 博物馆

（见201页地图；兰池沟10号；门票50元；⏲8:30~17:00）以纪念侵华英军为攫取长江航行权炮轰万县导致的“九五”惨案而特别设立的纪念馆，除了有触目惊心的史实展示外，还另设有《红岩》中“江姐”原型江竹筠的主题文物展。

住宿

万州区酒店的选择余地很大。万达广场是万州最繁华的商业区，靠近万州港及万安大桥，周边有许多不同档次的住宿，出行十分便捷。

万州富力希尔顿逸林酒店 酒店 ¥¥¥

（见201页地图；☎5899 9999；北滨大道二段319号；标单/双680元起；❄📶P）万州最豪华的酒店，至今没有之一，与万达广场一步之遥。房间40平方米起，窗边即可坐享绝美江景，早餐额外收费但物超所值，提供各色重庆小吃。地下停车场与万达广场共用。

乾庭禅意设计师酒店 酒店 ¥¥

（见201页地图；☎5855 3388；北滨大道258号；标单/双340元起；❄📶P）2018年开业至今，备受好评，房间素雅整洁，床铺舒适，可俯瞰万州港，听到钟楼的钟鸣。入住即享免费早餐及停车。

素履行酒店 酒店 ¥¥

（见201页地图；☎8177 1777；北山大道170号4楼；标单/双260元起；❄📶P）紧邻万州音乐广场，环境舒适宁静。房间内配备品牌洗漱用品，床铺干净整洁，入住还会附赠伴手礼。楼顶有个小露台，适合品茗小憩。

餐饮

由于移民城区的缘故，万州已经成为重

州大瀑布。

庆各区县美食的代言人。最初源于巫溪的烤鱼如今却成为大家提到万州时最先脱口而出的菜品。除了这些“外来货”，万州本地也有不少小吃，最美味的要数格格，以土豆和肉混合而成，装入竹笼蒸制，香气四溢，味道非常有层次。

耿格格 川菜¥

（见201页地图；关门石40号负一层；人均30元；⏲11:00~20:00）开业近30年，屋里一直热气腾腾。排骨格格与羊肉格格几乎每桌必点，嫩而不膻，软糯有嚼劲。

万县面馆 面条¥

（见201页地图；白岩路高笋塘65号；人均20元；⏲5:00~14:30）如果你想找地方吃早饭，不如跟当地人一起挤进这家老店。招牌杂酱面味醇浓香，店里还有“太极碗”可选，让你一次品尝两种风味。

平妈烧鹅 烧腊¥

（见201页地图；青羊宫路48号；人均40元；⏲13:00~24:00）在一旁的烤鱼店等位的食客大多会被这个不起眼的摊位吸引，然后如获至宝般转投此处。各色卤制品一应俱全，麻辣得恰到好处，是下酒菜的首选。

到达和离开

机场

万州五桥机场（☎5858 5858；五桥镇机场路）是重庆第二座国际机场，航点涵盖上海、广州等20个国内主要城市。

火车

万州站（☎6488 9522；站前街187号）是史上工程难度最大的山区铁路宜万线的始发站，至宜昌约需6小时，但这条线路即将被增设的宜万高铁代替。**万州北站**（☎5811 1111；高铁大道2号）是郑渝铁路和成达铁路的中间站，目前已形成集汽车站及公交站于一体的交通枢纽，由此搭乘高铁至重庆北站仅需1.5小时。

万州简史

陈虹宇

如果在重庆办理业务，在行政区县的选择栏里，万州竟然优于“母城”渝中排名第一。万州这座占据重庆身份证号段首位500101的区域，却距离重庆中心城区足有300公里，这不禁让人疑惑何来如此硬的关系。只要你了解万州在三峡工程时期的风雨飘摇，你便更容易理解万州举足轻重的地位。

其实在重庆直辖之前，时称万县的万州已于百年之前崭露头角。民国初年绪长江之利开埠设港，各路客商云集，繁荣程度完全可比肩成都、重庆，也因此造就了四川人常说的“成渝万”辉煌时代。抗战时期万县虽经历过短暂的低潮，但新中国成立后中央特设万县专区，辖万县市及万县、开县、城口、巫溪、巫山、奉节、云阳、忠县、梁平等市县，也巩固了万县作为川东北中心的地位。

当时间推移到1992年，修建三峡大坝

左图：万州钟楼；上图：万州夜景。左图：©绥山潇洒哥/图虫创意；上图：©O记爱摄/图虫创意。

水电站的议案在全国人大会议上通过，万州这座城的命运也随施工开始发生了天翻地覆的变化。同年，万州撤专区设市，第一期的城市改造与移民工作开启，随着那座藏于云雾间的跨江大桥逐步落成，身处老街的人们便已知道搬离家乡进入了倒计时。1997年，重庆直辖市正式挂牌，身处要地的万县市降级为区，次年又担起了安顿渝东北移民的重任被辟为移民开发区，身处库区腹地的万州经济几近停滞。随着工程开始阶段性蓄水，万州的下半城首当其冲，原本繁华的商区化为一片汪洋，民众迁往异地。万州最终动迁移民近25万人，占整个三峡库区移民总量的五分之一，近九成的支柱采矿企业迁移或关闭，城市功能严重缺失，身处“阵痛期”的万州花了近一代人的时间才逐步恢复元气。直到2008年，万州才勉强超过另一个被撤销地级市的涪陵，成为重庆第二城区，2017年才全面退出重庆贫困区县行列。

对于这座做出了巨大牺牲与杰出贡献的城市，网络上有一种观点呼声很高，认为万州等渝东北区县无法借力于重庆市区的发展辐射，主张在渝东北以万州区为中心重新设置地理规划，甚至应脱渝立市，重归四川的怀抱。未来区划不谈，但可以肯定的是，每个万州人都期待着这座城市能够逆袭，再现荣光。

一碗芥末拌面

如果你见到有老者在万州的面馆里要芥末，千万不要大惊小怪，最传统的万州拌面必须要有这味提鲜料。有别于日式青芥末，万州人把味道柔和的黄芥末拌入杂酱面中，冲味过后，口中绽放的便是回甘的清香。

长途汽车

万州有四个汽车站。**万州汽车站**（见201页地图；☎5822 2220；国本路158号）在当地又被称为国本路汽车站，是万州最大的客运站，每半小时就有一班发往重庆市区的车，票价115元；**五桥汽车南站**（☎5837 5343；五桥安顺路1号）主要承担较长距离的运输，目的地包括巴东、宜昌等地；前往涪陵及巫山，可由**万州西山汽车站**（见201页地图；☎5811 3445；王牌路136号）乘车；**万州汽车北站**（☎5837 5343；黑龙江路21号）的车主要发往下辖县乡，由此可乘车去万州瀑布。

轮渡

在**万州旅游码头**（见201页地图；☎5829 5685；万州三峡之星体育馆东南侧）可搭乘交运平湖游轮（38元），1小时内即可饱览万州港区的江上美景。往返于万州及巫山的**水上巴士**（☎5829 5139；票价70元）行程10小时，可速览云阳张飞庙、奉节白帝城等沿途美景。

当地交通

抵离机场

机场距离城区5公里，有机场大巴接驳，票价10元。7路公交车（2元）连接机场与白岩路。从机场打车到万达广场约15元。

公交车

运行时间为6:00~22:00，票价2元，1小时内免费换乘。其中6路往返于国本路汽车站和汽车南站，15路则在万州站与万州北站间穿梭，沿南滨路和北滨路环绕行驶的22路内环线可以轻松到达各临江景点。

出租车

起步价8元/2公里，此后白天0.8元/500米，晚上0.9元/500米。

云阳

因制盐而兴的云阳，在古代完美诠释了何为安居乐业。随着工程蓄水，不断上升的水位促使“移民”成为这座小城的主旋律。作为三峡库区最大且距离最远的淹没搬迁县，面对浩荡江水，居民的生活仍旧祥和安乐，但迁居的不只是人，还有数百件整体搬迁的文物，它们开辟了一条通往过去的隧道，让你得以触碰鲜为人知的三峡历史。

景点

张桓侯庙　历史建筑

（南滨路15号；门票35元；⊙8:30~17:30）始建于蜀汉末年的张桓侯庙又名张飞庙，与阆中汉桓侯庙齐名，相传张飞被部将暗害后，首级被弃江中，被渔翁捞起葬于飞凤山麓，世人立庙纪念，也因此有了“头在云阳，身在阆中”的传说。同时，张飞庙也是整个三峡库区的整体“移民”项目，溯江而上32公里，“搬旧如旧”的张飞庙依旧坐岩临江，面朝县城，除大殿的张飞像重塑过以外，整体保留原样，朱楼碧瓦、火珠鸥尾的层叠庙宇，在清末书法家彭聚星手书的“江上风清”下熠熠生辉。“张祠金石，甲于蜀东”，庙内的字画碑刻收藏堪称琳琅满目，也包括自汉唐起的千余件文物，单正殿两侧的字画廊内便已名家荟萃。结义楼下挂有黄庭坚的《幽兰赋》墨拓木雕，助风阁旁还有岳飞说书的《出师表》石刻，非常值得观赏。桓侯庙下，大型的三国主题商业街正在大兴土木，也许以张飞为主题的“烽烟三国”演出即将应运而生。张飞庙距离最近的公交站要步行1.5公里，由县城打车到景区更方便，车费约15元，回程时景区门口售票处可帮忙叫车。

龙缸　地质景观

（清水土家族乡；门票100元；⊙夏季

8:30～18:30，冬季8:30～17:30）龙缸是一座深度达335米的椭圆形天坑，因形似天然石缸，且流传着樵夫与龙女的爱情传说而得名。这座地质大观园雄奇俊秀，峭壁如削，古藤倒垂。园区内以云端为主题的系列体验项目均是勇敢者的游戏，让你以别样视角领略龙缸之美。作为云阳唯一的土家族乡，龙缸依旧保持着古朴民风，不时会有山歌、摆手舞奉上。

云阳汽车客运站约每1.5小时即有一班车直达龙缸景区北门（32元；2小时），非常方便。

三峡梯城 公园

（望江大道与梨园路交叉口东北角；9:00～17:00）被誉为“万里长江第一梯”，巨大的“人”字形石梯将望江大道与山顶的磐石城相连，横贯整个县城中心。“左腿”青龙梯始发于晨练人士热衷的龙脊岭公园，沿山脊设路，与“右腿”飞凤梯于半程群益广场会合后，指向山顶的云顶广场，登顶需约1小时。如果这1519阶楼梯不在你的计划中，也可沿山脚下的梨园路开车直达。广场东南的三峡文物园涵盖了11处“外来户”文物，均为云阳县本地因三峡蓄水易地搬迁后原样复建于此，其中复制“云阳八景”之一的龙脊石题刻涵盖了原石上的170余款诗赋，再现了龙脊的壮观。位于山顶的磐石城是县城制高点，与合川钓鱼城等同为南宋抗蒙的寨堡，被誉为“夔门砥柱”，形如磨盘，保存较好的城门上还有作战时留下的痕迹。县城内包括601路在内的绝大多数公交车均环山行驶，在公安局站下车步行500米即到。

云阳县博物馆 博物馆

（5581 8103；两江广场文化活动中心一层；凭身份证件免费；周二至周日9:00～17:00，周一闭馆）这座曾荣获鲁班奖的建筑将本地的屋顶风格融入设计，外形看起来很像九宫格。位于下三格的博物馆以“胸忍流芳”为主题，展现自新石器时期至近代的云阳历史，如果对巴文化和云盐感兴趣，不妨来此参观。

另辟蹊径

西南第一禅林

暂时将长江情抛在脑后，别忘了去梁平区探访**双桂堂**（梁平区金带镇万竹山；门票10元；8:00～17:00）。这座学业禅堂因开山祖师破山禅师衣钵遍布西南诸省及东南亚，故被誉为“禅宗祖庭”。寺外清溪环绕，堂前香火旺盛，虽然寺内的两株桂树仅余一株，但每年金秋时节众人拜访，都为了一嗅寺内氤氲的花与香的混合味道。三层宫殿式的大雄宝殿悬有名人题刻，屋顶饰有龙凤雕花，据称支撑大殿的52根无切割的立柱均完整转运至此。

由万州乘火车1小时即可抵达号称“小天府”的梁平，水分充足的梁平柚和沿途的旖旎风光将是这段冒险的额外奖励。

彭氏宗祠 宗祠

（凤鸣镇黎明村；免费；10:00～16:00）这是一座保存较完好的晚清地主庄园，主体为复四合院布局，将祠堂与坞堡相结合，院中心建有石木结构的盔顶塔楼，堪称记载川东民居建筑风格的“活标本”。同期建造的**温家祠堂**（人和街道民治村4组）虽然规模不及彭氏宗祠，但也值得拜访。

由云阳乘坐前往桐林村的车途经黎明村（13元；1.5小时），提前和司机说好去彭氏宗祠即可。

食宿

大部分人到达云阳会选择入住滨江大道周边的酒店。**云阳两江假日丽呈华廷酒店**（5512 3000；滨江东路999号；标单/双330元起；）是县城数一数二的酒店，提供贴心的服务，房内就能欣赏山水相映的长江美景。一旁的**芭提假日酒店**（5566 6888；滨江东路997号；标单/双280元起；）以东南亚风格为主题，设施服务都不错，有自己的停车场。龙缸北门的**北龙门酒店**（5566 6888；滨江东路997号；标单/双

龙缸。

180元起；❄📶🅿）也是热门的住宿选择，晚上非常安静，方便想要早起“一览众山小”的旅行者。包面是云阳的特色面食，形似红油抄手，但馅料更为充足，汤汁也更浓郁。其中由茅草棚发展至今的**董老四包面**（云江大道1089号；人均15元；⏰5:00~19:00）已有近50年历史，是不少本地人口中的“童年味道”。云阳桃片糕是本地特产，软糯的口感非常适合老人，大小超市均能买到。

到达和离开

云阳汽车客运站（☎5512 3000；迎宾大道与云开路路口西侧；⏰7:00~17:30）自2018年投入使用后，这座渝东北最大的汽车站已承担起连接片区与主城的重任。每日上午和下午各有4班列车去往重庆龙头寺车站（89元；5.5小时），去万州火车站的平湖快车（30元；1.5小时）每满6人发车，建议预订。另外，郑万铁路规划中的云阳火车站已进入开通倒计时，预计2021年年底全线通车，届时不用再去万州转乘火车。

当地交通

云阳公交车大多为半小时1班的环线公交（1元；6:00~19:00），仅有的几条线路已足够你探索整个县城。出租车起步价3元，此后1.2元/公里。司机很少打表，基本10元足够在县城跑个来回。

奉节

一个专属于奉节的“夔”字在此传承了5000年。自先秦起，巴楚在此发轫，开启了瞿塘驻关的历史；蜀汉终结，诸葛亮奉命托孤，夔县遂得奉节之名；文人骚客留下千古绝唱，李太白则凭一句“朝辞白帝彩云间”，让“诗城”之名传遍大江南北。三峡之行自夔门始，便是激流险滩的瞿塘峡，如今化作孤岛的白帝城不足以诠释整个奉节，雄奇壮观的天坑地缝更值得你前去一探绝美风景。

景点

白帝城 历史建筑

[瞿塘峡口长江北岸；门票旺季3月至10月100元，淡季11月至次年2月60元（含摆渡及古象馆）；⏲7:00~17:00，渡船8:30~16:30]西汉末年公孙述据蜀筑城，自号"白帝"，而《三国演义》中"白帝托孤"的故事和唐宋诗人名家留下的千古名篇，使这里名声大噪。如今，曾经雄踞瞿塘的"诗城"已化为一座孤岛，以风雨廊桥与陆地相连。每天忠义广场及竹枝园都有节目上演，但迫不及待看一眼"10元背面"夔门的游客一般会直接到白帝庙门前，这里没有任何遮挡，是最好的取景点。**托孤堂**及**忠武堂**等展厅内多是以诸葛亮为主角的故事彩塑，**白楼**曾是军阀吴佩孚宅邸，现被改为白帝城博物馆。岛内另有一处**悬棺馆**，详细梳理了三峡悬棺的由来和分类，并以投影对悬挂方式进行了合理的推断演示。乘坐半小时一班的摆渡船可到对岸的**古象馆**，这里以展览夔门古象化石为主。之后步道一分为二，上山路可至**瞿塘关遗址博物馆**，多是石雕木雕，藏品乏善可陈；沿江前行可至**赤甲楼**，这里是三峡古炮台遗址，猕猴常在此聚集讨食，你可以在此凭楼远眺，拍摄瞿塘风光。赤甲楼旁的栈道直通**三峡之巅**，地处三峡之首，杜甫《夔州歌十绝句》中的每一句都像是这里的广告语。当然这条全程10公里的山路并不好走，步行3公里至石庙村后尽是危石鸟道，路标也不明显。但目前通往三峡之巅的柏油车道已经完工，沿途有线路标志可直达山顶俯瞰瞿塘峡。

乘坐由奉节客运中心去往白帝城的班车（5元；滚动发车）最为方便，打车普遍一口价50元。

小寨天坑 地质景观

（兴隆镇小寨村巫恩路；门票旺季4月至10月45元，淡季11月至次年3月30元；⏲8:00~17:00）天坑算得上是奉节的"特产"，但像小寨天坑这样庞大的岩塌溶陷型漏斗却是世间独有，不仅深度（666.2米）与口径（622米）居世界首位，且据统计容积之大与云南滇池不相上下。与武隆天坑相比，小寨天坑更像一个"巨人"，沿2666级石阶向下，四周陡峭，尽是千姿百态的喀斯特地貌，天生桥、石林、盲谷、竖井，在这幅丹青长卷里应有尽有。从坑底仰望，天窗犹如"地球之眼"，颇有坐井观天之感，耳畔有汹涌暗河撞击岩壁，轰轰作响，更多秘密还藏在地底的无数洞穴里，等待专家勘察。天坑对体力有较大要求，往返需5小时左右，但想想无法拒绝的美景与持续消耗的卡路里，何乐而不为呢?

游览天坑地缝建议早起，由国平汽车站乘坐前往三角坝的班车（24元；6:00~16:00，1小时1班；1.5小时），回程车最晚16:00返回奉节城区。

> **不要错过**
>
> **归来三峡**
>
> 游览完白帝城，你也可以看一场演出细细回味。**《归来三峡》**（☎8599 1002；风雨廊桥西侧南门沱水域；门票298元起；⏲8:00~18:00）由张艺谋亲自执导，这台大型山水实景演艺告别以往的"人海战术"，将奉节的诗词文化与巴蜀风土通过科技手段还原出来，再现了诗词的创作意境。逢特殊天气演出可能取消，你可以关注"天地诗心归来三峡"微信公众号了解最新动态。

天井峡地缝 地质景观

（兴隆镇小寨村201省道旁；门票旺季4月至10月45元，淡季11月至次年3月30元；⏲8:00~17:00）地下更比地上奇。天井峡地缝末端距离小寨天坑5公里，与小寨天坑属同一溶岩系统。这座千峰万壑间的V字形峡谷，拥有近900米的切割深度，全长37公里，从地图俯瞰，天井峡地缝犹如一条大裂谷。作为景区开放的天井峡至罗家坪段约3.5公里，算是美景的精髓，巨岩蔽日，两侧如刀切斧削般的峭壁间，刚好留下一条石路可供步行，最窄

小寨天坑。

处仅1.2米。与小寨天坑的运动主题相比，在这种独特的“一线天”景观中步行要惬意许多。如果不想走回头路，从靠近天坑一侧的罗家坪入口进入，可以更方便返回兴隆镇。

夔州博物馆 博物馆

（☎5680 6567；诗城东路83号；凭身份证件免费；⏰周二至周日9:00~17:00，周一闭馆）位于夔州古建筑群内的夔州博物馆是奉节的“乡土志”，三层展览的主题内容各不相同，从古夔之谜到巴楚交融，以丰富的藏品展现了“夔门天下雄”。105路公交车途经夔州博物馆，也可继续乘此车前往白帝城。

食宿

奉节新城沿江而建，滨江的夔府大道两侧住宿选择很多，交通非常便利。**天怡国宾大宾馆**（☎8598 8888；西部新区夔门时代大厦；标单/双300元起；❄📶P）在当地称得上档次最高的酒店，房间配备现代化家具，在此还可品尝川粤特色菜。**奉节饭店**（☎8516 8888；人和街175号；标单/双280元起；❄📶P）紧邻商圈，房间宽敞舒适，酒店还额外配有屋顶花园和养生馆。

发源于奉节的“非遗”美食盬子鸡因时任总书记赵紫阳的夸奖而得名紫阳鸡，如今在川东名声大噪。农家土鸡辅以陈年白菜的老腊肉以热气蒸制4小时，鸡肉滑嫩味道鲜美。**壹盬子鸡**（滨江国际A区外；人均100元；⏰9:00~22:00）生意火爆，晚餐时段一位难求。

到达和离开

长途汽车

奉节四个车站都在诗城路上，彼此相距不远。**奉节汽车客运总站**（☎5652 1051；诗城路456号）是本地最大的车站，以发往外省长途汽车为主，也向巫山方向滚动发车（25元；7:30~17:00；1.5小时）。**奉节客运中心**（☎5652 2027；诗城路608号九号桥北侧）

©游荡的山/图虫创意

的车主要来往于重庆市区（152元；6小时），平均每半小时1班。**奉节港口汽车站**（☎5655 8337；诗城路668号东30米）主要运营发往宜昌（130元；4小时）、武汉（150元；7小时）和巫溪（35元；1.5小时）的班车。**国平汽车站**（☎8598 5027；诗城路668号西段）则主要运营发往下辖乡镇的班车。“高速已通，铁路成空”，奉节人俏皮话中的“高铁梦”即将实现。作为郑万铁路的中间站，随着工期内重要节点草堂隧道的开通，距离全线贯通更近了一步。

当地交通

1开头的公交车大多都会经过诗城路，票价1.5元，现已支持手机扫码乘车。公交在7:00~18:00运营，间隔较长，打车更为方便，10元已足够在城里绕个来回。

巫山

“遥望神女岂无梦，行到巫山必有诗”，

不要错过

诗城博物馆

如果上网搜索和奉节相关的图书，十有八九会看到赵贵林的名字，这位身兼数职的本地作家为了更好记录奉节的变迁，私人筹建创办了**诗城博物馆**（☎5653 6988；诗城东路136号；门票30元；⏲7:30~17:00）。博物馆与白帝城遥遥相望，三层仿古建筑内展出逾5000件藏品，共有15个展厅，涵盖内容之广也许不亚于夔州博物馆，甚至连1997年“阿迪力夔门走钢丝”的相关资料也有翔实记录。有时热情的馆长还会充当讲解员，一一介绍每一件藏品。

无论李白还是白居易，古代文人津津乐道的巫山风光，与描绘男女情事的“巫山云雨”，共同构建起现代人对于巫山的朦胧臆想。但如果现在亲临巫山，会发现峡江已经变窄，先民的栈道已没入江中，而随着水涨船高，荡漾于江中已再难让心中泛起波澜，但抬高的江水却也让你离神女峰更近一步。待到深秋，通红的火枫更显江山如画。

景点

神女峰和神女溪　峡谷

巫山县以东15公里，于青霞白云中突兀而出的巨岩便是**神女峰**（门票80元含往返船费；⏲9:00发船），“片石亭亭号女郎”，历代墨客留下诗词歌赋赞叹她的风姿绰约，大坝蓄水后，游人可登顶一览其妩媚。由神女码头向上，半山的观景亭即可领略巫峡风光，登顶更能看遍“巫山十二峰”。看罢神女峰后，可以换乘画舫，一探与她隔江相望的**神女溪**[门票110元（含往返船费）；⏲9:00发船]的清秀。比起高峡平湖的壮阔，神女溪更显小家碧玉，在三峡蓄水后，旅行者更可深入溪内峡谷探访碧潭的深幽。如果想同日游玩两处，选择水路环线游览项目（门票230元）更为方便，不仅节省攀登及返程花费的时间，还可额外乘车直达柳坪黄岩村，这条神女天路被称为“最美乡村公路”，让你得以换个角度领略巫山烟云。

小三峡和小小三峡 峡谷

[门票120元（含小小三峡）；⏲10:00、14:00发船]小三峡和小小三峡几乎是每艘三峡游轮都会停靠的项目。长江支流大宁河由巫山县城至大昌古镇间近50公里的水路，有长江小三峡之称，依次串联起**龙门峡**、**巴雾峡**和**滴翠峡**，以一条碧水藏住秀美风光。自三峡蓄水后，大宁河水位暴涨，这片浓缩的三峡美景更显“端庄”。由游客中心旅游码头等船，过了有“小夔门”之称的龙门峡后，平稳的水流将送你去欣赏姿态各异的嶙峋峡石，导游的适时讲解不会让你错过包括巴雾峡铁悬棺在内的每处景致。行至滴翠峡，就要换乌篷船溯支流马渡河而上，去游览小小三峡，即**三撑峡**、**秦王峡**和**长滩峡**。河道狭窄，景幽水秀，当地导游会做简单介绍，边唱山歌边卖纪念品。巡游一圈后即乘船返回巫山码头，只有夏季另设游览大昌古镇的行程。返程路上不要意外导游三番五次推销土特产，船舱二层雅座区可供应酸菜鱼，价格尚可，换船前需预订。

大昌古镇 古镇

（大昌镇深圳路；免费）原处大宁河东南隅的大昌镇，曾是三峡库区保存最完整的明末清初建筑群。水位上涨后整体搬迁至6公里以外，依旧三面环水，保持以主街解放街串联起三座城门的丁字形结构，复建35处古建筑，包括几乎占据半座城的温家大院，以及古城墙上那棵**千年黄葛树**。“袖珍”的老城虽然健在，繁华却已退去，曾作为乾隆贡品的**大昌雪枣**吸引游人慕名前往，如今巫山县的超市里已随处可见。古镇距城区50公里，可由翠屏汽车站乘车直达（20元；每3小时滚动发车；2小时）。

巫山博物馆 博物馆

（见202页地图；☎5762 9916；平湖西路369号；凭身份证件免费；⏲9:00~17:00，

码头文化和袍哥

罗唯嘉

四川盆地东南部的重庆城区依山而建，很少能找到大片平坦的路面，也是中国少有的市区罕见自行车的大城市。虽然陆上交通不便，水运却极其发达，长江和嘉陵江在此交汇，境内还有乌江、涪江、渠江、綦江等多条河流，形成了四通八达的河流交通网线。

在成为直辖市之前，重庆曾是四川与外界沟通的主要口岸，四川的大米、井盐通过重庆码头向外输出，长江中下游的棉、布等货物也通过水路经三峡输入四川。俗谚有“川米易苏布，衣食各有惬”，重庆由此成为繁忙的商业物资交流中心。1891年，根据中英签订的《烟台条约续增专条》，重庆海关正式开埠，成为四川省第一个通商口岸。1926年，中华民国最大的民营航运企业民生公司由卢作孚在重庆成立，鼎盛时期民生公司的货运量能占到川江航运的一半以上，超

左图：重庆的码头；上图：朝天门码头的街道。左图：©TANWEI/图虫创意；上图：©雪狐XUEHU/图虫创意。

过三大外轮公司怡和、太古、日清的总和。

各大码头的人员来往如织、五方杂处让重庆形成了独特的码头文化。在码头谋生之人来自五湖四海，脱离了原来的生活环境和社会关系，为了更容易在外立足，往往抱团互相支持，以江湖义气为行事原则，形成各种行会帮会组织。

而川渝地区最有名的帮会——袍哥组织的形成壮大就受到码头文化的很大影响。袍哥组织又称为哥老会或者红帮，其起源说法不一。袍哥奉郑成功为创始人，目的是反清复明，其内部流传的秘籍《海底》一书即由郑成功之子封入铁匣沉入海底后被人发现，其中记载了袍哥的起源和帮规。这个颇具神秘色彩的传说，与南宋末年诗人郑思肖将所著含有反元思想的《心史》藏入铁函沉入井中的故事很像，真实性颇让人怀疑。历史研究者较为认可的说法是，袍哥源于“啯噜”（与哥老音近），是由迁入四川的移民和当地无业游民组成的武装集团，到了晚清，外国轮船驶入长江，导致木船业衰落，大批水手、纤夫和码头工人失业，加入“啯噜”中，最终形成了袍哥。

袍哥是游离于政府控制之外的秘密组织，从“袍哥”的含义可以看出他们的价值观，一种说法源于《诗经》中的“岂曰无衣，与子同袍”，意指有福同享、有难同当，另一种说法“袍”是同胞的“胞”字，表示大家是异姓兄弟。袍哥对内义字当先，有严密的组织程序、入会流程和规矩，分为“仁、义、礼、智、信”五个堂口，成员间都是兄弟关系，这与青帮成员有师徒辈分极为不同。

袍哥经常参与解决地方上各种矛盾冲突，曾经代替了部分政府职能，客观上起到过稳定社会的作用。但是袍哥组织毕竟属于民间结社，特别有一种“浑水袍哥”，专门从事打家劫舍等不法勾当，受到官府严厉镇压。因此袍哥往往不能公开活动，其运行依赖一套“隐语”体系，如“毛了”指杀人，“点水”指出卖同伙，“落教”指按袍哥规矩办事等。袍哥常以茶馆为据点和联络点，往往在茶馆中解决社会纷争，称为“吃讲茶”。而外来袍哥到新的地界，也需去当地茶馆“拜码头”，用“茶碗阵”的方式进行交流，如果应答不当，会被当作“倥子”或者“黑袍”（冒充“袍哥”）受到惩处，严重的还会丢掉性命。

袍哥曾经在川渝影响很大，是一股不可忽视的力量，同盟会在推翻清政府时就与袍哥组织多有合作。辛亥革命后，袍哥组织逐渐公开化，川渝成年男性半数以上都曾加入袍哥组织。袍哥中出了不少知名人士，如前些年方言喜剧《傻儿师长》便以袍哥大爷范绍增为原型，他曾率军出川抗日，立下赫赫战功，并担任过重庆袍哥礼字总社社长；而中国民主同盟会的创始人张澜更是袍哥中的杰出代表，为新民主主义革命多方奔走出力，新中国成立后担任过中央人民政府副主席。今天，袍哥已经走入历史，而袍哥文化还在川渝的日常中留有痕迹，本地人常说“袍哥人家，绝不拉稀摆带”，是表示自己做事说一不二，绝不拖泥带水，可见袍哥早已成为性情耿直的象征。

周一闭馆）位于山腰间，上下都需要走很长的步梯，正门前可观文峰观与红色长江大桥。博物馆以“巫文化”为主线，展示了距今204万年的龙骨坡遗址的相关文物，馆内还有关于三峡文物抢救和保护的介绍，包括大昌古镇的整体迁移过程。

住宿

距离江边越近的酒店价格越高，县城中心广东路周边有不少相对便宜的选择。每年长江枫叶节期间一房难求，建议预订。

巫山凯创戴斯酒店 酒店¥¥

（见202页地图；☎5789 9999；净坛二路216号9号楼；标单/双360元起；❄📶🅿）位于县城中心，是本地少有的国际连锁品牌。客房整洁，服务热情周到，店内中餐厅很有人气，本地人聚会也会选择这里。

©品空/图虫创意

大昌古镇。

巫山曼斯顿大酒店 酒店¥

（见202页地图；☎8552 1988；滨江路三江六景；标单/双188元起；❄📶🅿）就在旅游码头斜对面，出门右边有多家餐厅，夏天江边可喝夜啤，地下停车场有专用车位。

铭雨·巫山鸿都大酒店 酒店¥

（见202页地图；☎5769 0808；广东中路275号；标单/双158元起；❄📶🅿）位于商业中心，出门就能逛街，但不提供免费停车，周边有公交车站，淡季免费升级。

餐饮

广州中路两侧聚集着大量饭店，以川菜为主。除了招牌烤鱼外，老腊肉是巫山的美食

名片，腊猪蹄汤则更能在冬天让幸福指数飙升，各家餐厅都能吃到。

李氏下饭菜 川菜 ¥

（见202页地图；净坛二路244号；人均40元；9:00～22:00）主营纸包鱼，蒜香味道，口感细滑，萝卜干炒腊肉也是店内备受好评的菜品。

百味鲜 川菜 ¥¥

（见202页地图；净坛二路24号；人均70元；10:00～21:00）其他菜品大都平平无奇，唯有水煮鱼味道出众，现宰活鱼，麻辣鲜美，多人用餐更合适。

邓麻木羊肉 火锅 ¥¥

（见202页地图；净坛一路413号；人均75元；8:00～21:00）如果想尝尝山城羊肉，千万别错过这里，无论是粉蒸肉还是羊肉汤锅，都没有腥膻味道，口感软嫩细腻。

另辟蹊径

探访上古盐都

随着奉溪高速的开通，这条"重庆天路"被缩减为车程1小时的柏油路，连绵的高山再也不是去巫溪县品尝正宗烤鱼的阻碍。此外，到巫溪不妨顺便去**宁厂古镇**转转，这座"上古盐都"据说已有近5000年的历史，占据"七里半边街"，古镇中心的作坊遗址内还保存有15座完整的盐灶，以未经雕琢的石料垒成建筑，风格粗犷，却与环抱它的奇山秀水颇为协调，立于崖边的吊脚楼看起来摇摇欲坠，却坚实屹立了近百年。盐都曾经夜有万盏明灯，如今青石路上人迹寥寥，适合思古怀乡。

到达和离开

飞机

2019年8月正式通航的**巫山神女峰机场**（5767 1806；曲尺乡金盆寺）距县城16公里，是目前重庆海拔最高的民用机场，在"云端"的观景平台，可俯瞰瞿塘峡，远眺巫峡。目前除重庆江北外，巫山机场的航点还包括广州、西安、海口等。

长途汽车

巫山翠屏汽车站（见202页地图；5765 1677；翠屏路718号）每日有多班贯穿长江沿线区县的巴士由此出发，最终驶向重庆市区，同时也有班车去往湖北宜昌及恩施。巫山火车站预计2022年通车，届时乘坐高铁往返重庆市区仅需2小时。

轮船

宁江路上有两个码头，**游客中心旅游码头**（见202页地图；5775 6666；宁江路111号）是最大的，每天都有发往小三峡及神女峰的游船。**九码头**（见202页地图；139 9661 4858；宁江路399号）除了发往大昌古镇的快艇外，还有发往万州及宜昌的游船。

另辟蹊径

畅游大九湖

随着九湖旅游公路翻新工程结束，游览过大昌古镇，你便可轻松自驾前往神农架九湖，开启另外的“华中屋脊”的林区行，于崇山峻岭间享受驾驶乐趣。沿途会率先抵达小小三峡上游的平和乡，然后进入**当阳大峡谷**。峡谷长约50公里，由三段组成，前20公里沿平河大峡谷的河床修建，路途平坦；于**当阳风情小镇**稍作休息后，继续前行，进入10公里的盘旋上坡路直到**忍子坪**，沿途有恬静的田野景色。当然，大多数旅行者会先由当阳镇前往葱坪湿地公园游览一番，这里是重庆保存最完好的**高山湿地草场**。最后20公里需沿岩壁前行直达**大九湖湿地公园**，急弯较多，相对更考验车技。

当地交通

公交票价1.5元（6:30~19:30），沿宁江路行驶的101路和105路可至游客中心及博物馆，另乘坐603路可到达巫山神女峰机场，票价0元。出租车起步价5元，超过起步里程后1.2元/公里。

巴东

电话区号0718

欢迎进入湖北省，并自此前往西陵峡。如果你还记得第4套人民币5元背面的图案，那便是于巴东拍摄的巫峡场景。三峡风光在此停歇，迁址至新城的巴东少了历史古韵，但依旧保有江岸安逸的市井生活。一江之水上的长江大桥将新旧两城相连，而新建成的高速公路也为巴东带来更多旅行者。如果非要找点由头在这里落脚，大概要数当地好吃不贵的土家菜肴。

景点

民族文化公园（巴东博物馆） 博物馆

（433 5435；信陵镇营沱小区沿江大道；免费；周二至周五13:00~17:00，周末10:00~17:00，周一闭馆）公园初建时为寇准纪念公园，以仿宋县衙等展现其任巴东县令时的丰功伟绩。后另辟巴东县博物馆，又将11栋三峡古建在此集中复原，才拼凑为现在的民族文化公园。寇公祠内立有汉白玉寇准像，同时介绍寇准生平及诗作，而旧县坪遗址的介绍及相关文物也许是博物馆最值得一看的内容。山腰的秋月亭可远观巫峡，由官渡口镇移来的五间明清老屋及异地迁来的明清单拱石桥和寺庙，也错落有致地排列在周边。四月底公园会举办纤夫文化旅游节，纤夫号子和巴东堂戏等轮番上演，可以领略工家的土家族峡民风情。城区内乘坐公交1号线终点即到。

神农溪 峡谷

[433 1500；朝阳路50号；门票140元（含游船），漂流180元；9:00~17:00]神农溪原名沿渡河，发源于神农架南坡，因传说炎帝采药后顺溪而下至此而得名。这里的峡谷风光与巫山小三峡类似，以嶙峋怪石与青

巫山翠屏汽车站车次时刻表

站点	班次	票价（元）	行程（小时）
重庆	7:20~17:00，约50分钟1班	173	7
万州	7:20~17:30，约1.5小时1班	67	2.5
宜昌	7:30~17:00，约2小时1班	110	5
奉节	7:30~17:00，约1.5小时1班	25	1
巫溪	8:00、11:00、14:00、16:30	50	1.5
大昌	7:20、10:30、13:30、15:00	20	2

东神农溪。

山绿水为主，有悬棺做“点缀”，不过这里还有瀑布飞涧，在纤夫驿站也能欣赏欢快的土家族歌舞表演。漂流是神农溪的夏季主营项目，“一里三湾，湾湾见滩”，形似豌豆角的人力驳船比橡皮艇更受欢迎。沿江路神农溪游船码头于每天7:30和14:00发船前往神农溪景区，记得提前预约。

无源洞 溶洞

（信陵镇黄岩新村；门票60元；⏲8:00~16:00）位于县城东郊金子山麓，核心为溶洞密布的奇特峡谷。无源洞因“深远莫测起源”而得名，据说古人探洞燃尽七支蜡烛仍未至尽头。洞内空旷，钟乳堆积，与洞外悬泉飞泻、丘壑天成相得益彰，被誉为“三峡之心”。溶洞距神农溪10公里，打车最方便，约需20元（20分钟）。

食宿

巴东的住宿条件大多类似，屋内略潮，设施有待更新。**巴东锦绣中华国际大酒店**（☎0718-402 2222；旅游码头旁；标单/双120元起；❄📶🅿）算是代表，位于神农溪游船码头旁，出门就是江景，并且提供城内免费接送服务。沿江路码头算得上镇上最热闹的地方，有不少以土家菜为主打的餐馆，**土家宅**（☎439 6666；巴山路6号；人均60元；⏲9:00~22:00）在当地人气很旺，价格适中，菜品丰富，菌子汤非常好喝。

到达和离开

除非你有到访野三关镇的计划，目前搭乘火车不是到访巴东的最佳选择。**巴东站**（☎951 0510；野三关镇柳家山村）距县城近百公里，开车需2.5小时，当地人戏称为“深山夜明珠”。但预计2022年建成的巴东北站是郑万铁路恩施州段规划的唯一高铁站，届时到访巴东将更方便。目前，**聚宝盆汽车客运中心**（☎422 4999；金堂路61号；⏲7:00~

17:00）是出入县府信陵镇的首选，每日都会向宜昌及重庆滚动发车。另外这些车辆都会经过**水陆客运中心站**（☎402 555；沿江大道132号；⏰7:00~17:00），由此可以乘坐快艇前往宜昌太平溪港，价格100元。

当地交通

公交1号线基本涵盖所有和旅行相关的地点，票价1元，班车间隔10分钟。乘公交可搜索"巴人行"App，不仅可查询线路信息，还可扫码乘车。出租车起步价4元，超过起步里程后2元/公里。

秭归

电话区号0717

据《水经注》记载，"屈原有贤姊，闻原放逐，亦来归，因名曰姊归"，秭归的名字因此得来并沿用近2000年。而屈原的"明星效应"也让只是宜昌下辖县的秭归星光熠熠。秭归不仅因"屈原故里端午习俗"被列入《非物质文化遗产名录》，还荣膺"中国龙舟之乡"。如今，迁址凤凰山的秭归新城正面向三峡大坝，以高峡平湖的美景重新示人，将两千年的历史娓娓道来。

景点

屈原故里 祠堂

（平湖大道东北侧；门票80元；⏰8:00~17:00）两次易地的屈原祠最终选址于和三峡大坝隔江相望的凤凰山，同期搬迁复建的还包括青滩仁村民居在内的24处峡江文物。面朝三峡大坝的屈原祠为重檐歇山顶，饰以风火山墙，步入山门，经过前殿及乐舞楼即可登上主殿，其中立有重达3吨的屈原像。主殿两侧的碑廊有分别展出屈原生平及作品的青石碑刻，自北碑廊可步行至屈原的衣冠冢。沿滨江步道前行，可以将"高峡平湖"尽收眼底，园区深处藏有从三峡库区抢救回的文物古迹，不仅有秭归老城地标的"屈原故里"牌坊，国内少有的木构江渎庙也落户于此，这是

三峡竹海。

在三峡沿岸了解峡民水神祭祀历史的难得机会。城区内乘坐秭归1路（1.5元）可直达屈原故里。

链子崖地质公园　　公园

（屈原镇杨家沱；门票58元；⏲8:00~17:00）位于兵书宝剑峡与牛肝马肺峡间，被李四光称为“地质化石”。经地质勘查，这座约750米高的悬崖有开裂崩塌而阻塞江道的风险，因此自1995年起，国家斥巨资以173根锚索为开裂的山壁“打补丁”，成就了这座危石治理奇观。除了铁链巨岩，景区无太多新意，山顶是拍摄西陵峡全貌的热门打卡地，天然岩壁也吸引了不少攀岩爱好者。由秭归县客运中心乘前往郭家坝方向的班车会经停链子崖（14元；7:00~17:10，半小时1班；40分钟）。

三峡竹海　　森林

（茅坪镇泗溪村；门票88元；⏲4月至8月8:00~18:00，9月至次年3月8:30~17:30）虽不如《卧龙藏龙》中木坑竹海那般宏大壮阔，但三峡竹海别有一番恬静。曲径通幽后，你可以在被满目绿意包裹的泗溪泛竹排，游览大小不一的溶洞，遥看瀑布挂前川。如此惬意更适合时间宽裕的家庭到访。三峡竹海没有直达车，乘坐秭归2路到九里庙（1.5元）下车后打车（30元）是最便捷的方法。

©上善若水937/图虫创意

端阳过大年

“秭归端午比年大”，作为屈原故乡，对秭归人来说，端午节较春节的重要程度更胜一筹。农历五月初五小端阳被认作恶日，出嫁女子回娘家意为“躲端阳”，家中开始包粽子、泡雄黄酒，门口插艾蒿菖蒲以驱邪避祸。五月十五中端阳最热闹，全城老少聚集徐家冲，竞划渡江龙舟，热闹喧天，每年的粽王选举也格外吸引人。五月二十五的末端阳适逢夏收，邻里间会自娱自乐地划起旱龙舟，在屈原出生的乐平里，还会有大量乡民聚集在屈原庙旁吟诵怀古诗歌。

食宿

如果想在房内远观平湖大坝的风景，平湖大道周边的客栈最合适。**无舍民俗客栈**（☎267 6777；橘颂路43号国华盛景4楼；标单/双138元起；❄📶🅿）将古色古香与现代设计相结合，庭院为远眺三峡大坝提供了宽阔的平台。如果5月到访秭归，端午期间很可能一房难求。滨江路龙舟广场附近的酒店均直对举行龙舟赛的徐家冲，**海悦酒店**（☎288 8789；滨湖路6号；标单/双168元起；❄📶🅿）是其中较新的酒店，服务贴心，周边有不少小吃店。滨湖客运中心站对面的**凤凰楼**（☎272 6677；人均50元；⏲11:00~22:00）因主推屈原家宴赫赫有名。夏天路边售卖的赤花籽是当地特色的消暑小吃，至于鼎鼎大名的粽子，当地基本以红枣粽为主，哪怕在烧烤密布的夜市也能轻松吃到。

到达和离开

秭归县客运中心（288 8586；滨湖路2号）每天有发往周边区市和县乡镇的班车。由此前往宜昌可乘坐809路城际公交（15元；1.5小时）。

宜昌

电话区号0717

古称夷陵的湖北宜昌自秦汉起就是兵家必争之地，“白起烧夷”“大战长坂坡”“火烧连营”，这些如数家珍的故事都发生在这里。到了清朝，作为“川盐入鄂”的水上枢纽，取“宜于昌盛”之意，宜昌逐渐变为繁华之地。然而抗日战争的惨烈牺牲，令此地元气大伤，直到葛洲坝与三峡工程落成，“水电之都”的名号才赋予了这座历史名城更多样的旅行体验。

景点

三峡人家 村落

[夷陵区石牌镇；门票180元（含渡船），大巴30元，索道30元，自动扶梯30元；旺季3月至10月8:00~17:30，淡季11月至次年2月8:30~17:00]乘船入**明月湾**，风景怡人的西陵画卷便会铺展眼前，待望见依山傍水的青瓦木栈，便到了风景绝佳的三峡人家。看完船工号子表演，**龙进溪**旁的峡江水岸生活便已扑面而来，无论是袅袅炊烟还是鸭鹅嬉戏，青山绿水间的溪水人家在诠释何谓世外桃源。沿栈桥顺江前行，便可领略**灯影峡**的壮美，四块傲立山巅的奇石在夕阳西照时如同灯影戏幕上的人物剪影。自动扶梯的开通让探访**巴王寨**更为轻松，沿途民俗表演联袂上演，登顶即可于巴王宫了解古巴人生活，远眺明月湾全景。“长江第一神牌”**石令牌**位于山腰，1943年在此发生的石牌保卫战被称为“东方斯大林格勒战役”，要塞内至今保存着16处重要军事设施。由此乘索道下山可到**胡金渡口**踏上归程。

由夷陵广场始发的旅游公交专线10-1会途经西陵峡各景点，最终到达三峡人家（15元；7:05~15:40滚动发车；1.5小时）。游客中

三峡库区环境的今与昔

罗唯嘉

1992年4月3日，第七届全国人大五次会议通过《关于兴建长江三峡工程的决议》，三峡工程建设正式拉开帷幕。与以往的决议相比，这次代表的声音并非那么整齐划一，参会总数2633人，1767人赞成，177人反对，664人弃权，还有25人未按表决器，赞成者占到会人数的67.11%，勉强符合决议通过所需2/3到会人数赞成的要求，这在历史上非常罕见。

三峡大坝所在的长江蕴藏着丰富的水能资源，2.68亿千瓦的理论蕴含量占到全国水能的39%；若论内河运输更是举足轻重，长江干支流通航里程约7万公里，占全国内河航运的65%，是名副其实的黄金水道，但是从重庆到宜昌的“峡江”段岸高江狭、水流湍急，上行航运不便，也因此催生出了纤夫的行当。而且上游暗滩很多，大型

左图：瞿塘峡，三峡大坝；上图：巫山文峰塔和长江大桥。左图：©陈仓识火/图虫创意；上图：©按快门的上善若水/图虫创意。

货轮无法进入。如何利用好长江潜能的动议由来已久，自孙中山在《建国方略》中提出“改良此上游一段，当以水闸堰其水，使舟得溯流以行而又可资其水力”，直至新中国成立，历届政府都在积极论证和推动三峡工程的建设。大坝建成后，可以调节洪峰防洪，利用水能发电，为农业灌溉提供丰富的水源，万吨巨轮亦可直达重庆港，水库渔业和旅游业等也可能迎来发展的机遇。

但是，拦腰一刀截住滚滚长江水，对地形地貌都会产生极大改变，特别是对环境潜在的破坏成为当年代表们犹豫不决的重要原因。另外，大坝蓄水，将狭长的河道变成宽阔的水库，淹没了大量土地，祖祖辈辈生活在这里的居民也要被迫迁徙。淹没的土地涉及湖北、重庆的20个区县、270多个乡镇和1500多家企业，共影响110多万移民。在这些移民中，除十余万人外迁至上海、江苏、山东、浙江、福建、江西等省份外，大部分最终被“后靠安置”到库区附近的高地重建家园。

库区首要的环境问题是水质，蓄水前的库底清理工作非常重要，但一些措施并非尽善尽美，比如对体量较大的垃圾堆层采取就地封存、固化处理的方式，就为库区的水质安全埋下隐患。另外，原有的耕地被淹，后迁入的移民重新开地，新开地的坡度较大，更容易造成水土流失，而蓄水后流水转变为缓水和静水，也使得库区的自净能力下降。库区水质的富营养化现象较为明显，特别是蓄水前在支流从未观测到的水华现象，如今在部分支流和库湾多次出现。

三峡库区曾是多种珍稀植物的栖息地，蓄水后沿江多样的植被也遭到破坏，如荷叶铁线蕨、疏花水柏枝原产地或被淹没，或受到严重威胁。而长江流域是中国“四大家鱼”的主要产区，但大坝建成后水文发生重大改变，长江中游固定的八个产卵区全部消失。同时，原来适应流水环境的南方鲶、草鱼、鲤鱼等数量减少，适合静水缓流的鳊、圆筒吻鮈数量大幅增加。至于众多需要长途洄游繁殖的珍稀鱼种，早在三峡大坝建成前，就已经被葛洲坝无情地阻断了繁衍的机会。

一些更广泛更彻底的改变也随之而来。由于大坝采取"蓄清排浑"的方式，冬季枯水期蓄水，夏季丰水期排水，水位在145米至175米不自然地波动，形成了高差30米的"消落带"。由于水旱交替，消落带的植被难以持续存活，形成荒漠化景观。而常年反复升降的水位浸泡和压迫着两岸坡地的岩体，也诱发了滑坡、泥石流等灾害，云阳县故陵镇、巫山县巫峡镇、曲尺乡塔坪等地都发生过较大规模滑坡，使得部分移民不得不二次搬迁。

如今，关于是否要建设三峡工程的讨论早已走入历史，大坝重塑的环境与地景已成为眼前的现实。但并非一切都是坏消息。据监测数据显示，自2009年水库全部建成后，库区的水质保持在Ⅱ～Ⅲ类，且有逐年向好的趋势。这可能是因为库区水容增大，对污染物有稀释沉淀作用，同时与政府加大污染整治力度有关。或许从更为漫长的历史时期来看，三峡地区的环境将会在未来达成一个新的平衡，也许人们将习惯库区水边几乎寸草不生的消落带，只有后来者看到印在第五套人民币上夔门屹立的壮景时，才会意识到这里曾经的沧海桑田。

心的码头长期默认为"车位不足"，需从王家坪车站换乘大巴至游客中心码头。如果一定要开车进入园区，售票厅特设的农家乐窗口旁有不少店主揽客，只有承诺开销超过全车人数所需的大巴费用，"合作"才算达成。

三峡大瀑布 瀑布

（夷陵区黄花乡黄花场村；门票127元，摆渡车20元；⏲8:30～17:30）落差102米、瀑宽80米的三峡大瀑布因又名白果树瀑布，常

三峡人家。

常被拿去与黄果树大瀑布相比。虽然三峡大瀑布要高出30米，但气势上略逊一筹，好在这里更"亲民"，你可以极速穿越瀑面体验湿身清凉的快意。长约5公里的峡谷内，大小不一的瀑布星罗棋布，穿过亚洲第一长的铁索桥便可听到巨大水声，无论装备多么严实，都会体验到"天赐清凉"，记得提前藏好相机。瀑布距市内近40公里，宜昌东站有直达三峡大瀑布的旅游公交专线10-3，经停游客中心，往返票价30元（宜昌东站8:00、9:30、12:30，三峡大瀑布13:30、15:00、18:00；1.5小时）。

三游洞 古迹

（南津关下牢溪口；门票78元；⏲3月至10月7:30～17:30，11月至次年2月8:30～17:00）一说唐代诗人白居易、白行简、元稹三人同游此洞而得名，另一说则为宋代苏洵、苏轼、苏辙父子三人同游。无论孰是孰非，三游洞内留下了各位名家的诗词题刻，并

宜昌博物馆中的展品，虎钮錞于。

因此而闻名天下。后山除了"石中凉亭" **大悲洞**外，在擂鼓台张飞雕像旁最能见识三峡起始点的美丽风景。三游洞旁的**欢乐谷**（☎886 2143；230元）可体验从61米高纵深一跃的刺激快感。由夷陵广场始发的旅游观光2号线票价最便宜（2元），可直达三游洞。

宜昌博物馆 博物馆

（见203页地图；☎679 9518；伍家岗区柏临河路；凭身份证件免费；⏲9:00~17:00，周一闭馆）游览宜昌博物馆对溯江之行是个不错的预热。2018年开放的新馆为近5万件藏品提供了充足的展示空间。历史博物馆内除了有同重庆中国三峡博物馆镇馆之宝——**虎钮錞于**一样的重量级巴人遗产，本地出土的珍贵文物也数不胜数，另外肯尼斯·尤金·贝林捐赠的200余件动物标本也在此展出。宜昌下辖各区县虽有自己的博物馆，但馆藏只能算看个热闹，不如在这里一饱眼福。博物馆距离市区不近，乘32路公交车至共宜一路东山大道口站较为方便，由市区打车约需20元。

葛洲坝公园 公园

（见203页地图；西陵区沿江大道一号；免费；⏲6:00~19:00）位于葛洲坝三号船闸旁，你可以亲身目睹巨轮过船闸的壮观景象。除了闲逛的游客，来这里休闲的多是葛洲坝的职工与家属，不妨闲聊听听这座长江第一座大型水电站的故事。B9路公交车的终点站便是葛洲坝站，公园信步可达。

磨基山公园 公园

（见203页地图；点军区江南路免费；）2001年夷陵长江大桥建成后，这座与城区近在咫尺的山头便成了宜昌人的"心头好"，不断地改造让这里林茂草丰，山顶可俯瞰全城，长江全景也一览无遗。

过桥即是公园入口，也可乘B27路到磨基山下车。

不要错过

三峡美术馆

（见203页地图；☎690 3152；西陵区西陵二路169号；凭身份证件免费；⏲9:00~17:00，周一闭馆）位于长江之滨，以三峡为主题的美术及摄影展不定期展出，提供了一个从艺术视角剖析水城之记忆的绝佳空间。三峡美术馆距离宜阳汽车后市场站不到5分钟路程，B38路或107路公交均在此停靠。

住宿

作为中国拥有AAAAA级旅游景区第四多城市的宜昌，住宿自然不成问题。三峡游客中心旁云集各种档次的连锁酒店，附近有餐厅和商场，无论出行还是就餐都很方便。西陵峡口景区内也有不少酒店，但同样的价格在市区可以住到更好的。

九州方圆大酒店　酒店 ¥¥¥

（见203页地图；☎629 5666；沿江大道185号；标单/双440元起；❄📶P）酒店定位高档，紧邻三峡游客中心，周边有万达广场。环境优雅，客房舒适，屋内还会开地暖，是秋冬最佳之选。

金东山大酒店　酒店 ¥¥

（见203页地图；☎699 3123；港窑路58号；标单/双268元起；❄📶P）三峡游客中心周边性价比很高的酒店，三峡风光主题的房间配备了舒适的床铺，车位充足，晚上楼下就是夜市。

三峡工程大酒店　酒店 ¥¥

（☎661 3666；三峡坝区江峡大道与华林路交叉口；标单/双288元起；❄📶P）位于三峡大坝附近，周边景点近在咫尺。江景房可观赏西陵峡风光，入住还有大坝主题的小礼品赠送。

宜昌悦江悬崖酒店　酒店 ¥¥¥

（☎753 1777；南津关路8号；标单/双520元起；❄📶P）位于三游洞旁边，悬崖之上的酒店装修古朴，房内坐拥无敌江景，酒店餐食不错，适合休闲度假。

餐饮

偌大的宜昌自然少不了美食，位于解放路中心的陶珠路夜市是宜昌最传统也最繁华的商业街，餐厅、小吃店数不胜数。当地远近闻名的要数萝卜饺子，煎炸后呈现金灿灿的月牙形，味道喷香浓郁；清香松软的顶顶糕也是宜昌特色小吃，在特制小木格里蒸制而成，加上一点红糖和桂花，口感香甜。

川太婆私房面　面条 ¥

（见203页地图；致祥路8号；人均10元；⏲6:00~20:00）人气十足，面条非常筋道，无论是小面还是热干面都值得为这里留出一餐的机会。

袁姐萝卜饺子　小吃 ¥

（见203页地图；中山路46号；人均10元；⏲10:00~22:00）老字号小吃店，长期排队，素萝卜饺子5元/个，热着吃特别香脆。

小雨天和平土菜馆　湖北菜 ¥¥

（见203页地图；步行街6号；人均60元；⏲10:00至次日5:00）据说曾上过央视节目，人气特别旺。土泥鳅和炖肥鱼是招牌菜，干锅鸡也非常有人气。

到达和离开

飞机

宜昌三峡机场（☎653 2214；猇亭区机场路8号）作为湖北省第二大国际机场，目前不只开通至北京、上海、重庆等国内主要城市的往来航班，更覆盖港台地区及釜山、曼谷等城市。

火车

宜昌东站（见203页地图；☎679 1188；

伍家岗区东路站1号）是目前宜昌唯一投入使用的火车站，为宜万铁路、汉宜高速铁路等的始发站。如今东站已形成集公交、BRT于一体的交通枢纽。目前沿江高铁中间站宜昌北站已选址于夷陵区，未来将成为出川入川的重要枢纽。

长途汽车

宜昌市区主要有两个长途汽车客运站，**宜昌汽车客运中心站**（见203页地图；☎691 0888；城东大道花艳路，宜昌东站西）与**宜昌汽车客运长途站**（见203页地图；☎644 5314；东山大道126号）均主要运营城际客车，线路多有重合，同步售票，可根据实际位置选择车站。

ℹ 当地交通

抵离机场

机场距市中心26公里，空港快线往返于机场和葛洲坝宾馆，票价20元，随航班动态发车，沿途停靠宜昌长途汽车客运站。打车约50元，30分钟左右。

BRT

BRT（2元；5:30~23:00）北起夷陵客运站，南至宜昌市火车东站，呈因地制宜设计的非对称“鱼骨式”，将宜昌的公共交通系统整合起来，可从沿途站点向支线公交进行转换。其中B9线往返于宜昌东站与葛洲坝之间，早晚高峰有K标志的特快车。另外，在BRT站台内可免费换乘其他线路。

> ☑ **不要错过**
>
> **两坝一峡**
>
> 如果在宜昌只停留一天，又想一睹世界级工程的真容，乘**“两坝一峡”游轮**（☎691 0001；三峡游客中心；188元）是不二之选。在长达37公里的长江航道中在葛洲坝体验“水涨船高”，而后深入西陵峡东段，途经三峡人家等地欣赏旖旎风光，于三斗坪换乘三峡大坝观光车去大坝景区内游览，之后乘车回到三峡游客中心。除逆江而行外，你也可以先乘车到达大坝，游览后再回程顺江而下。以“夜过葛洲坝”为噱头的**长江夜游游船**（☎697 5080；三峡游客中心；123元；⏰19:30~21:30）每晚19:30准时发船，可欣赏宜昌两岸的万家灯火，对于没时间乘坐“两坝一峡”又想一试“过船闸”的旅行者而言，是不错的替代品。lp

公交

通票2元（6:30~21:30）。另有由宜昌东站发车的旅游专线，途经夷陵广场直达三峡大瀑布，票价15元。

出租车

起步价6元/2公里，此后0.7元/500米。

宜昌汽车客运中心站车次时刻表

站点	班次	票价（元）	行程（小时）
武汉	9:00，11:00，15:30，17:30	100	4
秭归	6:50~19:00，滚动发车	65	1.5
巴东	6:50~19:00，约1小时1班	90	3.5
巫山	8:00~17:30，约1.5小时1班	110	4

三峡移民纪念馆。

长江三峡索引地图

1 涪陵城区

（见200页）

2 万州城区

（见201页）

3 巫山城区

（见202页）

4 宜昌城区

（见203页）

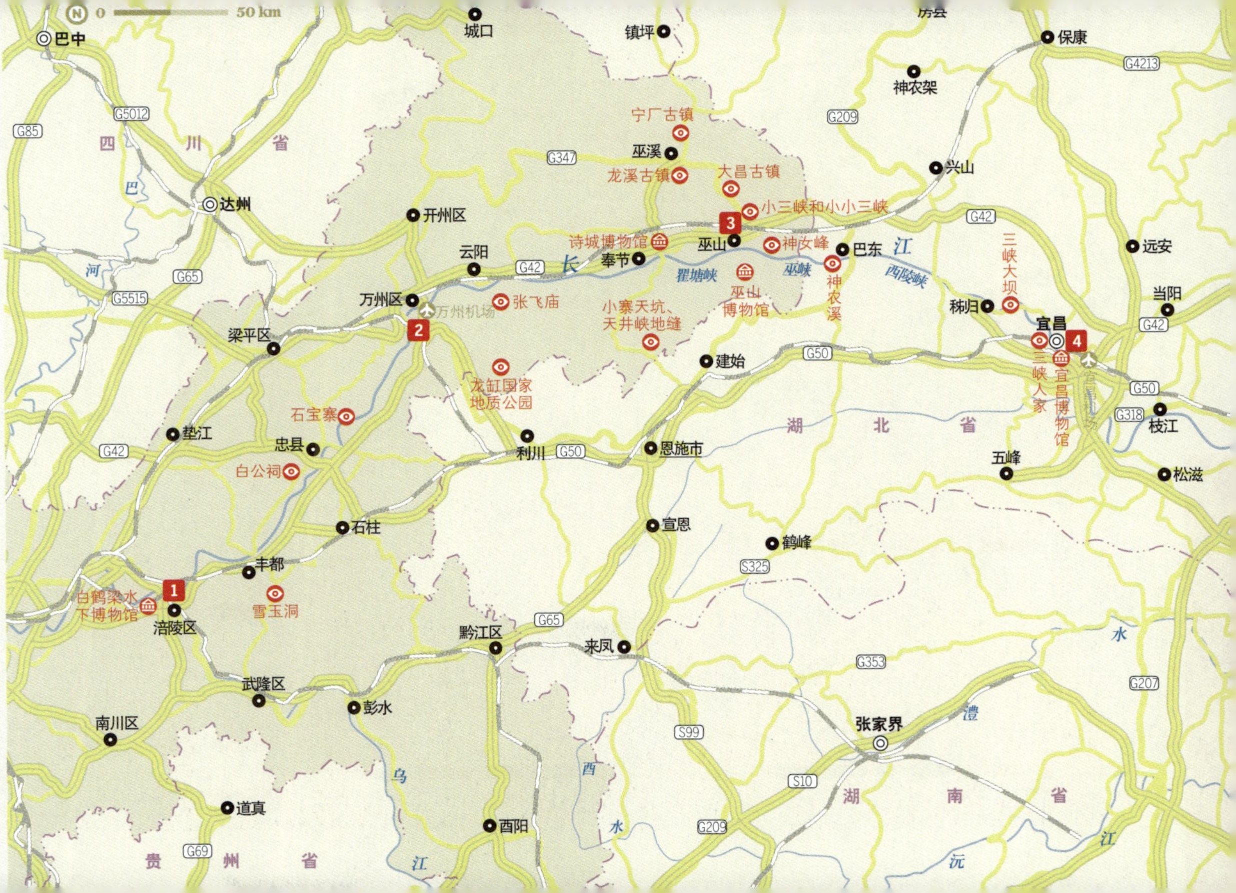

涪陵城区

最佳景点

1 白鹤梁水下博物馆............D2

景点

2 涪陵区博物馆............D2

住宿

3 重庆涪陵饭店............D3
4 重庆太极大酒店............D2
5 涪陵金科大酒店............E2
6 泽胜温泉酒店............B1

餐饮

7 滨江豆花饭............D2
8 涪陵油醪糟............E3
9 樾姐小吃店............C2

交通

10 涪陵汽车客运中心............E3
11 涪陵站............A3
12 高山湾交通枢纽............C2

涪陵城区

万州城区

景点

1 “九五”惨案纪念馆 A2
2 三峡移民博物馆 E3
3 西山公园 C4

住宿

4 乾庭禅意设计师酒店 C3
5 素履行酒店 C2
6 万州富力希尔顿逸林酒店 C2

餐饮

7 耿格格 B3
8 平妈烧鹅 B3
9 万县面馆 C4

交通

10 万州旅游码头 C4
11 万州汽车站 B2
12 万州西山汽车站 B4

万州城区

巫山城区

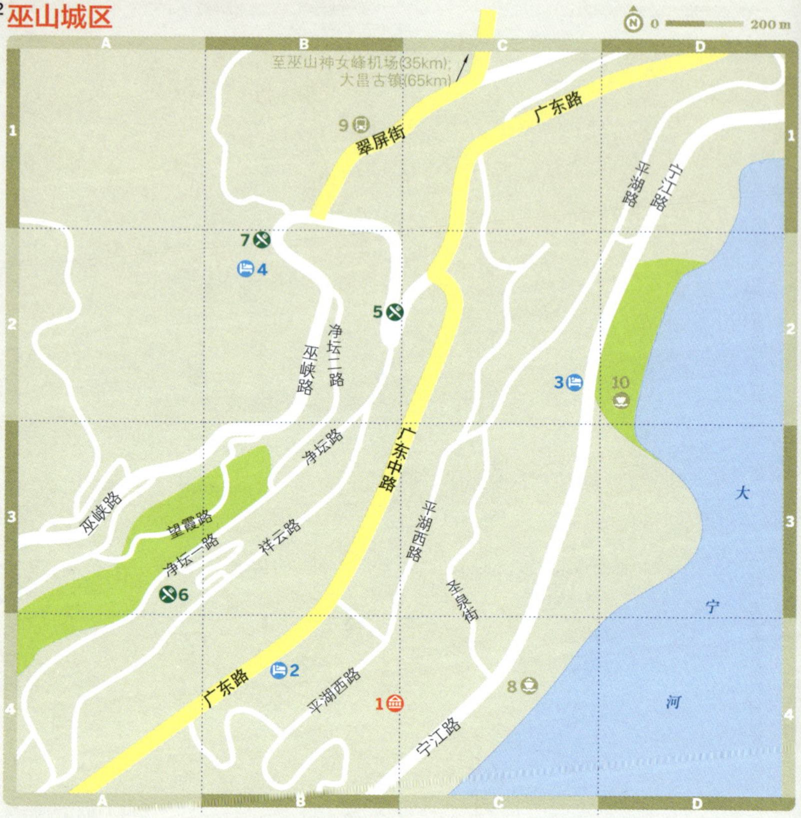

巫山城区

景点

1 巫山博物馆 B4

住宿

2 铭雨·巫山鸿都大酒店 B4
3 巫山曼斯顿大酒店 C2
4 巫山凯创戴斯酒店 B2

餐饮

5 百味鲜 B2
6 邓麻木羊肉 A3
7 李氏下饭菜 B2

交通

8 九码头 C4
9 巫山翠屏汽车站 B1
10 游客中心旅游码头 D2

宜昌城区

宜昌城区

景点

1 葛洲坝公园......A1
2 磨基山公园......A3
3 三峡美术馆......C1
4 宜昌博物馆......D5

住宿

5 金东山大酒店......C3
6 九州方圆大酒店......B3

餐饮

7 川太婆私房面......A3
8 小雨天和平土菜馆......A3
9 袁姐萝卜饺子......B3

交通

10 宜昌东站......D4
11 宜昌汽车客运长途站......A3
12 宜昌汽车客运中心站......D4

在路上

本书作者 陈虹宇

登高望远、俯身下地是在渝东南精彩地貌中旅行的必修课，减脂五斤不是梦。

进一步了解我们的作者，见255页。

乌江百里画廊。

©陈小羊/图虫创意

乌江流域

榨菜？项羽？板子炮？乌江定位的模糊不清或许可以用本地的打油诗来形容："人说三峡好，我说乌江高。为啥不出名？李杜未曾到。"但当武陵山脉绿黛般清澈见底的乌江水在涪陵汇入长江时，你还是会惊叹它的天生丽质。自黔地而来的乌江曾为渝东南带来过无限商机，而黄金码头的兴起与衰落并未影响这片土地的景致。

由重庆主城区逆乌江而行，更像是一场时光之旅。武隆的喀斯特地貌超凡立体，亘立的翠岭说尽沧海桑田；彭水九黎城内，三苗后裔依然保留远古习俗，供奉蚩尤以期平安；水天一色的百里画廊与酉阳龚滩古镇交相辉映，安谧的田园之感仿佛从未远离；而黔江城市峡谷的山峰已对峙千年，守望着这条大地裂痕。

而新时代的热度也以或恬淡静美，或光怪陆离的面貌在乌江两岸留下痕迹，白马山上巨型的"飞天之吻"观景台、以设计灵感出名的艺术度假村懒坝、最有陶渊明笔下村野气息的桃花源……渝东南山野中的新晋"网红"纷纷扎根于此，等待着占据每个朋友圈的当日最佳。

☑精彩呈现

何时去

➡ **3月** 小桃灼灼柳鬖鬖，春色满酉阳，探访大酉洞后的人间仙境桃花源正是好时节。

➡ **7月** 武隆仙女山国际露营音乐节火力全开，万人狂欢嗨唱乐翻天。

➡ **10月** 上帝的调色盘打翻落在懒坝汇成粉黛花海，浪漫氛围随手拍就能霸占朋友圈C位。

➡ **12月** 白雪与云雾缭绕，黔江城市峡谷银装素裹，冰凌似玉带包裹山峰，蔚为壮观。

乌江流域亮点（见210页）

① 武隆喀斯特地貌 ② 蚩尤九黎城 ③ 龚滩古镇
④ 桃花源 ⑤ 小南海 ⑥ 芭拉胡

交通

➡ **自驾** 最为推荐的出行方式，道路通畅平坦，随时停靠让你不错过每一处精彩。

➡ **火车** 周边区县均可乘火车抵达，目前更为方便的高铁线路正在铺设中。

➡ **长途汽车** 班次固定，准时方便，但单人单程的费用与自驾轿车所需费用相差无几。

➡ **飞机** 黔江与重庆市区有往返的航班，武隆机场航线也在规划中，但坐飞机游览渝东南多少有些“小题大做”。

如果你有

➡ **1天** 报名参加前往武隆的旅行团，游览天生三桥千姿百态的罕见喀斯特景观与芙蓉洞内华丽奇巧的钟乳奇景，晚上观看完大型山水实景演出《印象武隆》后返回市区。

➡ **2天** 第一天在武隆享受喀斯特地貌之后，沿乌江南下，前往龚滩古镇看看这座“黄金口岸”内保存至今的挺拔建筑，而后乘船游览乌江画廊的山水秀色。

©视觉中国

当地人推荐

亲历乌江山水画廊

唐于怀，船工，乌江山峡技术总监

乌江风光有何变化？

曾经的乌江以流急、滩多闻名，如果了解“红军飞渡乌江”的壮举，自然就会知道“乌江天险”这一别称。但现在乌江与乌江流域命运雷同，随着下游的彭水水电站的落成，蓄水库区的水位暴涨近90米，昔日天堑变通途，原本狭窄的航道也变得宽阔起来，河谷沟壑之间乌江百里画廊，碧水青山成了乌江的全新代名词，吸引了越来越多的游客前来打卡，也受到了众多电影、电视剧组的青睐。

乌江重庆段与贵州段风光有何不同？

乌江在重庆和贵州分别造就了许多值得一看的景点，美景难分高低。但有一点可以肯定，虽然乌江主体在贵州，但在重庆更为出名，比如酉阳境内的龚滩古镇尤为热闹，这座位于渝黔交界的古码头村镇中，依旧保留着大量各具魅力的特色建筑，非常值得到访。贵州铜仁市的淇滩古镇与龚滩古镇发展历史背景相同，但规模略小，有机会也可以去看看那里特色的“筒子楼”。

跑船有没有什么传统习俗留存至今？

时代变迁让码头文化逐渐没落，川江号子都已是记忆里的事了，但是跑船还是留下了一

龚滩古镇。

些仍在遵循的习俗。每年正月后出船都要举办开船仪式，上香鸣锣以祈求新年出船平安；新船下水前，会挂好大红花，放鞭炮庆贺，寓意吉利，大概和国外游艇下海砸香槟是相同的期盼。当然，有些说话上的讲究我们也会注意。比如吃饭的时候筷子不搁在碗上，吃鱼翻身的时候要讲“顺过来”，寓意不搁浅，不抛锚；另外比如你姓陈，因为与“沉”同音，我们都习惯改称“耳东”，忌讳讲“沉”一类的同音字基本是船家不成文的约定。听老一辈讲，如果有人不小心讲错话，以前的船工宁可休息一天择日再出船。

不要错过

最佳住宿

➡ **天怡芳草地度假酒店** 紧邻游客中心，以本地优越的食宿条件扫清登高行远的疲惫。（见220页）

➡ **青艾文宿** 占据酉州古城内绝佳的地理位置，别错过夜市的表演和美食。（见227页）

➡ **董氏客栈** 龚滩古镇内设施与餐食俱佳的人气客栈。（见227页）

最佳小吃

➡ **烟草村碗碗羊肉** 老铺羊肉分碗碗，五里险滩犒客官。（见229页）

➡ **郑件洋芋饭庄** 喷香的洋芋饭带着微焦的锅巴，是最具土家特色的美食之一。（见222页）

➡ **国庆鸡杂老店** 每个到黔江的人都会去打卡，品尝酸辣口味的地道鸡杂锅。（见224页）

最佳拍摄点

➡ 武隆天生三桥天龙桥的下山路，是拍摄《满城尽带黄金甲》天福官驿的同款机位。

➡ 彭水鞍子苗寨中的磨盘石林，是当地风景绝佳的苗族婚礼拍摄地。

➡ 濯水古镇的蒲花暗河，可拍摄三座喀斯特石桥构成的苍天之眼。

乌江流域亮点

❶武隆喀斯特地貌

很多人因电影“入坑”武隆美景，但到了武隆，却要真正入坑才能体味喀斯特之美。2007年，武隆喀斯特作为“中国南方喀斯特”的重要组成部分顺利被评选为世界自然遗产，集洞穴、天坑、地缝、峡谷、峰丛等各类景观于一身，如此立体的喀斯特地貌已成为重庆的旅游新地标。

❷蚩尤九黎城

统帅九黎诸部落酋长蚩尤在上古逐鹿之战中落败，其遗部三苗逐步迁居湘桂黔地区，这便是如今苗族的前身。不同于清明祭祀的“炎黄子孙”，每年农历五月十一，在这片中国最大的苗族传统建筑群内，“黎民百姓”依旧举行着蚩尤盛典，这也是九黎城内最热闹的喜庆节日。

❸龚滩古镇

乌江与阿蓬江交汇处的龚滩曾是连接重庆与贵州的“黄金口岸”，如今不再承担货运的重任，“原样原建”的崭新古镇已成为最受游客青睐的目的地之一。码头辉煌时期带来的大量气派建筑至今还保存完好，漫步于石板街，这片商业气息尚浅的古镇会带给你一段悠闲的旅途时光。

❹桃花源

世界上有两个桃花源，一个在你心中，一个藏在酉阳。自诩桃源仙境的地方不胜枚举，或许酉阳的桃花源更接近陶渊明笔下理想世界的神韵。渔舟逐水，桃花夹津，《桃花源记》描述的如梦似幻的场景，正是酉阳令人向往的春天。

©视觉中国

©JOERICA396/图虫创意

左图：武隆天生三桥；
右图：九黎城。

❺小南海

小南海的形成用天崩地裂来形容也不为过。咸丰年间6.25级的大路坝地震，让大山中断如截，溪水逆流，巨石滑落阻塞而水汇汪洋，成就了这片水光一色的高山堰塞湖。如今巨岩耸立，秀峰环绕，这片古地震遗址的风景倒是恰如“深山明珠”的称号般清逸恬然。

❻芭拉胡

中国唯一一条城市大峡谷就藏在黔江。这片横跨七个地质年代的峡谷横亘于城市中心，让只是途经此地的过客也不愿错过这片都市奇观。一年四季绿水长流，吸引的不只有游人，据传外国大型地产商正在豪掷千金投资这片峡谷，快趁开发前去望一望原始的秀丽风景吧。

龚滩古镇。

桃花源。

小南海。

©视觉中国

芭拉胡。

★ **最佳景点**

武隆喀斯特地貌

海水退去，汪洋成陆，当溶蚀沉降的洞穴与崩塌堆积的巨岩显露真容时，大自然雕琢出的喀斯特地貌便为人类奉献着无法复制的惊喜。相较于中国其他喀斯特地貌千姿百态的峰林，武隆收到的这份“礼物”更为全面也更为立体，形态上多样且复杂的地质形成了石桥、溶洞、峡谷等罕见景观，而每一处美景又引人入胜，构成独一无二的惊喜，引领旅行者深入核心一探究竟。

[☎400 023 5666；微信公众号：武隆景区；门票天生三桥3月至10月135元，11月至次年2月95元（含电梯费）；龙水峡地缝3月至10月80元，11月至次年2月60元（含电梯费）；芙蓉旺季3月至10月120元，11月至次年2月95元（含索道费），芙蓉江游船120元；仙女山国家森林公园60元]

除芙蓉洞路程很耗时外，景区均位于仙女山周边，从市内出发可直接由四公里交通枢纽乘车前往仙女山游客中心，后可搭乘免费摆渡车前往天生三桥与龙水峡地缝，由游客中心去往仙女山国家森林公园打车约需20元。前往芙蓉洞可由武隆汽车客运中心乘车前往江口镇，之后同站转乘前往芙蓉洞的小巴，单程约需1.5小时，打车前往约需80元。自驾一日打卡四个景点不成问题，当地旅行社也提供包车、门票及私人导游的一日套餐，但普遍价格较贵。

亮点速览

➡ **天福官驿** 为电影场景复建的四合院，为天生三桥平添一抹江湖气息。

➡ **银河飞瀑** 由百米高崖飞涧而下，似龙水峡的一道巨大幕帘。

➡ **辉煌大厅** 1.1万平方米是芙蓉洞内最大的洞厅，钟乳林立，绚丽壮观。

天生三桥

（见218页地图；⏲8:30~17:30）无论是《满城尽带黄金甲》还是《变形金刚》，充当背景的天生三桥都在电影放映后变为“主角”，很多人只为前来打卡同款取景地，但天生三桥的魅力远大于电影中的呈现。大地之下，三座石桥的形成蕴藏着地球演化的科学奥秘，当地壳抬升引起河谷下切，伏流顺势不断向下冲刷，形成深切峡谷，原本的洞穴顶部不再承担储水的价值因而不断坍塌，残留的洞穴顶板即是如今天生桥的桥面。

乘坐观光电梯下行时，**天龙桥**便可初见端倪，踏入这座巨大石门一直向下，大名鼎鼎的**天福官驿**便会映入眼帘。沿石阶继续向前，青砖黑瓦的四合院更显神秘，如今被用作展出电影拍摄道具。路过耸立于草垛间的机械恐龙后，气势磅礴的青龙桥就在前方，狭长的石门如同一把长刀，可以在此收获“手握青龙刀”的标准照。似黑龙盘旋洞顶的**黑龙桥**是最宽最高的石桥，飞瀑顺壁而下，涓流蜿蜒。这里由于常年受流水侵蚀，侧壁又发展出姿态各异的蚀溶景观，傍晚时分夕阳斜照时更显山影狰狞。

购买门票后，可由仙女山游客中心搭乘免费班车（15分钟/班）直达入园口。经过近2小时的游览后，如果你还有体力，可以步行30分钟至龙水峡地缝，乘摆渡车需另付15元。

龙水峡地缝

（见218页地图；⏲8:30~17:30）相较于众人皆知的天生三桥，作为姊妹景区的龙水峡地缝要低调得多，但全长5公里的龙水峡不无看点，千万年前的造山运动造就了难得的可进

芙蓉洞。

©PHANTHIT MALISUWAN/ADOBE STOCK/图虫创意

入的地缝景观，景观形态也颇似喀斯特地貌的精华版。步入洞口直至电梯间，即可俯瞰藏于林间的地缝全貌，乘电梯下降200米至半山腰后，便开始了1.5小时的环形游览路线。继续沿栈道深入谷底，待见溪水潺潺，这幅山水画卷才算真正展开。沿河逆行，峡深壁立，可见**银河飞瀑**一泻千里，峻岭内只闻水声鸟鸣。前行不远，天色忽然昏暗，壁立幽深间抬头仅能见**天光一线**，便是地缝中最狭窄处。随蜿蜒水流前行，过了天然形成的**鲤鱼池**，长年流水侵蚀冲刷出生动的天然造像；地缝之上，一处巨石横跨峡谷两侧，由于山体垮塌而留存，便带来了一座**小小天生桥**。由此拾阶向上至伏流洞口，可见石壁上钙华沉积形成的众多奇观。重回电梯间前，别忘了再次俯瞰全景。

可由仙女山游客中心搭免费班车（15分钟/班）直达入园口，同样也有免费班车前往天生三桥。

芙蓉洞和芙蓉江

（见228页地图；⌚旺季8:30~17:30，淡季9:00~16:30）拥有“天下第一洞”美誉的芙蓉洞堪称地下艺术宫殿。这座宏大的石灰岩洞穴形成于120多万年前，总面积超3.7万平方米，约等于一座小型购物中心，但你无须像购物时那般纠结，因为超30种精致的沉积景观几乎随处可见，不到2小时的游览只会让人意犹未尽。

撇开宣传册上的芙蓉洞“五绝”，其实每一处景观都值得流连。进洞首先映入眼帘的是一幅由层叠石幔搭配石柱、石笋共同组合成的**祥瑞迎宾**，但这仅是冰山一角，无论是巨大石笋与人形石柱构成的**松柏会仙**，还是形似**老僧入定**的巨大沉积石盾，都令人感叹自然的鬼斧神工。**海底龙宫**据推测已有百万年以上历史，错落的石笋宛如盘绕的巨龙，此处还能见到洞中唯一生长的蕨类植物和苔藓。**生命之源**是洞内制高点，这座由于堆积物崩塌形成的小山足有71.6米，堪称雄壮。最特别的**辉煌大厅**占据整个开放区域的1/3，石笋姿态万千，从这里还可以俯瞰绚烂的**石花之王**，也能一探玲珑剔透的**珊瑚瑶池**。从芙蓉洞出口右侧下行便可至芙蓉江码头，开始一个半小时的游船游览。与重庆大多的游江风光类似，以U形峡谷为主的芙蓉江两岸层峦叠嶂，不时出现天然奇峰，船至**三河口**，还可见清浊分明、互不相容的水上景观。苍翠茂密的原始森林间，不时能看到野生猕猴，忽隐忽现的古苗寨仍能见到袅袅炊烟。如果你想以上帝视角俯瞰一江碧水，位于芙蓉洞口旁的**芙蓉江滑索**（往返80元）不仅可以体验畅快刺激，更是一览这片“水上喀斯特”的好选择。

仙女山国家森林公园

（见228页地图；⌚24小时）用“市区后花园”来形容仙女山国家森林公园也不为过，一年四季，重庆市区的市民都有理由到访这里。仙女山内划分为四处，但**仙女池**与**狩猎场**或许并不值得过多停留。位于景区大门旁的**滑雪场**是目前中国纬度最低的高山雪场，配备两条滑道及四条牵引索道，夏季作为滑草场使用，等到冬日到来，仙女山被人造的皑皑白雪覆盖，会吸引大多数市区内的滑雪爱好者。**大草场**面积超10万亩，夏季时草场丰密，从不远处的跑马场骑马驰骋其中，能体验难得的自由。春秋两季正是郊游好时节，常有人在草场上安营扎寨，亲近自然，草地上不时有牛群穿过。盛夏，音乐节、怀旧影院等露天项目常在这里联袂上演，每个周末都有新花样。仙女山面积较大，可以搭乘小火车前往各处（25元）。自驾的话，别错过大草场与跑马场间的波浪公路，不妨试试用速度感受地壳运动造就的驾驶乐趣。

武隆

若问本地人出了重庆市区哪里最好耍，相信超过一半的答案是武隆。如今的武隆不仅是喀斯特地貌的代名词，在短视频里也成了热门网红，飞天之吻、粉黛花海，强烈的视觉冲击带领大拨游客前来打卡。到达武隆后，没人会在城区过多停留，以仙女山游客中心为基点，可以辐射到境内所有值得一去的地方，周边食宿一应俱全，这里也许就是重庆下辖区县旅游开发的模板。

天坑寨子 村落

（仙女山镇明星村；门票120元；⏲3月至10月8:00~18:00，11月至次年2月9:00~17:00）位于形似爱心的中、下石院天坑中，因作为综艺节目《爸爸去哪儿》外景拍摄地而迅速走红，沿环形步道下行，便可感受原住民奉上的民俗表演及“非遗”绝活。如果你对这里的期望是原生态，景区名称的前两个字就是答案。天坑寨子入口距离《印象武隆》演出的停车场仅300米，如有观演打算不妨在寨内享用土家十大碗的美味佳肴。

天坑寨子距离天生三桥仅5公里，打车仅需10元即可到达。

武隆

0 10 km

重庆乌江博物馆 博物馆

（见229页地图；☎7782 2326；芙蓉中路81号；凭身份证件免费；⏲9:00~17:30，周一闭馆）乌江沿线少有的博物馆，从东汉灰陶罐到徐悲鸿的两幅花猫写生，馆内藏品纷繁，不过还是将参观心态调整为看热闹更为合适。城区内可乘101路、102路公交车至图书馆站下车即到。

懒坝禅境 美术馆

（见218页地图；仙女山南麓懒坝；门票100元，观光车20元；⏲9:00~17:00）试图将艺术与禅修融为一体的度假区，很受年轻人欢迎。懒坝主要由四个板块组成，**禅境艺术小镇**与**懒人部落**主要做商业配套服务，**佛文化园**则是一片颇富现代设计感的寺庙，其间的药师佛塑像是目前全球最大的琉璃佛像，

懒坝。

©也夫视界/图虫创意

大部分旅行者更愿意花时间在**大地艺术园**。除了外形比内部更具看点、好似迷你版硅谷苹果总部的**懒坝美术馆**外，懒坝每两年举办一次国际大地艺术季，邀请世界各地的艺术家以武隆风貌为基底，创作极富创意的艺术品，首届艺术季带来的**心跳博物馆**、**漂浮岛屿**、**竹音剧院**等大师作品已永久收藏于此，并成为这里的招牌打卡点。每年秋天，大片**粉黛花田**包裹着国内外艺术家的作品，让懒坝的美丽风景令人心旷神怡。

懒坝距离仙女山游客中心12公里，打车大约需25元。每日重庆四公里交通枢纽有前往懒坝的一日游项目（248元；8:20发车；4小时），包含景区门票及往返车费，夏秋旺季时会增加额外班次。

白马山 峡谷

（见218页地图；县东南白马山；门票4月至9月60元，10月至次年3月50元，飞天之吻90元；平日9:00~18:00，周末9:00~20:00）代表王子和仙女的两个巨型雕塑各擎一盏“明灯”在空中相遇相吻，这座“迷惑建筑”**飞天之吻**让本来默默无闻的白马山在网上爆红。如果你对空中“吃狗粮”没兴趣，白马山内有完好的盐茶古道遗存，绝壁上的**望仙崖**可以俯瞰乌江，雨后初晴还可能赶上云海景观。

白马山距离武隆县城约35公里，自驾是

《印象武隆》

作为张艺谋“印象”系列的重庆大秀，在桃江大峡谷剧场上演的**《印象武隆》**（7777 7751；门票238元起；20:30，约70分钟）以濒临消失的船工号子为主线，近百位特色演员以真唱的方式让观者切身感受巴蜀大地的风土人情。观看《印象武隆》几乎成为在这里的必做事项之一，即便票价昂贵有时也一票难求。

另辟蹊径

金佛山

由市区自驾前往武隆的话，不如在南川稍作停留，去一趟**金佛山**（南川区南城街道；门票80元，中转车20元，往返索道80元；⏲8:00~17:30）。位于大娄山脉的九递山因落日余晖时万道霞光覆盖山崖似一尊金佛而得名金佛山。独特的自然风貌与雄险怪奇的山峰绝壁，让金佛山得以跻身巴蜀四大名山，也于2014年荣膺世界自然遗产点。由索道登山，长3.5公里的绝壁栈道将景点串联，也是看"佛光"的最佳位置。金龟朝阳是西坡绝壁上的绝妙景观，上下两座小山构成乌龟形状，在落日下闪烁金光。"登临朝佛洞、心诚佑苍生"，在原始森林中，古朴的古佛洞内塑金佛及1250尊罗汉，是极具影响力的佛教道场。

省时又省钱的到达方式。此外，每天7:30及14:00有从武隆汽车客运中心前往白马山的免费巴士，返程时间为11:00及17:00，票价20元，车程1小时，由武隆县城打车前往约需120元。

住宿

武隆住宿选择非常多，仙女山游客中心周边的酒店是大部分旅行者的首选，但在旺季房价偏高。如果停留多日，客运中心附近的酒店会稍微便宜些。

天怡芳草地度假酒店 酒店 ¥¥¥

（☎8112 6666；步云路20号3橦；标单/双430元起；❄📶Ⓟ）这座2020年全新开业的酒店称得上当地最好的，舒适柔软的床垫与丰富多样的餐饮选择，绝对可以一扫旅途的疲惫。

花筑·仙女山夜宴客栈 酒店 ¥¥

（☎7777 8686；夜宴步行街10栋；标单/双350元起；❄📶Ⓟ）非常文艺的酒店，出入方便，房间内温度适宜不干燥，这里也运行往返武隆县城的班车（0.5小时/班），另外，重庆四公里交通枢纽（70元；四公里8:20，仙女山17:00；3.5小时）与重庆龙头寺汽车站（70元；龙头寺7:00，仙女山16:40；3小时）每日均有班车往返。

到达和离开

长途汽车

武隆汽车客运中心（见229页地图；☎7772 1817；白杨路8号）武隆唯一的汽车站，与周边区县均有车辆往来。每1.5小时就有1班车前往涪陵（25元；1.5小时），从这里也可直接乘车前往重庆四公里交通枢纽（60元；2.5小时）和重庆江北机场（74.5元；2.5小时）。由此可乘车前往仙女山游客中心，票价8元。

当地交通

公交车城区5路可到达武隆火车站。出租车起步4元/1.5公里，起步后1.4元/公里。司机普遍不打表，由火车站到游客中心约20元，人满就走。

彭水

据县志记载，流经此地的乌江峡水澎湃汹涌，撞击山岩发出"砰砰"响声似彭鼓敲击，故得名"彭水"。自古以来彭水一直充当着"协调员"的角色，控楚连黔，抚苗绥汉，直到1983年设立苗族土家族自治县，才逐步展现自身的魅力，正似当地津津传颂的《咏彭水》，"落日唤醒睡美人，阿依河边苗歌传"，这位"娇阿依"已迫不及待向你苗歌传情。

景点

阿依河 河流

（阿依河社区500号；门票7月至8月90元，9月至次年6月70元，电梯往返50元，漂流240元，青龙洞50元；⏲8:00~17:30）得名于那首广为流传的苗歌《娇阿依》，阿依河也如一位聪慧美丽的女子，峰峦逶迤，河流蜿蜒。

沿峭壁旁的千步梯下行，伴随鸟啼猿鸣，即可在巴山廊亭欣赏云雾缭绕的山景，至河边转乘竹板筏，可向上入七里塘欣赏奇峰怪石，也可乘皮划艇漂流至牛角寨，感受远离尘嚣的苗家风情。若乘电梯返程，出门后旁边有一系列惊险刺激的项目，如由木板及钢丝搭成的**青龙桥**，以及陡壁直上的**青龙攀登**，如果你不会在百米高空眩晕，可以尝试一下。

彭水县城的河堡立交桥站可乘班车直达阿依河（4元；40分钟）。重庆四公里交通枢纽也有前往阿依河与蚩尤九黎城的直通车，278元的票价包含往返车票及景区门票，每日8:00及10:30发车，返程为14:30和16:30。

蚩尤九黎城 古迹

（张家坝彭务路；门票90元；⏲8:30~17:30）以苗族始祖蚩尤文化为主线的传统建筑群，三项加冕世界之最的项目也是其中最值得游览的部分，层层递进的**九道门**是世界上最多朝门的苗族建筑景观，内藏有各式苗族器物的**九黎宫**是世界上最大的吊脚楼，雕刻有108处鬼神的**达九黎神柱**是最高且直径最大的苗族图腾柱。此外，周边长廊均有苗族风俗介绍，一些手工工坊也可参与尝试，暂时忘掉炎黄子孙的标签，做一天“黎民百姓”吧。由彭水县城乘816路公交车可经停九黎城，九黎城与摩围山之间有免费的摆渡巴士，每小时一班。

郁山古镇 古镇

（免费）这个偏僻的小镇名声大噪的原因很多，郁山不仅是先秦制盐炼丹文化的发源地，同时也是唐朝最出名的贬黜地之一，有先后四位太子与朝廷高官流放于此，另外据说柳宗元《黔之驴》的发生地也在这里。弯弯古盐道，静静石板街，郁山因盐兴也因盐衰，历史变迁给这座围绕盐泉发展的千年古镇留下大量奇檐翘拱的建筑，保存完整的走马转角楼四合院与土家吊脚楼纷繁错落。到古镇别忘了尝尝郁山三香，这种类似

依河。

不要错过

万足茶林坪古建群

由县城前往阿依河，会途经万足镇万足村，彭水保存最完好的清代建筑群就在此处。昔日乌江沿岸没有商号，川黔商贸往来多集中于此，曾称“金万足”。乌江水电站工程促使万天宫、肖家祠堂等古建筑集体搬迁，如今这些承载历史的清朝中期建筑已成为研究当时乌江流域经济发展的重要史料。万足也是“乌江画廊”的起点，由此可乘船至龚滩古镇（120元，13:30开船；2.5小时），欣赏乌江风光。

彭水客运中心站有直达万足的滚动班车（4.5元；0.5小时），由县城打车至此约需30元。

蒸火腿的美食是当地家宴的必备菜，鲜嫩多汁，唇齿留香。由彭水城北汽车客运站乘车（16元；7:00～16:30，半小时1班；0.5小时）即到。

周家寨 古寨

（善感乡周家寨村；免费）距彭水县城8公里依水而建的苗寨，因毗邻龚滩古镇，又与贵州的洪渡古镇仅一江之隔，被称为“一脚踏三县”。景区默默无闻却很精致，碧水环抱，风光秀美，由嶙峋怪石堆叠的迷宫与鬼斧神工的水月洞值得一探。另外江滨有一株巨大的乌杨树，相传为三国时期涪陵太守所植，树龄可能近1800年。

每日彭水客运中心站向善感乡滚动发车（20元；8:00～17:00，约1小时1班；1.5小时），去往龚滩古镇的班车也会经停此处。

摩围山 峡谷

（靛水社区摩围路；门票60元；8:30～17:30）虽然名声在外，摩围山却没有游人如织的场面，可能与山路较陡有关。穿过如千年碧海的森林，沿途有大小不一的溶洞，至情人谷可见散落的天坑，观云海是观赏日出日落的好选择。

鞍子苗寨 古寨

（鞍子乡；免费）距离彭水县城54公里，藏于山间的鞍子乡是彭水苗族最大的聚居区，据传经典苗歌《娇阿依》就流传于此。在这里不怕认错人，全村人都姓罗，除了感受歌舞之乡的魅力，自然形成的**磨盘石林**很值得一看。

由彭水客运中心站乘坐去往鞍子乡的滚动班车（16元；6:20～17:30，约1小时1班；1小时），即可到达鞍子苗寨。

食宿

彭水县最繁华的商业中心广场设立在郁江与乌江交汇处，周边有许多民宿和旅店，**蔓悦苗乡酒店**（7848 5555；香江国际港湾5号楼；标单/双260元起；P）是周边最好的酒店，房内不仅坐享江景，还提供茶具；**彭水乌江明珠大酒店**（8502 8888；汉葭镇滨江路美食街；标单/双260元起；P）与其位置相隔不远，开业时间虽较长，但高楼层可以更好地俯瞰城景。彭水小吃众多，**郑件洋芋饭庄**（滨江路40号；人均50元；11:00～21:00）在滨江路上生意非常好，光是喷香的洋芋饭搭配小米排骨已足够美味；**任孃家**（滨江新城C8-104号；人均20元；6:00～22:00）也很受欢迎，街边违停的车辆都是奔着这里一碗心肺粉而来。粉面可以自选，配菜种类丰富，吃完后再来一碗冰汤圆才算巴适。

到达和离开

火车

彭水火车站（6478 9502；长滩乡）是渝怀铁路的县级站，非常迷你，每日从重庆北始发的车次会停靠这里。彭水出站口有一坡梯步，拉行李非常不便，好在目前车站正在改造。在我们调研时，离县城6公里的彭水西站已开始动工，而渝湘高铁的彭水南站选址于蚩尤九黎城附近的清水坪，预计2024年建成通车。

长途汽车

彭水城北汽车客运站（☎7849 1785；黔中大道16号；⏰6:30~18:30）每隔2小时即有巴士前往重庆市区（75元；2.5小时）；同时向武隆（28元；8:00~17:00，2小时1班；1小时）及涪陵（51元，7:00~15:20，约2小时1班；2.5小时）等周边县区发车；"老车站"**彭水客运中心站**（☎7844 2412；乌江东路沙沱街）目前主要运营前往彭水各下辖乡镇的班车，同时与火车站之间有往来的滚动班车（4元，20分钟1班；20分钟）。两个车站之间有804路及806路公交车互通。

当地交通

立交花园是众多公交车的首发站，票价1元，发车间隔15分钟。红军渡广场每天9:00及12:30有途经蚩尤九黎城前往摩围山的免费巴士。尽管运营管理部门对于"一口价"的现象在加强管理，但县城内的出租车还是老样子。

黔江

城在峡上，峡在城中，或许世界上只有卢森堡拥有同款城市峡谷，这样的黔江从"出生"之日起就自带光环。山环水绕，黔江的独特魅力不止于风景，作为重庆少数民族的聚居地，苗族和土家族在这里守护着他们的民族荣耀。被称为"渝鄂咽喉"的黔江不只早早通了高铁，甚至还有机场加持。再加上一份酸辣喷香的黔江鸡杂，看来没有什么理由足以拒绝这座宝藏城市的邀请。

景点

濯水古镇和蒲花暗河 古镇

（濯水镇；古镇免费，蒲花暗河门票100元，观光车30元；⏰8:30~17:30）地处阿蓬江畔，曾是酉阳土司辖地，如今成为黔江最有牌面的景区。古镇内有七座大院，分别为风格各异的老建筑，用途也各有千秋。**光顺号**是典型的徽派建筑，木雕精细生动，不失高雅；而土家吊脚楼**龚家抱厅**翼角围栏，独树一

水古镇。

☑ 不要错过

土家十三寨

（小南海镇新建村；门票80元；⏲9:00~18:00）这些村寨位于小南海东郊的板夹溪，有13座比较典型的土家族村落，目前有200多户人家，是中国目前最大的土家族原生态聚居地。进入这座半包围的寨子，热情好客的土家人可能会簇拥来请你咂酒，除了民俗表演外，飞檐翘角的老式吊脚楼也值得参观。

帜的"双正面"房屋设计并不多见。别担心看不懂，在每个展出的院子都能享受讲解员的免费VIP服务。逛完古镇后乘摆渡车可至蒲花暗河。沿步道下山，穿过林立的钟乳石窟，便可乘船进入暗河之中。洞内漆黑，船夫用灯光照射奇形怪状的岩石，并编排成相应的巴人故事，行至天生三桥，抬头仰望似双眸对视，似乎在诠释尼采的"你凝望着深渊，深渊也在凝望你"。回程时路过花田湿地，可通过风雨廊桥步行回古镇，这座2015年重建的"亚洲第一廊桥"依旧宏伟，只是少了几分沧桑的质感。晚上古镇非常热闹，酒吧、餐厅一应俱全，有时间不妨在乡村休闲为主题的**芭茅岛酒店**（风雨廊桥入口；标单/双260元起；❄📶）住一晚欣赏夜景和日出。

黔江汽车南站与濯水古镇间有流水班车往返（8元；6:20~18:00，约30分钟1班；45分钟）。

小南海 　　　地质景观

（小南海镇南海村；门票80元；⏲7:00~18:00）原名小瀛海，因清代咸丰年间一场6.25级的地震，引起山体崩塌，巨岩截流形成的堰塞湖，是目前中国保存最完整的古地震遗址。湖水终年碧绿，周围奇石林立，绕湖行走便可见遍地的断碉绝壁，以及大小不一的三角形垮岩。湖内有三岛，最大的牛背岛上茂林修竹，阡陌纵横。沿湖可登凤凰山俯瞰整个小南海。由黔江汽车东站可乘前往小南海镇的流水班车（9元；约30分钟1班；30分钟）。

芭拉胡 　　　峡谷

（舟白街道正舟北路；门票60元，玻璃栈道50元；⏲9:00~18:00）"芭拉胡"是土家语"峡谷"的意思，这条长达10公里的"城市符号"位于黔江主城与两片新城舟白与正阳的中心。踏上808米长的**透明玻璃栈道**，峭壁直立两侧，石林如黛；沿步行栈道登高至**老鹰关**，可观赏绝壁上的观音像，也可一瞥城区风光。黔江207路公交车绕峡谷而行，景区的正门与后门均设有站点。

重庆市民族博物馆 　　　博物馆

（☎6782 1596；新华大道西段512号；凭身份证件免费；⏲9:00~17:30，周一闭馆）以土家族及苗族民俗为主题的博物馆，以大量图像让观者感受黔江厚重的民族文化。馆内藏品基本是日常生活中的物件，年纪最大的是一口1200多岁的唐钟，是这里的镇馆之宝。博物馆前便是民族文化宫站，几乎所有1字头的公交车都可轻松到达。

食宿

三岔河附近的黔江体育馆周边一到晚上就非常热闹，餐饮购物都很方便。除了连锁品牌酒店外，**巴郡兰庭大酒店**（☎7933 5666；西沙步行街108号；标单/双130元起；❄📶P）刚翻新不久，房间宽敞明亮，提供免费营养的早餐；**博卡娜酒店**（☎7933 3398；迎宾大道162号；标单/双240元起；❄📶P）还保有原品牌酒店的高质量服务，翻修后设施很新，环境不错，交通也便利。

到黔江不能不尝尝鼎鼎有名的鸡杂锅，两家老字号出品最稳定。**国庆鸡杂老店**（丹兴路449号；人均35元；⏲8:30~21:00）在本地名声响亮，按人头定量，清油炒制的鸡杂脆爽酸辣，油而不腻的青菜牛肉非常下饭；**鹏林天龙鸡杂**（长征南路和交通路交叉口；人均37元；⏲8:00~21:00）日日爆满，鸡杂分量充足，口感更酸一些，猪血汤也称得上店内一绝。

到达和离开

飞机

黔江武陵山机场（☎7925 9999；舟白街道机场路）使得重庆主城与渝东南架起便捷的空中通道，距离城区仅4公里，航班主要往来北京、上海、重庆、贵阳等城市。

火车

黔江站（☎6478 8222；正阳镇黔洲大道）是渝怀铁路中间站，每天有40多趟列车经停，由重庆北站乘快车约需4小时。黔张常铁路规划中的黔江北站命运多舛，选址毗邻机场，但目前项目仍在暂缓建设中，看来对这座交通枢纽还要保持期待。

长途汽车

黔江汽车南站（☎7923 2658；石城路69号；⏲7:00~19:00）是黔江区最大的汽车站，每天滚动发车前往重庆市区（90元；4小时），同时也有去往秀山的车途经酉阳（35.5元，6:00~18:30，1小时1班；2小时）。**黔江汽车西站**（☎7923 4019；迎宾大道百花园）的车辆主要发往周边区县。若去往黔江下辖乡镇，需要从**黔江汽车东站**（☎7925 2342；官坝路118号）乘车。

当地交通

抵离机场

每天8:00~18:00运营的305路公交往返于武陵山机场站和城区，票价2元，约15分钟1班。打车至城区约需15元。

公交车

6:30~21:30运营，多为汽车东站与汽车西站始发，其中205路、206路、207路均驶往火车站，票价3元。

出租车

与其他区县类似，4元起步，起步后1.2元/公里，司机常常拼客不打表。

酉阳

武陵山区多奇闻怪谈，酉阳自然也不例外，比对陶渊明的《桃花源记》与同期的《酉阳州志》，大酉洞后的百姓安居乐业，这更像是完美生活的谜底。唯一的区别可能是陶渊明没有记录快乐的摆手舞罢了。如今的酉阳依旧把守着渝东南门户，人民安居乐业，当3月桃花开满城，酉水河穿城而过时，谁又能说这不是世外桃源呢？

> **另辟蹊径**
>
> **探墓去！**
>
> 虽然探墓听起来略显惊悚，但位于铜西乡清泉村的**大车湾墓碑石刻**（免费）其实是座活人墓。本地财主冉广朝于光绪二年（1876年）广散钱财，请工匠历时三年修筑而成，但后未启用。墓前石碑有共50组雕刻，取材于《西游记》及民间传说等传统经典，技艺娴熟，惟妙惟肖。没有直通车到达，由县城打车约需50元。

景点

龚滩古镇 古镇

（龚滩镇；门票16元，乌江画廊游船158元；⏲8:00~17:30）因乌江水电工程由旧处搬到新镇，虽然只移动了1.5公里，却给了龚滩古镇更大的旅游发展空间。近3.5公里长的街道两旁，院落与吊脚楼林立，不时能看到奶茶店和青旅入驻。古镇中最原汁原味的老建筑也藏于此间。步入这些整体搬迁的老建筑，包括西秦会馆（40元）、川主庙（10元）、董家祠堂等都需额外收费。其中，最后一任土司冉三爷居所冉家院子（门票10元）成为众多综艺节目的到访地，各式精细的老物件让人瞬间感受到豪绅的气派。由于搭配着乌江山水的龚滩古镇非常值得记录，南门三元宫旁新开的**龚滩美术馆**展出了不少川渝名家的古镇绘画，或许可以给你不少灵感。作为乌江百里画廊的起点，旅游中心提供全程游览项目，定期开船（158元，8:00~17:00，旺季约1小时1班，淡季约3小时1班；1.5小时），如果你想独自领略美景，也可向当地客栈了解画舫私家游览（60元，1小时）。

龙潭古镇 古镇

（后溪镇；免费）古镇拥有近千年历史，因伏龙山下两个状如龙眼的余水洞常积水成潭而得名。龙潭镇于乾隆年间被大火烧毁后重建，但它依旧是重庆规模最大的清代建筑群，抗战时期作为避战大后方，曾云集8万人，让这里被称为“小南京”。漫步石板老街，四合院的封火墙错落有致，格外独特。500余栋老建筑中，“七栋八庙”最值得一看，其中**赵世炎故居**（凭身份证件免费；🕘9:00~17:00，周一不开放）以图文形式展示了这位中国共产党早期领导人的生平和革命历程。作家丁玲小说《梦珂》中的酉阳中学也在镇上，逛累了可以到这附近尝尝辣茶、米豆腐等特色小吃。

桃花源 村落

（桃花源镇；门票100元，摆渡车10元；🕘5月至10月7:30~18:00，11月至次年4月8:00~17:30）游览桃花源前只保留一些对陶渊明《桃花源记》的模糊记忆就好，毕竟理想和现实还是有一定的差距。穿过天生石桥形成的大酉洞，一种豁然开朗的感觉会涌上心头，但逐渐深入，便会发现刻意营造的美感，劈柴喂马的农家生活伴随着烟雾器散出的仙气飘飘，尽管袍衣褶裙可以免费租借，但还是会令人略感失望。伏羲洞洞府体量庞大，怪石林立，配合若隐若现的灯光，倒有几分像“地下桃花源”。出了洞口需乘摆渡车返回景区正门，附近的仿古城有不少土家族小吃店，偶尔也有摆手舞等土家族表演。

南腰界红三军旧址 遗址

（南界村红军中路1号；免费）1934年贺龙率领8000名红三军将士转战此地，并以南腰界镇为中心，创建了川黔革命根据地。俗称“余家桶子”的清代秀才私宅被辟为司令部，这座木石结构的吊脚楼建筑成为当时的指挥中心，院坝还有两棵树为贺龙亲手栽种。村内还有红三军医院旧址及政治部旧址。每

龙潭古镇。

天11:00与15:00城北车站都有前往南腰界乡的列车（13元；3小时）。但当地人都会选择乘火车到达秀山（11元；0.5小时）再转乘汽车（10元；1小时），这样前往南腰界乡更节省时间。

住宿

西阳县城不大，在各处住宿交通都较为便利，住在桃花源大道附近可以省去停车费。由于龚滩古镇距离县城近1小时车程，所以古镇的客栈也值得考虑，但石板路对于拖行李箱的游客不太友好。

酉阳桃花大酒店 酒店 ¥¥

（7790 6666；桃花源北路体育馆旁3楼；标单/双180元起；）距离桃花源广场信步可达，房间温暖，酒店有游泳池，可免费使用。

莫奈花园 酒店 ¥

（7556 9555；龙湾国际B栋2楼；标单/双140元起；）性价比很高的酒店，周边有不少餐馆，免费停车，阁楼套房里有麻将机。

青艾文宿 客栈 ¥¥

（153 4034 6177；民俗风情街38号；标单/双300元起；）在酉州古城内格外醒目，有多家分店，房间安静整洁，早餐精致。

董氏客栈 客栈 ¥¥

（138 9641 9962；龚滩古镇川祖庙旁；标单/双 268/188元起；）店主夫妇待人友善，住宿装修与风景都非常漂亮，每个房间的名字都诗情画意，阳台适合边观景边品茗。

就餐

酉阳以土家族风味为主，游客云集的龚滩古镇里餐饮选择很多，能在"新冠"疫情持续时营业的餐厅，味道也大多经受过考验。景点外的饭店价格大多与县城持平。

味婆婆 川菜 ¥

（酉兴路65号；人均50元；9:30～21:00）招财猪蹄肥而不腻，咬一口喷香软糯，每道菜分量都很大且下饭，服务也很用心，人多时聚餐更实惠。

杯黑锅火锅店 火锅 ¥¥

（龚滩古镇西秦会馆附近；人均60元；10:30～23:00）光听名字就很有意思，主推乌江鱼三吃（126元），即豆腐鱼头汤、炸鱼骨、涮鱼片。老板娘是广东人，煲汤自然最受欢迎。

半闲居餐馆 川菜 ¥¥

（龚滩古镇半边仓；人均60元；7:00～22:00）若是在古镇玩累了，这家川菜馆会用麻辣治愈你，两人点一份招牌水煮乌江鲤鱼就能吃饱。

到达和离开

火车

酉阳火车站（6476 5312；酉阳龙潭镇）位于渝怀铁路中段，往返于湖南怀化与重庆江北的列车都会在此经停，回重庆约需4.5小时。火车站距县区近20公里，有班车接驳，随列车滚动发车前往城南车站。

长途汽车

城北车站（7555 9103；胜利路1号）主要负责彭水与酉阳间的往来，平均每小时都有发车，每天也会向重庆四公里车站滚动发车（110元；约6小时），在此也可乘车前往秀水（33元；7:00～17:00，1小时1班；1小时）及龚滩古镇（20元；7:00～17:00，1小时1班；2小时）。由**城南车站**（7540 9800；桃花源南路）可乘车前往龙潭镇及火车站，票价10元。

当地交通

公交车票价1元，由桃花源站乘101路可轻松抵达两个长途车站。出租车起步价4元，城区基本不打表，拼客价格5元/位。

乌江流域
索引地图

1 武隆城区
（见229页）

武隆城区

景点

1 重庆乌江博物馆……B2

住宿

2 蓝航艾吉艺术酒店……E4

3 武隆宏福酒店……B2

餐饮

4 烟草村碗碗羊肉……B2

交通

5 武隆火车站……D2

6 武隆汽车客运中心……B1

武隆城区

磁器口古镇。

生存指南

住宿

在成为“网红城市”前，商务出差和会议展览的接待需求已经促使重庆的酒店业蓬勃发展，渝中半岛和两江沿岸有众多星级酒店可选，连锁快捷酒店和私营酒店宾馆更是在主城区轨道交通沿线随处可见。周末打卡游的兴起则为重庆增加了短租公寓、设计民宿和精品酒店等更多选择，它们一般集中在渝中半岛、江北、南岸和沙坪坝磁器口等热门观光区。

大体上看，寸土寸金的渝中半岛房价略高，但这里通常更能提供旅行者看重的便捷、舒适和当地体验。即使在离主城区较远的区县，也不乏足够旅行者过夜休息的平价住宿。

在主城区旅行的季节性不强，除周末和热门节假日外没有特别的旺季，10月末至次年1月是游人略少的淡季。暑假期间，重庆市周边的大足石刻通常迎来学生潮，长江三峡沿线的旺季是赏景的深秋，乌江流域的旺季则在滑雪看花的冬春。旺季时至少提前1周预订住宿较为稳妥。

通过**去哪儿网**（www.qunar.com）和**飞猪旅行网**（www.fliggy.com）等旅行代理网站预订，可获得重庆大部分酒店宾馆的最优价格，**爱彼迎**（www.airbnb.cn）则是寻找短租公寓的平台。

住宿类型

青年旅舍

在本书调研时，重庆尚无加盟国际青年旅舍组织的青旅，但这并不妨碍主城区青年旅舍的品质，尤其是渝中半岛，即使山地限制让青年旅舍难有独栋带院落的空间，但它们会用拥有江景或城景的公共空间来弥补，并用床帘、公共洗衣机等实用细节增加舒适度。在渝中半岛，青旅床位约60元/晚，半岛周边则在40元左右。除节省住宿预算外，重庆的青年旅舍还普遍有“约饭”的功能，可以让独自旅行者品尝更多美食并结交朋友。

连锁快捷酒店

在主城区，几乎所有轨道交通站点附近都能找到连锁快捷酒店，尤其是临近火车站、长途汽车站和飞机场的地方。这类酒店的突出优势是快捷和标准，但略乏新意和特色。不过到了非旅游热门的区县，包括锦江之星、汉庭、如家、7天、宜必思等品牌在内的连锁快捷酒店可能就是你的首选。

这些酒店的价格在重庆差异不大，标间通常在200~260元/晚，周末可能上浮10%，国庆、春节等热门长假涨幅可能达30%。由于快捷酒店入住率高，设施老化速度更快，因此预订时最好留意酒店开业时间或最后装修时间。

星级酒店

主城区的五星级酒店大多集中在渝中半岛的解放碑和朝天门，不过嘉陵江对岸的金融城江北嘴已成为新的聚点。南岸南坪因靠近国际会展中心而聚集了数家五星酒店，春秋两季会展高峰期的房间会较为紧张。离主城区较远的北碚因温泉和山景也成为度假酒店的集中地。

离开主城区，星级酒店密

食宿价格范围

本书所列的住宿在各区域中按作者推荐程度排列，而非按价格排列，推荐度高的会排在前面。我们标注的价格一般为标间价，即包含一张大床或两张小床（以及独立卫生间）的房间价格。青年旅舍会加标床位价格。除非特别注明，否则房价中不含早餐费用。所有价格都是淡季的实价，在旺季、周末和节假日均有上浮的可能。

分类	住宿价格范围	就餐价格范围
¥（经济）	200元以下	人均50元以下
¥¥（中档）	200~400元	人均50~100元
¥¥¥（高档）	400元以上	人均100元以上

度骤减，各区县政府接待酒店通常也是不错的选择。而在号称“西南小香港”的万州，星级酒店的数量可能位列各区县之首。

民宿和家庭旅馆

得益于房地产的蓬勃发展，越来越多的“民宿”出现在主城区的高层公寓中。严格意义来说，它们更像是短租公寓，而非与房东共享空间的真正民宿，不过也能为旅行者提供一些当地特有的生活体验。

在渝中半岛和周边，通常只需花费连锁酒店标间的价格，就能住进一室一厅带阳台的公寓，在非周末和非节假日，200元左右的江景一室公寓也很容易找到。需留意：由于渝中半岛高差错落的复杂地形，初来乍到的你很可能找不到公寓的入口，入住前与房东多沟通是必要的。住公寓还有个额外好处：你可能会遇到“从路边进单元门再乘电梯下10楼”之类的山城日常。

到了周边区县，尤其是武隆仙女山、酉阳龚滩古镇和江津中山古镇等离主城区较远的目的地，你更容易找到家庭式经营的旅馆客栈，这是更能了解本地风土并回馈本地经济的选择。这类旅馆客栈一般都提供餐饮，店主也通常会更热情地接待旅行者。

精品酒店

在主城区，渝中半岛是旅行氛围和配套设施最好的区域，在枇杷山和鹅岭都能找到坐山面江的精品酒店，南岸的龙门浩到南山一线也为精品酒店提供了优良的环境。北碚的缙云山周边也出现主打山景或温泉的精品酒店，但考虑到距离主城区较远，更适合作为度假放空的选择。

周边区县的精品酒店较为零散，不过武隆仙女山景区成为新兴的聚集地，在经济发展不错的万州也有不错的设计酒店。

住哪儿

区域	其他优点	缺点
渝中半岛	住在这里就住进了老重庆的心脏。你可以感受到本地人爬坡上坎的山城日常，也能在富有生活气息的小巷中找到好吃的小面和串串，高楼耸立的商业区更是随处可见。作为中心“母城”，渝中半岛已有4条轨道交通与周边辖区相连，远距离出行非常快捷高效。	地面交通拥堵，近距离出行要做好多走路少打车的准备，很多梯坎能带你抄近路，前提是你不迷路且有爬坡的体力。此外半岛距离重庆北站有一定距离，去大足、武隆和酉阳等周边目的地免不了要起早，并乘坐1小时以上的轨道交通。
半岛周边	在南岸区，尤其是南山周边能找到适合度假放松的住处，住在沙坪坝磁器口周边则可避开人群赶早进入古镇，这里距离高铁沙坪坝站也不远。江北嘴的星级酒店可赏辉煌江景，如果要赶高铁或飞机，可考虑住到江北和渝北的轨道交通沿线。在主城区活动就不必专门住到北碚，但这里的高档温泉酒店能帮你洗去旅途劳累。	南岸南山民宿欣欣向荣，但缺乏公共交通接驳，更适合自驾旅行者。在我们调研时，磁器口古镇的住宿配套较为老旧，距离南入口5分钟步程的沙磁巷商住区能找到不错的酒店和短租公寓。江北观音桥、沙坪坝三峡广场等商区都是连锁酒店聚集地，享受就餐便利的同时可能要忍受噪声。九龙坡杨家坪周边看点可一日游完，不太有必要住下。
重庆市周边	当你去大足、合川、潼南、荣昌和江津等辖区旅行时，小住一夜会比当日往返轻松许多。这些区域的大品牌连锁酒店可能是好选择。若花两天漫游中山古镇，也可在临水老街住一晚。	大足宝顶山景区周边有环境清幽的酒店客栈可选，但附近就餐选择不多，公共交通也不便利，更适合自驾旅行者。
长江三峡	长江往东流经涪陵、丰都、忠县、万州、云阳、奉节和巫山，再到湖北恩施和宜昌，一路都是三峡壮景。若想不走回头路深度游三峡，就要在沿岸区县落脚，优点是很容易住到江景房。	这条线路的常规游览模式是和旅游团一起住在游船上，因此除万州之外的沿线城区，住宿都以经济型酒店为主，设施中规中矩。
乌江流域	由于有热门景点，武隆和酉阳的水准要高一些。武隆仙女山游客中心附近的酒店常开常新，设施舒适，非旺季也有性价比。酉阳县城的食宿都很便利，在黔江和彭水县城商业中心，大一些的酒店是最佳选择。	武隆仙女山景区内的酒店在旺季价格普遍上涨，此时住在城区更划算。龚滩古镇离城区仅1小时，不过石板路不便于拖行李箱，更适合轻装抵达。

最佳住宿

注意：重庆市周边、长江三峡和乌江流域的住宿选择远离主城区，请见对应章节的住宿部分。

店名	区域	介绍	实用信息	类型
背包十年青年旅舍 ¥	渝中半岛（半岛东部）	就在山城巷步道入口，由四层工厂宿舍改造而成，顶层公共空间配有放映室，中央吧台有酒头提供精酿啤酒，也有咖啡和简餐。男生床位和女生床位分处不同楼层，都是新派实用的宿舍风格，有床帘遮挡，公用浴室和洗手间都明亮干净。硬要挑毛病的话，这里没有四人间和六人间之外的房型。	（见88页地图；☎6363 6122；微信公众号：desti_2014；中兴路234号旁马蹄街山城巷；床位50元起；❄📶；Ⓜ较场口5出口）	青年旅舍
百合教堂酒店 ¥	渝中半岛（半岛东部）	由若瑟堂的侧翼神父楼改建而成，住在教堂边听钟声的氛围很别致。房型从单间（98元）到四人套房（238元）都有，并都配备了独立卫生间和窗户，弥补了空间略紧凑的劣势。大厅内设有餐厅和书吧，工作人员热情周到，接待处的圣经引言很有意思。	（见88页地图；☎6382 9717；民生路若瑟堂巷1号；标双128元；❄📶；Ⓜ临江门B6出口）	酒店
空集江景青年旅舍 ¥	渝中半岛（半岛东部）	虽然只提供公共卫浴和床位，但位置很好，下楼就是洪崖洞上入口。房内几何装饰很有现代感，房间男女分住，空间略紧凑，但床铺足够舒适并有床帘，公共区域和部分房间拥有直面千厮门大桥的江景。	（见88页地图；☎155 2351 2455；临江支路和九尺坎交叉口，泰安大厦12楼；铺48元起；❄📶；Ⓜ临江门D出口）	青年旅舍
图南青年酒店 ¥	渝中半岛（半岛东部）	位于崭新的高层写字楼内，几乎下楼就是长江索道站。公共空间简洁明快，床位房内都有落地窗可观城景，其中部分有独立卫浴，此外酒店另有可观江景的独立卫浴大床房（170元起）。通过代理网站预订更优惠，在部分预订网站上可能叫"tonight青年酒店"。	（见88页地图；☎186 80797107；新华路201号，联合国际21层；铺35元起；❄📶Ⓟ；Ⓜ小什字5A出口）	青年旅舍
渝舍·青木酒店 ¥	渝中半岛（半岛东部）	这家居民区里的酒店藏得有点深，但其实就在山城巷顶端的领事巷口，餐饮交通都很方便。住客可借用厨房，楼顶还有漂亮的天台。东方风格的房内设施简洁实用，卫浴干湿分离，部分房型没有窗户，但有排风系统来弥补。	（见88页地图；☎6175 2166；标双150元起；❄📶Ⓟ；Ⓜ七星岗1出口）	酒店

续表

店名	区域	介绍	实用信息	类型
解放碑凯悦酒店 ¥¥¥	渝中半岛（半岛东部）	2019年开业，是解放碑商圈高楼群中较新的五星酒店之一。装饰色调明亮，房内空间宽敞，客房在17~37层，窗外就是上半城的灯火辉煌，部分客房还可俯瞰地标解放碑。在我们调研时，通过代理网站预订可能更优惠。	（见88页地图；6169 1234；www.hyatt.com；邹容路68号，近五一路；标双538元起；；M临江门D出口）	星级酒店
大唐诺亚服务公寓 ¥	渝中半岛（半岛东部）	位于长滨路公寓楼内，旁边就是重庆古城太平门遗址。最小的房型也是带有自助厨房的一室公寓，空间很宽敞，适合带孩子出行。价格高一些的房型可观江景，不过同时也会有点交通噪声。公寓与旁边的从悦酒店同属一家公司，两边的条件和价格都类似。	（见88页地图；6392 9888；长滨路136号；标双150元起；）	公寓式酒店
秋果S酒店·渝元 ¥¥	渝中半岛（半岛东部）	古色古香的酒店在公共区域设有江景露台，新派中式风的房间清爽舒适，配有智能马桶等实用设施，但从头顶大桥驶过的轨道交通6号线可能会有一点噪声。酒店就在湖广会馆下方的东水门老街口，这里地势很奇妙，长滨路、朝东路和陕西路组成了“三层马路”。	（见88页地图；8764 4668；长滨路80号；标双280元起；；M小什字7出口）	酒店
雅诗阁来福士服务型公寓 ¥¥¥	渝中半岛（半岛东部）	与来福士洲际酒店都位于来福士摩天楼内，同样有健身房、恒温游泳池和餐厅，但价格更低一些，室内空间和设施也更灵活实用，部分高层房间在特定天气时会有机会俯瞰“鸳鸯锅”江景。客房位于24~41层，前台设在来福士T4S栋1层，有专门的入口和电梯。	（见88页地图；8639 8888；微信公众号：AscottChina；接圣街6号；标双695元起；；M朝天门2出口）	公寓式酒店
明清客栈 ¥¥	渝中半岛（半岛东部）	古色古香的客栈位于一座300余年历史的老院落中，只有6间客房，每间都有古雅的名字和对应的设计细节，弥补了略显局促的空间。就在湖广会馆旁，乘轨道交通到达的具体信息可参考63页湖广会馆。	（见88页地图；6371 7295；长滨路下洪学巷，近湖广会馆南门；大床房329元起；；M小什字7出口）	商务酒店
新华酒店（解放碑店）¥	渝中半岛（半岛东部）	新华书店集团旗下的酒店，大堂富丽堂皇，房间稍显老派陈旧，部分房内摆放了与重庆相关的旅行书籍，总体来说胜在价格与地段带来的高性价比：位置绝佳，出门就是解放碑步行街。	（见88页地图；6355 7777；青年路9号，近解放碑；标双188元起；；M临江门B出口）	酒店

续表

店名	区域	介绍	实用信息	类型
雾都宾馆 ¥¥¥	渝中半岛（半岛西部）	这家低调的五星水准宾馆是重庆市政府的接待单位之一，环境非常安静。老派风格的房间设施完备舒适，所有房型都配有浴缸，部分高层可远眺嘉陵江景。团体接待时可能一房难求，最好提前预订，旅行代理网站会有一些折扣。	（见91页地图；☎8811 8888；中山四路上曾家岩24号；标双500元；❄ 📶 P ≋；M曾家岩C出口）	宾馆
山鬼Mont Mirage酒店 ¥¥¥	渝中半岛（半岛西部）	这家旧厂建筑改造成的设计酒店在七星岗山坡上，闹中取静。公共区域的装潢很有未来主义风格，房间简洁明快。夏季可享无边泳池，酒店餐厅拥有直面长江落日的景色。不过在我们调研时，酒店所在的影视城人气不旺，周边氛围较为冷清。	（见91页地图；☎6033 5666；枇杷山后街79号，后街影视城7栋和8栋；大床房335元起；❄ 📶 P ≋；M七星岗2出口）	精品酒店
88号鹅岭公园酒店 ¥¥	渝中半岛（半岛西部）	位置是王牌优势，距离轨道交通站只有2分钟步程，更因背靠鹅岭公园而享有清幽山景。虽然已开业十余年，但客房维护得不错，设施简洁大方，空间也宽敞。	（见91页地图；☎6367 7888；www.cq88hotel.com；鹅岭正街181号；标双368元，含双早；❄ 📶 P；M鹅岭2A出口）	酒店
M酒店（南滨路店） ¥	半岛周边（南岸）	从外面不容易看出这家酒店占据了大厦整层，内部空间很宽敞。所有房型的卫浴都干湿分离，部分房间没有窗户，不过巧妙设置了带天幕的阳台来消除闭塞感。通过代理网站预订有较大优惠。	（见124页地图；☎6253 9666；标双268元起；❄ 📶；M上新街2出口）	酒店
既下山SUN-YATA ¥¥¥	半岛周边（南岸）	如果你想同时体验山城、江景和老街，这家精品酒店的16套雅致客房能满足你。酒店共有三栋楼，其中两栋在民国时分别是新华银行和美国使馆武官别墅，另一栋则用旧砖瓦按原图纸重建。房内的设计和装饰精致复古，管家式客房服务几乎无可挑剔。	（见124页地图；☎199 3663 0128；微信公众号：sunyatahotel；龙门浩老街9号，近东水门大桥东南角；标双1138元起，含双早；❄ 📶 P；M上新街2出口）	精品酒店
喜来登大酒店 ¥¥¥	半岛周边（南岸）	酒店金光闪闪的两座塔楼是重庆地标之一，在长江对岸的渝中半岛都能一眼看到。酒店开业已10年，客房设施维护得中规中矩，胜在金碧辉煌的装饰和并不算贵的价格，部分房间可观江景，游泳池也带江景露台。通过代理网站预订优惠力度可能更大。	（见124页地图；☎6277 7777；www.marriott.com.cn；南滨路78号；标双600元起；❄ 📶 P ≋）	星级酒店

续表

店名	区域	介绍	实用信息	类型
沙磁时光酒店¥¥	半岛周边(沙坪坝)	酒店与磁器口古镇有一条大街相隔，因此周边环境更为安静和摩登，门前停放的飞机很招孩子喜欢。客房设施舒适现代，公共区域有不小的阅读区。背后就是沙磁巷商业街，餐饮娱乐选择都不少。	(见124页地图；☎6542 8888；沙滨路111号；标双260元起；❄📶🅿；Ⓜ磁器口1出口)	酒店
花筑·江畔咖啡客栈¥	半岛周边(沙坪坝)	格局紧凑的小客栈是我们调研时磁器口古镇内不错的选择，楼上客房可眺望嘉陵江，后院环境清幽，一楼咖啡馆氛围很好。待你前往时，古镇西门新建的商业步行街应该会有更多住宿可选。	(见124页地图；☎153 1068 0661；磁器口古镇横街，近宝轮寺；大床房188元起；❄📶🅿；Ⓜ磁器口1出口)	酒店
丽晶酒店¥¥¥	半岛周边(江北)	坐拥江北嘴金融城的富豪级别江景，酒店自然有昂贵的理由。客房57平方米起步，设计细节充满东方美感。酒店附属的江景吧是另一个亮点，住客可享一定优惠。	(见124页地图；☎8908 8888；www.regenthotels.com；金沙门路66号；标双1300元起；❄📶🅿🏊；Ⓜ大剧院4出口)	星级酒店
重庆柏联酒店¥¥¥	半岛周边(北碚)	这家老牌温泉酒店的迷人体验可能是让你住在北碚的理由，所有客房都带江景露台，在私人露天泡池中享受温泉时，身旁还有嘉陵江水缓缓流过。从市区前往酒店有些周折，当然酒店也提供一站式付费接送服务。	(☎6822 6666；bolianhotels.com；北碚北郊北温泉公园，近212国道；泳池别墅3500元起，含双早；❄📶🅿🏊)	星级酒店

注意，由于疫情带来的持续性的经济和社会影响，书中提到的部分商家、服务和活动可能因此受到限制。我们建议你在出行前联系你要走访的酒店以获取最新信息。

出行指南

证件

出行记得随身携带身份证，住宿登记及购买机票、火车票和长途汽车票均会用到，部分博物馆需凭证入场。重庆绝大部分景区会对持有学生证、军人证、记者证的人士售卖优惠门票，但目前研究生证在大多数景点都无法享受优惠，年满60岁的旅行者可通过查验身份证的出生日期享受老年折扣优惠。

保险

保险是旅行计划的重要部分，你可根据行程计划与时间安排选择旅游意外险的保险时限与保额，一份合理的旅游意外险应至少涵盖行程延误、人身意外、财物遗失、医疗急救等主要赔偿，尽可能降低旅行中需要承担的风险。但普通旅游意外险一般都不包括极限运动造成的损失，如果行程中涉及户外活动，最好购买涵盖户外的对应险种，或者另外购买人身伤害险。

如果选择参团旅游，团费中一般都已包含旅行社购买的责任保险，但这个险种只承担因旅行社的过错给旅行者带来的损失，不包括因意外或旅行者自身过错造成的损失。因此，即使参团也别忘了自行购买旅游意外险。

购买长途汽车票时，不少车站会主动搭售保险。根据保险自愿的原则，你有权拒绝（最好购票时提前声明）。即使没有另购保险，票面也已经包含了承运者的保险责任，因此各种票据请妥善保管，以备不时之需。旅游意外险通常已包含航空意外，相较单独购买航空意外险更加优惠。如考虑租车自驾，一般车辆仅包含机动车交通事故责任强制保险，建议另行购买盗抢险及车损险，以覆盖事故责任可能需要承担的赔偿。

登录保险服务平台**慧择网**（www.huize.com）可查询保险产品及价格。

银行和移动支付

重庆市区内的各条商业街及旅游景点均能轻松找到银行网点和ATM，周边区县的主城区也有各大银行网点，乡镇一级至少会有农村信用社或邮政储蓄。但如今手机支付已非常普及，哪怕路边摊也都支持微信或支付宝付款。能用上现金的机会越来越少，但有时从村民手中直接购买水果或土特产，以及在乡村乘车时需要一些零钱。所以携带少量现金即可。

购物

从路边摊到大型百货，重庆为旅行者提供的购物选择众多，能满足多种需求。比起随处可见的国际一线奢侈品牌，别处不易买到的重庆风味土特产与本地文创更显珍贵，也更有纪念意义。

在以美食之都著称的重庆，带些本地特产和赠送亲友的伴手礼再合适不过。但重庆小吃多为即食包装，因此买些半成品也不失为一种选择。众多连锁火锅店大都售卖自家品牌的火锅底料，是延续麻辣记忆的正宗方式。农贸市场里能够买到自家制作的辣油，味道浓郁，回到家还能吃上江湖菜。重庆特产店遍布市区大街小巷，但多售卖塑封张飞牛肉、灯影牛肉等四川特产，如果非要买一些，可以挑选麻辣酥脆的陈麻花与老少咸宜的怪味豆，买够一定金额还可享受免费邮寄。

山水、朝天门、李子坝，众多最能代表重庆的城市符号出现在帽子、T恤等文创纪念品上，设计新潮且耐看。观音桥附近的北仓文创街以江北纺织仓库为基础改建而成，汇聚了众多格调小店，非常适合文艺青年；鹅岭二厂文创公园前身是重庆印制二厂，原址的怀旧感在改造后多了一份清新，其中藏有多家文创品牌店。

重庆的旧物市场绝对会让“淘宝”爱好者流连忘返。“老油条”不会去三峡大礼堂旁只卖昂贵古董的三峡古玩城，中兴路旧货交易市场里售卖的物件五花八门，适合淘一些近代的老物件。相比之下，华新街轻轨站旁的董家溪跳蚤市场以售卖旧书旧家具为主，价格普遍更便宜，周末上午最热闹。

需要小心的是，磁器口等地常见售卖珍珠的商铺，大多鱼目混珠，而在你参加消费后抽奖并摸出概率极低的特等奖时，店员还会故作惊讶地恭喜你获得一折购买千元水晶的资格。面对这种"套中套"，千万别过高期待自己的运气。另外，重庆市区各热门景点常有挑担的伯伯娘娘售卖水果，其中一种晶莹剔透似宝石的"金梅"号称天成，要价不菲，但实际由色素漂染西梅制成，味道齁甜，食品安全性难以保证，拍照留念足矣。

电话和网络

中国移动、中国联通和中国电信的4G手机信号几乎覆盖全域，各区县城区也都能找到营业厅。深山里信号时强时弱，部分隧道中信号时有中断，但无须惊慌，短暂断连后即可恢复。如旅行时间较长或对通话时长和流量有极大需求，可以提前办理适合的套餐。由于手机的普及，公用电话难寻踪影，但酒店房间一般都会配备座机，使用前可提前咨询收费标准。

除了使用手机流量上网外，重庆免费Wi-Fi覆盖率很高。绝大多数的青年旅舍、快捷酒店、星级酒店和餐馆均有配备，在一些路边摊甚至都能蹭到网。博物馆及部分景区也有Wi-Fi，但大多需要手机录入验证码方能接入。网吧遍布重庆各处，客群以游戏爱好者为主，室内普遍烟味弥漫，环境不尽如人意。

地图

重庆的迷宫布局很容易让人晕头转向。酒店及青年旅舍大多可以索取本地地图，虽然这些地图通常仅会对周边重点景点进行标记，但也比路边的旅游传单背面的地图要强许多。**重庆市规划和自然资源局**（www.digitalcq.com）也为旅行者准备了特别的旅行地图，每周以不同主题对重庆进行介绍，至今已有近400期内容。

若考虑在重庆自驾，百度、高德地图等手机App通常能提供精确定位及路线导航，但由于重庆隧道一般都没有信号，建议提前下载好离线地图。如果你是老派的旅行者，从书店或报刊亭购买一份中国地图出版社的《重庆city城市地图》可能会派上用场，其中对于重庆各区县的道路都有清晰标记，并涵盖了前往各地所需的里程。

邮政和快递

邮局在重庆相当普遍，无论邮寄明信片还是把纪念品邮寄回家都轻而易举，登录**国家邮政局**（www.chinapost.gov.cn）网站即可查到可供参考的邮政资费。部分景区的邮局会售卖与景点相关的主题邮票，大多在其他地方再难找到。同时，"三通一达"等民营快递网络已由市区延伸至绝大多数区县，不难找到快递服务网点，部分酒店前台也可代办快递邮寄。

工作时间

景点通常全年开放，开门时间基本为8:00~9:00，并在16:30~18:30关闭。大部分景点执行淡旺季模式，夏秋旺季普遍要开得更久。重庆境内绝大部分博物馆每周一会闭馆。

小吃铺和早餐铺普遍6:00前就会开门，10:00前后大多数餐馆与咖啡店也会开门迎客，午饭过后早餐铺便会收摊，餐厅也会开始午休至17:00。18:00后大排档与热门火锅店便需要等位，夏季还要再早一些。22:00一过，多数餐馆和咖啡馆会打烊，此时也是酒吧最热闹的时候，通常在0:00前都会有驻唱歌手。凌晨2:00后，就只有24小时快餐店与便利店可供缓解饥饿了。

银行和邮局营业时间普遍为8:30~17:30，周末会相应缩短；商场普遍为10:00~22:00，周末会有所延长。

气候

关于本地区的最佳旅行季节，请参见40页"行前参考"。**中国天气网**（www.weather.com.cn）上能查到所有市县未来7日内的天气情况。微博关注**@重庆天气**也能及时获取每日各时段的天气预报。

旅游信息

通过线上渠道获取旅游资讯非常方便。重庆各区县文旅局都特别设立了微博及微信公众号，内容较为官方但好在实用。如果想进一步了解景区概况及票务服务，关注相应景区的官网、微博或微信公众号可以获取最新消息。重庆市内有多个重庆市散客旅游集散中心，可为旅行者提供个性化的推荐，这里也有许多旅游资料可供取用，预订一日游等项目还可享受一定优惠。青年旅舍大多会将旅游信息发布在公告板上，不少快捷酒店的前台旁会有一些资料供住客取阅，而较高档的酒店则会在房内摆放与本地旅游相关的书籍或手册。绝大多数的景区游客中心均提供免费的彩页资料，帮助旅行者直观了解游览路线。与本地导游、商贩沟通能获取一些额外的消息，但要注意甄别。

团队游

在重庆，由当地旅行社组织的周边游项目数不胜数，多以一日游及短期游为主，一般需至少提前一天报名。参团好处在于省心省力，大大减少交通难度且还能享受门票优惠，但普遍会被安排“走店”，把时间浪费在无意义的购物上。因此在报名前了解好行程尤为重要，选择知名连锁品牌的旅行社会相对靠谱。爱彼迎（airbnb）上会有一些本地导览体验，类似的团队游信息也可以考虑向青年旅舍的前台咨询。

摄影和摄像

需遵守博物馆、店铺和寺庙内禁止拍照或禁止使用闪光灯的规定。尽量不在供奉佛像的殿内拍照，也不要随意将镜头对准僧人或香客拍摄肖像特写。如果想拍摄本地人文风俗，可事先征求拍摄对象同意，并在拍完后表达感谢。如对方提出寄送照片的要求，应言出必行。重庆不止有“十八梯”，你也是这座城市变迁的亲临者，许多老街都已计划进入拆迁改造，不妨用镜头记录下这份再难谋面的历史记忆。

在地形复杂的重庆拍照需要时刻审时度势，避免因小失大；在道路上行驶时遇到美景，不要突然减速或停车，这种行为很可能会对后车造成困扰，并带来危险。

医疗服务

重庆医疗设施完善，药店也随处可见。虽然发生意外的概率不大，但初次体验重麻重辣的美食难免会引起肠胃不适。如果情况加重，建议前往**重庆市人民医院**（☎6339 0111；渝中区中山一路312号）、**重庆医科大学附属第一医院**（☎6889 4220；渝中区袁家岗友谊路1号）等医疗机构及时就医。如遇紧急情况，请拨打医疗急救电话120。重庆周边县区的医院和药店都不难找，但依旧建议根据自身的具体情况提前准备药物，以备不时之需。

危险和麻烦

总体来说重庆对旅行者非常友好，治安不成问题，但多留点心眼不是坏事。大量的人口流动导致重庆人员繁杂，安全隐患如影随形。在主城区之外，尽量不要离群索居，也尽量不要独自前往偏僻的地方。若有进山的打算，一定要做好保护措施，如遇恶劣天气，还是待在室内更为安全。

偷窃和欺诈

尽管重庆治安良好，但在人流量密集的场所，盗窃行为难以根绝。在进入交通站点及繁华商圈时，要提高警惕并对贵重财物多加留意，旅行途中尽量避免佩戴醒目的首饰。入住酒店时，可将不便携带的贵重物品存放在保险箱中，但若选择流动较多的青年旅舍，电脑、相机等物品尽量不要遗留在房内，可考虑暂时寄存在前台。

交通站点周围的饭店及商店易出现宰客现象，消费前最好问清价格。购物时尽量多“货比三家”，一些看起来就不怎么精明的诈骗伎俩，只要不参与就能规避风险。主城区复杂的地形连出租司机也会转晕，用手机辅助司机导航能极大程度避免绕路。前往各景区时尽量乘坐班车，如需包车，上车前一定要谈好行程和总价。

交通安全

重庆公路设施健全，路况很好。但是城区内山路较多，坡道也较陡，自驾时要小心保持车距，避免溜车带来的麻烦。在市区之外的区县开车要关注车况，减少半路抛锚的概率，行驶过程中还要注意保持安全车速，尤其在经过村庄或路口时，要注意瞭望并减速。若是包车或搭车，要注意车况，挑选有经验的司机。雨季山区易出现泥石流和塌方，出行须多关注天气及路况。

掮客

同大部分城市一样，掮客可能是抵达重庆后第一个主动和你搭讪的人。他们大多会引领你前往质量无法保证的宾馆、一趟耽误时间的班车或者毫无乐趣的一日游。有些司机可能过分热情地向你推荐某家餐厅，通常是因为可以赚取佣金。面对这些骚扰，简单的拒绝是最有效也是最合理的应对方式。

洪涝灾害

重庆河网密集，夏季的强降水极易导致水位暴涨并引发洪灾。同时，周边区县因降雨导致地质灾害的风险较高，万州、巫山等地均曾因泥石流、滑坡、山洪而引起公路中断和人员伤亡。旅行者需特别关注气象讯息，自驾时如遇道路积水，不要贸然涉险通过，同时尽量避免前往陡坡及低洼地区，如遇险情，应快速转移至安全地带。

独自旅行者

孤身一人在重庆旅行并不需要有太多安全上的顾虑，独自旅行会给你更多与当地人接触的机会，也可根据自己的体验随时更改行程。但在旅途中仍需保持足够的警惕，最好将自己的行踪和情况及时告知亲友。

在重庆独自旅行的问题主要在于眼睛大、肚子小，对于财力和消化能力都是考验。但入住青年旅舍想找到搭伙吃饭的人并不难，一起出行还能大大节省交通开支。

无障碍旅行

残障旅行者在重庆主城区旅行相对方便，交通站点及四星级以上的酒店多有无障碍设施，轨道交通各车站均设有通往地面的无障碍电梯。但周边区县的无障碍设施有限，出行会相对吃力一些。残疾人证在大多数景区均可享受优惠。

女性旅行者

友善的重庆人对于女性旅行者相当友善，甚至还会提供额外的关照。但相对男性来讲，女性独自旅行的风险略高，保持警惕并为行程提前做足充分准备是必要的。在挑选住宿点时，尽量选择繁华街区，并结伴享受夜生活。青年旅舍有时会安排男女混住，如不习惯可提前要求入住女性房间。如遇陌生人搭讪，注意保护个人隐私。在餐厅用餐时，将衣服搭在对面的座椅上，营造出与人共餐的氛围可大大降低不速之客"不请自来"的概率。光顾酒吧时，避免豪饮并尽可能清醒地和人保持社交距离，如遇挑逗和骚扰，不要示弱并视情况选择报警。

LGBT+旅行者

重庆是深受LGBT+人群欢迎的目的地，足见这座城

关于Covid-19冠状病毒病疫情的出行提示

截至本书出版时，Covid-19冠状病毒病疫情仍在全球流行。虽然重庆市的疫情防控成果较好，常规旅行并不会额外增加风险，但我们仍建议旅行者结合实际情况后再决定出行，在做好自身防护的同时遵守当地的防疫要求，保持良好的卫生习惯。在人群聚集的场合保持社交距离，戴好口罩，定期彻底清洁双手，避免触碰眼睛、鼻子和嘴。如有发烧、咳嗽和呼吸困难等症状，应立即就医，并遵循本地卫生部门的指示。针对疫情期间的个人防护，可参考世界卫生组织（www.who.int/zh/emergencies/diseases/novel-coronavirus-2019/advice-for-public）的详细建议。

疫情期间，博物馆等景区均可能实行预约制，须至少提前1天或当场预约。预约渠道通常在相应景区的微信公众号内，可在制定行程时事先了解。

市的开放与包容。位于磁器口的**好渴LGBT研究所**是面向LGBT+人群的酒吧，可以获得更多聚会和活动信息，一些移动App的热度也很高。但在外旅行也可能收获意想不到的冷眼，尽量避免过分张扬，以免生出不必要的麻烦。

志愿服务

将旅行和公益活动结合起来，会让你的行程更有意义，也会加深对重庆的了解。如果有兴趣了解更多有关环保、扶贫、救灾等各方面志愿者工作的相关信息，可留意新浪微博@**重庆青年志愿者**。重庆本地有众多专注不同领域的公益组织，不仅长期招募志愿者，也欢迎有兴趣的旅行者加入短期志愿活动。

➡ **山城志愿者**（www.sczyz.org）专注民生服务的志愿机构，涵盖助老、助残、助学、助医、公共服务等多个领域，每周都会组织多个不同主题的公益活动。

➡ **重庆市绿色志愿者联合会**（www.greenu.org.cn）本土NGO组织，致力于长江上游流域的自然生态保护，常组织以环境调查为主题的水域清污项目。

➡ **重庆文物保护志愿者服务总队**（QQ群：62907963）探访并记录文物保护的志愿者团体，至今已发布多份自制的重庆文物游路书，主要在QQ群内发布“扫街”通知，号召志愿者参加。

➡ **自然介公益发展中心**（微信公众号：重庆自然介）通过向公众普及自然教育推动生态保护的公益机构，不定期举办自然观察及自然创作等活动。

活动

徒步

用脚步丈量山城再合适不过。重庆户外网（www.cq.8264.com）有各种强度的徒步路线介绍，也可留意豆瓣的“同城活动”通告，加入驴友的队伍。

游船

重庆全境有多个热门游船项目可供参加。市区朝天门码头每晚均有两江游船带你领略山城的万家灯火，在龚滩古镇乘游船可尽享百里乌江画廊的山清水秀，在巫山更可乘船深入小三峡及小小三峡见识曲径通幽的美景。如果有时间，不妨乘坐长江游轮直达湖北宜昌，见识一下壮美三峡与国之重器“三峡大坝”。

漂流

夏季酷暑难耐，好在重庆河网密布，周边有许多地点可以漂流纳凉。巫山神女溪、彭水阿依河及武隆芙蓉江等地都是漂流的好选择。漂流虽然刺激，但仍需注意安全防护，头盔、救生衣必不可少，如有需要，尽量佩戴有系带的眼镜，漂流过程中不要随意起身及抓捞水中漂浮物，避免导致船体失去重心而翻船落水。

温泉

重庆周边区县蕴藏大量地热资源，北碚和涪陵拥有数十家温泉酒店，环境优美，设施完备，有些还设有水上乐园，适合在舟车劳顿之后放松一下。冬季周末以本地客人居多，价格略有浮动，但多数温泉酒店均有团购，关注官方微信公众号可以获知优惠信息。

交通指南

到达和离开

飞机

机场

重庆毫无悬念地享有全国最多机场城市的桂冠。**重庆江北国际机场**(CKG; 966666; www.cqa.cn)位于渝北区两路街道，距离市中心19公里，是中国八大区域枢纽机场之一，和国内各省会城市及主要旅游城市均有航班往来，并有逾60条至中国香港、澳门、台北及其他亚洲、欧美城市的直飞航线。目前机场投入使用的航站楼为位于一座楼的两翼T2A、T2B以及T3A，包括中国国际航空、中国南方航空、中国东方航空在内的国内主要航司及澳洲航空、大韩航空等国际航司的航班多在T3A运营，其余如西部航空、青岛航空等较小航司的国内航班多在T2运营。T2与T3A间隔4.7公里，两座航站楼之间有循环运行的免费中转摆渡车，可由T3一层9号门前及T2B国内到达4号门前搭乘(平均5分钟/班; 15分钟)。**万州五桥机场**(WXN; 5858 5858)距离万州主城区15公里，是三峡库区的第一座机场，也是重庆第二座国际机场。目前拥有飞往包括北京、广州、南京、厦门在内的20座国内城市的航班，也有直飞泰国芭提雅的包机。**黔江武陵山机场**(JIQ; 7925 9999)距离黔江城区仅4公里，目前共有6家航司在此开通了9条航线，航点涵盖重庆、北京、上海、昆明、贵阳等城市。**巫山神女峰机场**(WSK; 5767 1806)是俯瞰瞿塘峡的理想地点。除了有飞往重庆江北国际机场的航班之外，目前航点仅包括广州、西安、海口及烟台。**武隆仙女山机场**(CQW; 7790 4127)位于仙女山国家森林公园内，于2020年底完成首航后进入航线规划状态，预计2021年夏秋航季正式开通北京、上海、成都等地的航班。

通过航空公司官网预订机票，一般会保证最优惠价格，关注各航司的微信公众号及App可第一时间收到特价机票及秒杀活动信息。携程(www.ctrip.com)、飞猪(www.fliggy.com)等网络代理商亦可预订机票，使用平台优惠券可能会获得更便宜的价格。

火车

重庆作为西南地区重要的交通枢纽，每年运输超千万旅客。从成都、北京、上海、广州等地均可乘动车及高铁到达重庆，不过由于北京、上海等地距重庆较远，火车票价常常高于飞机票。

目前重庆主城区内共有五座火车站，其中重庆南站仅做途经站已近乎停用，重庆站(菜园坝火车站)、重庆北站、重庆西站和沙坪坝站均有始发和终到车次，新规划的重庆东站目前正在修建中，届时将实现“三主两辅”的主城铁路网规划。由于车站众多，出行前最好查清乘车地点。本书调研期间，湘渝高铁、郑渝高铁等规划线路均已进入建设阶段，暂无火车站的忠县、云阳等地也都在紧锣密鼓进行车站搭建工程，预计不久的将来即可乘火车去往重庆各周边区县。

重庆站(4589 1456; M 两路口站3口)又名菜园坝火车站，是成渝铁路及川黔

城市航站楼

针对异地旅客的乘机需求，重庆江北国际机场分别在泸州、自贡、宜宾、达州、南充五个城市设置了候机楼，无托运行李的旅客可在城市候机楼办理登机手续，之后乘坐巴士直达机场，同时，重庆主城区来福士B1层也被开辟成城市候机楼，乘客可直接办理部分航班的值机和行李托运手续，并乘商务车直达机场。这一便利的举措颇受欢迎，也得到了效仿和推广。2019年万州五桥机场也于开州及云阳开设异地航站楼，乘客可提前办理值机手续并乘坐摆渡巴士直达机场，这不仅大大缩短了主航站楼的值机压力，也实现了更高效的地空联运。

铁路的中间站，到达重庆的普通、快速及特快列车多停靠本站。承担直通快速列车和动车客运业务的**重庆北站**（☎6386 2607；Ⓜ重庆北站南广场站6口；重庆北站北广场站6口）可能是旅行者利用价值最高的火车站，成渝、遂渝、兰渝、襄渝、渝怀、渝利、渝万等多条高速铁路均有车次停靠，由此可轻松前往万州、武隆等区县，也可在此乘车前往乐山、峨眉山等靠近外省的目的地；**重庆西站**（☎6505 1680；Ⓜ重庆西站1口）是重庆市内最大的交通枢纽，车次主要往来于渝黔新线及小梨铁路等线路，向广州、贵阳、南宁、西安等地发送动车；重新修建的**沙坪坝站**（☎95530；Ⓜ沙坪坝站2口）目前作为成渝高铁的中间站，由此乘车前往成都东站仅需1小时。

通过中国铁路客户服务中心（www.12306.cn）或铁路12306的App可预订火车票，并使用电子车票或由售票大厅取纸质车票乘车。如网络不便也可至火车站窗口或代收点直接购票。乘车验票同时须查验身份证。

长途汽车

重庆高速公路网络发达，不仅有沪渝高速（G50）、包茂高速（G65）、兰海高速（G75）等高速公路途经，更依此发布"三环十二射七连线"的公路规划，因此乘车前往各区县及周边城市都不是难题。本书调研时，由开州前往城口的开成高速依旧在艰难施工的状态，由重庆各地前往城口需绕行四川达州并由包茂高速前往。

重庆市内长途客运站众多，遍布于主城九区。前往周边目的地通常可从多个车站乘车抵达。主城外各区县至少设有一个车站，且与周边城镇有班车往来。通过**重庆市公众出行平台**（www.96096kp.com）或**愉客行App**及同名微信公众号均可查询并预订汽车票。携程等网站也可预订部分车票。

重庆汽车站（☎8903 3877；渝中区菜袁路6号）又名菜园坝旅游集散中心，与重庆站相距不远，主营跨省班次，也有前往大足、铜梁等地的大巴。

重庆长途汽车站（☎8903 3730；渝中区菜袁路3号）主要辐射四川方向，包括巴中、自贡、乐山等线路。

龙头寺旅游集散中心（6302 5708；两江新区昆仑大道56号；Ⓜ重庆北站南广场站6口）西南地区最大的汽车站，班次几乎涵盖重庆市内各主要目的地，同时也有少数前往四川、贵州等地的跨省线路。也有发往武隆、彭水等景点的直达车。

四公里交通换乘枢纽（☎8836 1260；南岸区四公里街61号；Ⓜ四公里站5口）主要运营发往武隆、酉阳、秀山、黔江、彭水等地的班车。

机场长途客运换乘中心（☎6715 3484；重庆机场综合交通枢纽内；Ⓜ江北机场T3航站楼站3口）目前已开通直达四川省、贵州省、云南省、重庆远郊等40余个城市或地区的长途客运线。

红旗河沟汽车站（江北区建新北路49号；Ⓜ红旗河沟站1口）惯称为"汽车北站"，车辆主要发往渝东北方向，包括涪陵、开县、垫江、长寿、梁平等地。

陈家坪汽车站（☎8908 8988；九龙坡区石杨路39号）主要运行前往永川、荣昌、大足等渝西区县的线路，也有经内江、自贡等地前往成都的列车。

船运

如今乘船已不再是来往重庆最方便的交通方式，但江上的旅游客运依旧备受喜爱。位于嘉陵江与长江交汇处的**朝天门码头**是重庆最大的水路客运码头，每晚发出多班档次不同的**两江游船**（120元起；18:30~22:40滚动发船），行程几乎涵盖所有值得一看的滨江景点，是否能在阑珊夜色下仰望山城灯火，更大程度上取决于天气情况。与此同时，前往宜昌的**长江三峡游船**也在朝天门码头发船，沿途可欣赏三峡的秀丽山水，票价因船而异，黄金周至少需提前两周预约。沿江各区县均设有用于接待游船的旅游码头，个别码头还会根据当地水文情况开发出游船项目，如**万州平湖游船**、**巫山小三峡游船**等。一些乡镇尚有野码头存在，大多供本地人渡河用，风险难料，不建议搭乘。

当地交通

抵离机场

重庆江北机场共有4条机场快车线路运行。其中对旅行者更有帮助的是前往解放碑的**K01路**（15元；8:30至航班结束后30分钟；70分钟），平均每30分钟滚动发车；**K06路**（15元；8:30~21:00；70分钟）开往重庆西站，**K07路**（15元；8:30~23:00；70分钟）前往沙坪坝火车站，两班车均约1小时/班；**K08路**（15元；9:00~22:00，约1.5小时/班；75分钟）可直达大学城。此外，重庆机场长途客运换乘中心另有长途汽车可直达泸州、自贡和重庆西站等目的地。

轨道交通10号线在T2航站楼和T3航站楼均设有站点，由T2航站楼可换乘3号线。

由机场打车到解放碑约需60元，机场到达大厅和出租车乘坐点都有江北机场至各热门目的地的里程及价格指示牌可供参考。

公交车

重庆公交系统发达，运力充足，可抵达主城区几乎所有景点。市内公交票价实施一票制，普通公交1元，中高级公交2元，区别主要在于有无空调。多数公交线路已支持手机扫码支付，持宜居畅通卡更可享1小时内半价换乘优惠，但周边区县还是以投币为主，票价多为2元，请提前准备好零钱。下载**车来了App**可实时查询公交站台导航、公交换乘、车辆实时距离等信息并进行合理的路线规划。

K字头的重庆机场快线目前已开通5条，分别向解放碑（K1）、重庆北站北广场（K2）、沙坪坝（K3）、空港新城枢纽（K4）及四公里枢纽站（K5）滚动发车，单程票价15元，车上配备免费Wi-Fi及USB充电口。同时，重庆公交开通了数条T字头都市**观光巴士**（10元；30分钟/班），其中看点最足的要数T002途经洪崖洞的磁器口—新华路长江索道线以及串联众多热门景点的T480解放碑环线。另有一日票（35元）、二日通票（45元）、三日（55元）通票可供选择。

轨道交通

重庆是西南地区第一座开通轨道交通的城市，目前已有9条线路，由地铁和单轨组成，193个站点几近覆盖主城区全域。票价依里程计算，2~7元不等。持宜居畅通卡可在单程票基础上享受9折优惠，并能在1小时内于轨道交通与公交双向优惠换乘。

电梯

重庆的立体结构也为电

轨道交通的多样看点

重庆的轨道交通拥有25个换乘站点，换乘非常便利，每条线路都有亮点，甚至站点本身即是看点。1号线由朝天门经沙坪坝驶向磁器口，一路堪称“重庆人文缩影”，其中**烈士墓站**是目前中国现存最大的涂鸦火车站，装饰面积超5000平方米；2号线是重庆首条轨道交通线路，连接较场口、杨家坪、大渡口等站，如今在**李子坝站**看一次列车穿楼已成为重庆的打卡项目；3号线串联起观音桥、重庆北站及重庆江北机场，是目前全球最长的单轨铁路（67.09千米），与1号线的换乘车站**两路口站**陈列着“重庆记忆”的免费展览，展厅内有大量过去百年历史中最能代表老重庆的物件；6号线由茶园经解放碑驶往北碚，其中**红土地站**已打破1号线马家岩站的最深地铁站纪录，乘扶梯到地面约需5分钟；10号线分别经过重庆北站的南北广场与江北机场的T2和T3航站楼，是当之无愧的交通摆渡首选；原名0号线的环线由重庆西站始发，是目前重庆交通网中唯一的闭合线路，跨越5个行政区，可转乘所有已开通的轨道交通线路。

学几句简单的重庆话

“要得” 好的、没问题

“巴适” 舒服、安逸

“乖桑桑” 漂亮、美丽

“嘎嘎” 肉

“啷个” 怎么样

“好多” 多少

“紧到走” 一直走

“刹一脚” 坐车时叫停

梯催生出“交通工具”的作用。位于轨道交通1号、2号线换乘站较场口站东侧的凯旋路电梯（7:00~22:00），代替了登山步道，将“母城”渝中上下半城连接起来，这也是中国第一部城市客运电梯，单次票价1元；刚刚完成检修的皇冠大扶梯（6:40~22:00）连接两路口与重庆火车站，是国内第一长的坡地扶梯，全长112米，单次运行需2分30秒，30°的倾角让乘客难免心里发毛，单程票价2元。

客运索道

被誉为“空中公交”的**长江索道**(7:30~22:30）是中国在万里长江上自行设计制造的第一条大型跨江客运索道，索道北起渝中区新华路，南至南岸区上新街，全长1166米，全程运行4分钟。目前索道更多承担着游客体验的重任，单程20元，往返30元。

出租车

市内出租车起步价10元/3公里，起步后2元/公里。夜间（23:00至次日5:00）起步价11元，起步后2.3元/公里。市区之外，除万州区的出租车严格遵行当地运价政策（起步价8元/2公里，白天0.8元/500米，夜间0.9元/500米）外，其他区县的出租车大多没有打表的习惯，且拼客情况居多，一般10元内就可抵达城内任何地点，出城则要另外讲价。T3出行、呼我出行等多数网约车平台已覆盖重庆各地，下载软件并注册即可使用，选择拼车更省钱；但远离市区的区县网约车数量普遍较少，建议预约出行时间。

自驾游

在重庆市区内开车，是对车技、细心和耐心的三重考验。依山修建的道路形态复杂多样，自动挡汽车能相对容易地应对坡道起步。但立体式的道路很可能让你因为一个错误的岔路增添近半小时的额外里程。2019年荣膺“十大堵城”之首的重庆，早晚高峰时期几乎全线飘红。出了市区即可告别这些烦恼，成熟的高速与国道串联起各区县，沿途设有加油站及休息站，驾驶的舒适与愉悦是其他交通方式难以比拟的，但潮湿的阴雨天时常令雾气笼罩道路，行驶时降低车速、开启双闪更为安全。

摩的

无论市区还是县城，在热门地点前几乎都能听到摩的司机的揽客声，3公里内的短途仅需5元左右。有些摩的还兼顾“快递”服务，可帮忙运送行李。

摩托车和自行车

重庆起伏的山路对骑行并不友好，好在这里不禁摩托车。驾驶摩托进入重庆也无须办理入城证。摩拜、哈罗等共享单车品牌在重庆市区投放了大量共享电动车，可有效帮助旅行者解决“最后一公里”的难题。周边区县的部分青年旅舍可以租到电动摩托车，记得骑行时戴好头盔。

幕后

作者致谢

张世秋

感谢沐昀和虹宇，和你们的合作非常愉快。感谢徐腾、莫比、肖能铸老师和刘景活老师，给予我很多访谈之外的帮助和启发。感谢李文艳、曹若军和潘瑟。感谢刀哥，感谢亚菁。感谢小可，感谢张海律。感谢龚婕、吴颖和小鹅酱。感谢其他所有为我的重庆之旅提供灵感的朋友，也感谢在路上所有帮助过我的陌生人。

陈虹宇

首先感谢CE沐师的信任，给我这次探访渝东风光的机会，也感谢我的家人，你们的理解与支持是我出发的动力。这次能和好友李宇皓再次踏上旅程真的是件开心事，谢谢老同学黄尉坚和郭子驿的热情款待，同时也要谢谢重庆乖妹儿易习玮分享的旅行信息。一路上得到了许多陌生人的帮助，在这里向这些不知姓名的好心人统一致谢。最后，我要感谢在我出发前与世长辞的奶奶，谢谢您今生的陪伴，我很想您。

声明

本书地图由中国地图出版社提供，审图号GS(2021)4994号。

封面图片：龙门浩老街和东水门大桥，视觉中国提供。

关于本书

这是Lonely Planet "IN"系列《重庆》的第1版。本书的作者为张世秋、陈虹宇。感谢特约作者陈景活、罗唯嘉。

本书由以下人员制作完成：

项目负责 关媛媛
项目执行 丁立松
内容策划 沐 昀 刘维佳
视觉设计 庹桢珍
协调调度 沈竹颖

总　　编 朱 萌
执行出版 马 珊
责任编辑 叶思婧
执行编辑 周 琳
编　　辑 朱思旸 戴 舒
地图编辑 田 越
流　　程 王若玢
制　　图 张晓棠
排　　版 北京梧桐影电脑科技有限公司

感谢武媛媛、刘燕对本书的帮助。

说出你的想法

➡ 我们很重视旅行者的反馈——你的评价将鼓励我们前行，把书做得更好。我们同样热爱旅行的团队会认真阅读你的来信，无论表扬还是批评都很欢迎。虽然很难一一回复，但我们保证会将你的反馈信息及时交到相关作者手中，使下一版更完美。我们也会在下一版中特别鸣谢来信读者。

➡ 请把你的想法发送到**china@cn.lonelyplanet.com**，谢谢！

➡ 请注意：我们可能会将你的意见编辑、复制并整合到Lonely Planet的系列产品中，例如旅行指南、网站和数字产品。如果不希望书中出现自己的意见或不希望提及自己的名字，请提前告知。请访问lonelyplanet.com/privacy了解我们的隐私政策。

索引

地图页码 **000**

如何使用本书

以下符号能够帮助你找到所需内容：

景点 活动 课程 团队游 节日和活动
住宿 就餐 饮品 娱乐 购物 实用信息和交通

这些图标代表了我们的推荐和特别策划，帮助你获得最佳体验：

当地人推荐 另辟蹊径 深度了解 实用信息
不要错过 值得一游 步行游览

下列符号所代表的都是重要信息：

★ 作者的大力推荐　绿色或环保选择　免费 不需要任何费用

电话号码 营业时间 停车场 禁止抽烟
空调 上网 无线网络 游泳池
素食菜品 英语菜单 适合家庭 允许携带宠物
巴士 轮渡 轻轨 火车

景点
佛寺 城堡 教堂 清真寺 纪念碑 孔庙 道观 世界遗产 博物馆 遗址 酒窖 动物园 温泉 剧院 一般景点

活动、课程和团队游
潜水/浮潜 划艇 滑雪 冲浪 游泳/游泳池 蹦极 徒步 帆板 其他活动、课程、团队游

住宿
酒店 露营

就餐
就餐

饮品
酒吧 咖啡

娱乐
娱乐

购物
购物

实用信息
银行 使馆 医院/药店 网吧 公安局 邮局/邮筒 公共电话 卫生间 旅游信息 无障碍通道 其他信息

交通
机场 过境处 公共汽车 渡船 地铁 停车场 加油站 自行车租赁 出租车 火车站 有轨电车 索道缆车 其他交通工具

境界
国界 未定国界 省界 未定省界 特别行政区界 地级界 县级界 海洋公园界 城墙 悬崖

行政区划
首都 省级行政中心 地级市行政中心 自治州行政中心 县级行政中心 乡、镇、街道 村

道路
高速公路 G213 国道 S203 省道 X013 县、乡道 铁路 地铁 收费公路 高速公路 一级公路 二级公路 三级公路 小路 未封闭道路 广场/商业街 台阶 隧道 步行天桥

水系
河流、小溪 间歇性河流 沼泽 礁石 运河 湖泊 干/盐/间歇性湖 冰川

地区特征
海滩/沙漠 基督教墓地 其他墓地 公园/森林 运动场所 重要景点(建筑) 一般景点(建筑)

地理
海滩 灯塔 瞭望台 山峰 栖身所、棚屋

注：并非所有图例都在此显示。

我们的作者

沐昀

内容策划 北京人，厦门大学硕士、视觉中国签约摄影师。曾是Lonely Planet《甘肃和宁夏》《安徽》《贵州》等旅行指南和《经典摄影旅程》等旅行读物的中文作者，也是《丝绸之路》等60余本Lonely Planet图书的内容策划。他还是唯一来自中国的“Best in Travel 2020”终选评委。

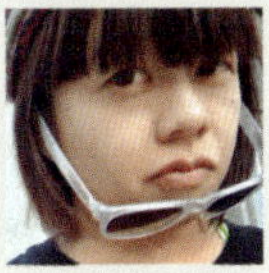

张世秋

统筹作者；渝中半岛、半岛周边、重庆市周边；计划你的行程、住宿 旅行自由撰稿人，从2012年开始，参与了近20本Lonely Planet旅行指南和读物的创作。她的爷爷是四川人，少年时在重庆做过学徒，还参加了欢送陈纳德将军凯旋的盛会，这是她对重庆最初的记忆。在重庆调研的两个月里，她爬了很多梯坎，走了不少平坝，吃柑橘也吃小面，每天看嘉陵江和长江波涛滚滚，用有点怪腔怪调的重庆话对老板说“海椒正常放”。她喜欢重庆多元而真实的生活，也喜欢这里人们的江湖快意。

陈虹宇

长江三峡、乌江流域；计划你的行程、生存指南 服务于酒店圈儿，每逢职场空窗期，他就会跑来Lonely Planet充当码字工。但说来也巧，这个东北人的旅行目的地一直指向西南，这一次的渝东行更是让他大开眼界，并将重庆纳入他日后的跳槽选项中。他还参与撰写了Lonely Planet的《中国西南自驾》。

特约作者

刘景活

雕塑家，重庆合川人。喜玛拉雅艺术书店创始人，卢作孚先生思想的追随者。

罗唯嘉

四川人，文学博士。祖籍重庆，家在小城富顺。热爱川菜和老歌，钟情于山城上上下下的梯坎和夜色中的灯火阑珊。

重庆城市指南

中文第一版

图书在版编目（CIP）数据

重庆城市指南 / 爱尔兰Lonely Planet公司编；张世秋，陈虹宇著. -- 北京：中国地图出版社，2022.3
（IN）
书名原文：Chongqing Themed Guide(IN)
ISBN 978-7-5204-2810-1

Ⅰ.①重… Ⅱ.①爱… ②张… ③陈… Ⅲ.①旅游指南－重庆 Ⅳ.①K928.971.9

中国版本图书馆CIP数据核字(2022)第034596号

出版发行 中国地图出版社
社　　址 北京市白纸坊西街3号
邮政编码 100054
网　　址 www.sinomaps.com
印　　刷 北京华联印刷有限公司
经　　销 新华书店
成品规格 197mm×128mm
印　　张 8
字　　数 399千字
版　　次 2022年3月第1版
印　　次 2022年3月北京第1次印刷
定　　价 79.00元
书　　号 ISBN 978-7-5204-2810-1
审 图 号 GS（2021）4994号
图　　字 01-2022-0333

*如有印装质量问题，请与我社发行部（010-83543963）联系